COMMENT LEISURE

休闲评论

第 7 辑

休闲哲学与文化(1)

主　编　王德胜　陆庆祥

ZHEJIANG UNIVERSITY PRESS
浙江大学出版社

图书在版编目（CIP）数据

休闲评论. 第7辑/王德胜，陆庆祥主编. —杭州：
浙江大学出版社，2014.11
　　ISBN 978-7-308-13958-8

　　Ⅰ.①休… Ⅱ.①王… ②陆… Ⅲ.①闲暇社会学－
文集 Ⅳ.①C913.3-53

中国版本图书馆 CIP 数据核字（2014）第242668号

休闲评论 第7辑

王德胜　　陆庆祥 主编

责任编辑	王志毅
文字编辑	王　雪
装帧设计	俞亚彤
出版发行	浙江大学出版社
	（杭州天目山路148号　邮政编码310007）
	（网址：http://www.zjupress.com）
制　　版	北京大观世纪文化传媒有限公司
印　　刷	杭州丰源印刷有限公司
开　　本	710mm×1000mm　1/16
印　　张	16.5
字　　数	316千
版 印 次	2014年11月第1版　2014年11月第1次印刷
书　　号	ISBN 978-7-308-13958-8
定　　价	55.00元

浙江大学出版社发行部联系方式：（0571）88925591；http://zjdxcbs.tmall.com

"休闲书系"学术顾问

（按姓氏笔画为序）

马惠娣（中国艺术研究院）

王琪延（中国人民大学）

叶　朗（北京大学）

吴必虎（北京大学）

何建民（上海财经大学）

周长城（武汉大学）

保继刚（中山大学）

曾凡仁（山东大学）

唐学斌（台湾经济科技发展研究院）

魏小安（国家旅游局）

Dr. Prof. Chritopher R.Edgington（世界休闲组织）

Dr. Prof. Geoffrey Godbey（美国宾州大学）

总　序

　　休闲、休闲活动和休闲生活，从来就与人类本身的生存发展相生相依。古希腊哲人亚里士多德说："幸福存在于闲暇之中，我们是为了闲暇而忙碌。"马克思指出休闲和劳动是人的自由全面发展的双重社会生活基础，将休闲看作人的基本生存状态之一。休闲作为专门的研究对象，在国外已有百年，但在我国大约也就十年光景。时间虽短，从原来一般视"休闲"为游手好闲、享乐主义，到当下重视休闲、研究休闲，发展休闲业，正是经济社会发展的一种象征，是人向自身本来意义和价值的一种回归。

　　"休闲"语词极为简单，理解却众说纷纭，所涉领域与内容也极其广泛。社会、经济、产业、文化、身体、心理等皆有所涉，哲学、社会学、经济学、管理学、体育学等都可研究，游戏、娱乐、运动、学习等一切有助于使人实现身心愉悦与放松，获得生活与乐趣，体验到人生快乐与意义的各种活动，都能纳入休闲的范畴。也因为如此，休闲学研究与应用，既为我们提供了理论创新和实践发展的宽广空间，又给我们深入探索和构建学科提出了充满希望的挑战。

　　希望是一种引导，挑战是一种激励。休闲学研究与应用的深入，需要我们会创造、会创新，现实社会经济的发展正在为此准备问题、建立基础；也需要我们会借鉴、会模仿，海外多年休闲研究与实践的成果，已经为此提供了经验，积累了资源。休闲学研究与应用中，重视创造、创新，做好借鉴、模仿，是循着希望的引导迎接挑战的应循之路、可行之道。

　　据此，浙江大学亚太休闲教育研究中心（APCL）组织编辑出版的"休闲研究书系"，分为译作和著作两类，亦包括有价值的研究报告，另加一个《休闲评论》。所收论著的内容与研究方法，不受学科门类之限，只求围绕休闲学研究与应用主题的好书好文；学术性与通俗性兼顾，但以学术性为重。

　　休闲事业前景广阔，休闲研究任重道远。我们诚邀学界、业界和政府相关部门的管理者，共同关心休闲学研究与应用的发展，协力推进我国休闲文化研究与翻译事业。

庞学铨

2009 年 8 月 20 日

于西子湖畔浙大

目 录
Contents

代序　关于当代中国休闲文化研究和休闲美学建构的几点思考（潘立勇）

休闲基础理论

◎ 中国的休闲改革（杰弗瑞·戈比）/1

◎ 社会空间的休闲维度（陆　扬）/10

◎ 休闲哲学论纲（赵玉强）/14

◎ "休闲"概念多元释义的合理性（路　强）/24

◎ 休闲哲学三题（陆庆祥）/32

◎ 理想休闲状态的批判性思考（郑　明）/41

◎ 休闲正义论纲（李高阳）/50

◎ 碰撞与交融：论中西休闲研究的差异与未来（彭　菲）/60

休闲与审美

◎ 身体与休闲（张玉能）/69

◎ 身体美学与休闲（潘海颖）/85

◎ 休闲的审美建构（张玉勤）/98

◎ 休闲与审美关系论、"休闲人格美"的提出及研究现状（章辉　方波）/109

◎ 休闲时代的审美契机："日常生活审美化"的启示与未来（于　云）/116

◎ 论林语堂"优游人间"生活审美观的当下价值（叶设玲）/126

中国古代休闲理论

◎ 老子的休闲与养生思想探析（梅良勇　慈秀秀）/131

◎ 论庄子的休闲观（孙敏明）/137

◎ 庄子哲学对于现代休闲困境的启示（来晓维）/145

◎ 无法挣脱的尘网：陶渊明的休闲实践（程细权）/154

◎ 道教的生命忧患与休闲追求（吴树波）/163

◎ 范仲淹之"乐"对当代生活的启示（白　路）/171

◎ 宋代瓷器与宋人休闲文化（李斯斌）/178

◎ "闲"之乐与"亡"之悲（赵春艳）/186

休闲与文化

◎ 论中国传统文化中的劳事休闲（朱康有）/193

◎ 南宋上流社会休闲文化考述（殷亚林　朱红华）/199

◎ 论中国文化休闲业的文化担当（吴文新）/206

◎ 休闲学视角浅析电子游戏研究的四个维度（武　岳）/216

◎ 批判与反思：新媒体对大学生休闲生活的影响（谢晨　罗乐均）/224

◎ 浅析现代家居服中的道家哲学思想（王芙蓉）/229

◎ 论女红在现代女性休闲生活中的回归（殷海霞）/234

◎ 汪曾祺美文的"闲"与"雅"（陈新瑶）/240

编后记 /247

关于当代中国休闲文化研究和休闲美学建构的几点思考
（代　序）

潘立勇

一

当代中国休闲与审美的研究，就研究阶段与学术动态而言，可分为四个阶段[①]：20 世纪 80 年代中至 90 年代中期为第一阶段，可谓萌芽与探索期。于光远先生率先提出"玩是人的根本需求"，开启当代中国休闲文化研究，王雅琳等学者呼应之，该阶段相关论文不足百篇，内容大抵是对西方休闲理论的初步介绍和探讨。1995 年至 2000 年为第二阶段，可谓发展译介期。随着"黄金周"假期实施，休闲现实地进入国民生活。学界开始普遍关注休闲问题，杜书瀛（《消闲与文化和审美》）、罗筠筠（《休闲娱乐与审美文化》）等学者率先将休闲与审美联系起来探讨，庄志民、章海荣、卢善庆等学者在国人休闲的最现实和主要领域开启"旅游美学"研究，成思危、马惠娣则开始系统译介西方休闲理论，标志为"西方休闲研究译丛"出版，该阶段相关论文升至千余篇。2001 年至 2005 年为第三阶段，可谓开始专门化期。更多学者关注和从事休闲与审美研究，吕尚彬等编著的《休闲美学》出版，首次使用了"休闲美学"这一专有名词，笔者《休闲与审美：自在生命的自由体验》等论文直接揭示了审美与休闲的内在关系；研究深入到中西方比较和对传统休闲智慧的深入探讨，相关论文出现数千篇。2006 年至现在是第四阶段，可谓深入和实施期。不但理论研究不断深入，成果日益丰富，休闲理念迅速推广，而且在现实生活中，休闲日益成为人们新的生活方式，休闲产业成为新的经济增长点，休闲教育蔚然成势；以提出"休闲改变人类生活"口号的杭州"世界休闲产业博览会"为标志的 2006 年被学者称为中国休闲发展"元年"；浙江大学亚太休闲教育研究中心和中国自然辩证法研究会休闲哲学专业委员会等的出现标志着中国休闲高等专门研究机构的建立，浙江大学休闲学硕博学科点的建立则标志着中国休闲教育的学科化和专门化。就美学研究自身而言，中国当代美学大体经历了从本

作者简介：潘立勇（1956—　），浙江慈溪人，博士，浙江大学亚太休闲教育研究中心副主任兼学术部主任，浙江大学人文学院哲学系美学、休闲学博士生导师。主要从事中国哲学美学和休闲学的研究。

[①]　参见章辉：《中国当代休闲美学研究综述》，载《美与时代》，2011 年第 8 期。

质论、认识论，向语言论、生存论的转化，新世纪美学生活论指向更为突出，美学应该关注当下的生存环境和方式成为学界的共识，休闲美学研究初步成形。

当代中国休闲文化发展及其美学研究存在的主要问题是：在理论领域，存在"言必称希腊"的现象，西方休闲文化及理论呈现扩大、渗透的文化殖民倾向，中国休闲话语权严重不足；同时不少理论研究流于空洞和雷同，原创性不足、领域开拓不足、实践深入不足；美学尚未在休闲文化领域发挥其深入、全面的引导和提升的现实人文功能，"日常生活的审美化"等话题尚未能深入切实地与当下生存内在契合；休闲美学尚未原创性地、系统深入地建构，已出的编著大体还是处于现象的描述层面，审美与休闲的内在关系，其对和谐社会生活品质和生存境界的人本意义还缺乏深入的研究和系统的梳理。在现实领域，休闲消费的异化现象频出，休闲作为炫耀性符号功能被夸大，有些休闲方式流于"俗闲"乃至"恶闲"；休闲活动及载体过于产业化、标准化，背离休闲自由实现人性需求的本质。

鉴于当代中国休闲文化及其美学研究的现状和问题，如何使休闲真正重返人性自我创造、自我完善的本质，学会聪明地休闲、把握生存的审美境界，深入发掘和弘扬中国休闲的民族传统和精神智慧，建立当代休闲文化及理论的中国特色和中国话语，是休闲学研究的当务之急。就美学学科发展的需求而言，如何走出传统的抽象领域和艺术中心论，走进当代社会大众丰富活泼的日常生活审美领域，更积极主动地适应社会发展的现实需求，使之具有更多的现实性品格，更切实地发挥应有的社会文化功能，让美学从纯粹的"观听之学"成为生动的"身心之学"，是美学研究的当务之急。就两者关系而言，美学提升休闲，引导当代健康的休闲文化；休闲文化丰富美学，推动审美切入人本生存，使美学拥有更多的现实话语和功能。两者相得益彰，共同提升国民的生活品质，助益实现美丽和谐的"中国梦"，这也就是本课题研究的主要理论价值和现实意义所在。因此，通过休闲、审美与当代生活品质、和谐社会关系的研究，构建当代中国休闲美学，具有重要的理论意义和现实价值，它有助于促进美学更现实地走向生活，丰富构建和谐社会的精神家园，提升以人为本社会的生存境界。

笔者认为：（1）休闲、审美与生活品质、生存境界内在相关，人的自在生命及其自由体验状态是审美与休闲共同的本质规定；休闲是审美的现实落点，审美是休闲的内在本质与最高境界，两者可谓体用关系；休闲文化丰富和充实美学，美学精神提升和规范休闲文化；要深入把握休闲的本质特点，揭示休闲的内在境界，就必须从审美的境界进行思考，要让审美活动更深层次地切入人的实际生存，充分显示审美的人本价值和现实价值，也必须从休闲的活动现实的把握。（2）当代中国休闲文化及其发展应该从本体传统汲取诸如"乐生"、"玩物适情"、"各得其分"等理念的精神元素和智慧，以及本体、功夫、境界等理论表述，形成中国休闲文化及其研究的本土特色和理论话语。（3）走向休闲、深入休闲、引导休闲文化是当代中国美学不可或缺的现实指向，休闲美学应当为当代中国美学文库的重要和必要组成部分，深入系统地构建中国休闲美学已是历史和现实的必然要求。

二

研究这个世纪性课题，需要突破一些难题，主要体现在：（1）休闲文化领域应用层面、现象层面的资源和印象较为丰富和深刻，容易形成习惯定式，超越这种定式对其作深入的基础理论研究有一定难度，我们的研究要突破这种定式，提升休闲文化的理论内涵和境界；（2）由于休闲、审美与和谐社会的关系，涉及多种边缘学科交叉，区分与梳理休闲美学边缘学科的联系与区别也是难点所在，这项研究要从多学科、交叉学科、边缘学科深入系统展开，使之获得哲学、心理学、社会学、经济学、管理学、人类学等学科的理论支撑；（3）这个课题现实品格较强，需要大量现实社会生活的资源作理论支撑，调研的工作量会比较大，因此，需要深入开展社会实证调研，选择富有代表性的社区、城市和地区，为理论研究提供扎实的现实数据，突破仅限于思辨研究的局限。

当代中国休闲文化研究和休闲美学构建需要着重关注如下问题：（1）审美与休闲的人本哲学与社会心理基础。分析审美、休闲与生存境界的内在关系，揭示审美与休闲作为自由生命的自在体验的本质规定与特征，透显审美与休闲在人的理想生存和社会理想状态中的本体意义。（2）中外审美与休闲的理论与智慧。梳理中外审美与休闲的理论与智慧及其对提升当代生活品质、构建和谐社会的价值，为当代中国休闲美学的建构发掘理论资源，尤其需要着重发掘休闲文化和休闲美学的中国话语，以期建立真正有中国特色的理论体系。（3）休闲及其消费的两面性。注意"雅闲"与"俗闲"乃至"恶闲"的区别，分析消费异化对于社会状态的负面影响，区分聪明而合理的休闲与单纯或消极的闲暇、逸乐，揭示理想的休闲境界。（4）休闲美学的现实品格和应用价值。揭示审美与休闲作为体验经济、文化产业的人本基础，显示其在推进和谐创业，构建和谐社会，提高当代生活品质中的积极意义。（5）休闲文化与休闲美学的身体机制。关注身体美学对于休闲文化和休闲美学研究的意义，分析"高峰体验"、"畅"、"玩物适情"等作为审美与休闲体验的身体机制，研究身心需求及其满足作为休闲体验与消费的动因，身体感受与幸福指数、生活满意度的关系、身体状态对于生活品质的意义。（6）分析休闲美学的理论构成与逻辑体系，梳理其与相关学科的逻辑关系。

我们有必要着重从以下几方面展开研究：（1）当代中国休闲文化现状研究。一是研究当代中国人的休闲需求、休闲观念、休闲心理、休闲体验等内在精神层面的现象；二是研究当代中国人的休闲行为、休闲方式等外显活动层面的现象；三是研究当代中国休闲产业（以休闲旅游、文化娱乐、休闲体育为核心）及其休闲消费等社会经济领域的文化现象；四是研究休闲与生活、生命价值的相互关系这一生存论层面的现象；五是勾勒当代中国休闲文化发展轨迹和趋势，分析问题，提出对策。（2）中西休闲文化比较研究，休闲文化与理论智慧的中国元素与中国话语发掘。从全球化的视野作休闲文化的中西比较，梳理中西休闲文化的发展历史及其对当代的影响，发掘当代休闲文化的传统基因；尤其注重对西方休闲文化与理论渗透、殖民化的历史和现实原因分析，深入发掘整理休闲文化的中国元素和传统精神及智慧，以期实现与西方休闲文化和理论平等对话，建立当代中国休闲文化与理论的本土话语。（3）休闲文化的美学审视。深入系统梳理休闲与审美的概念，分析休闲文化的审美元素、审美与休闲的人本哲学与心理基础，揭示审美与休闲作为自由生命的自在体验的本质规定与特征，在理论上深入理通两者的内在关系，透显审美与休闲在人的理想生存和社会理想状态中的本体意义；同时关注休闲文化对审美领域扩大、丰富及美学研究深入人本的意义研究。（4）当代休闲文化的美学提升研究。辩证地分析休闲活动和文化对于社会和人生的多面性影响，在确认健康和聪明的休闲是实现人性自由全面发展、标志社会文明的前提下，现实地分析休闲发展和休闲文化演变过程中的异化现象，分析休闲及消费心态、方式异化形成的历史、社会和心理原因，分析借助审美态度和境界提升休闲方式和休闲文化的可能性和必要性，研究使健康的休闲文化成为具体美育方式的可能性和现实途径，研究通过审美"救赎"消解休闲中的异化现象，让人们更聪明地用闲的理论价值和现实意义。（5）休闲美学的当代建构研究。揭示休闲美学构建的理论和现实意义，分析休闲美学的理论构成、逻辑体系和形态特色，梳理其与相关学科的逻辑关系，力图构建原创的、有中国特色的当代休闲美学。

三

笔者主张如下的研究思路和方法：切入当代中国休闲文化的现状，深入系统分析其发展轨迹与趋势，梳理问题与症结，在古今和中西参照中透析文化元素和历史基因，提出相应对策，构建相应理论与美学框架，是为基本思路。思辨与实证结合、理论分析与田野考察互进；中西比较、古今参证；关注交叉领域、运用多学科方式，是为基本方法。其中特别要注意：（1）深入厘清审美与休闲共同本质、体用关系及其相互影响；（2）明确指出走向休闲、深入休闲、引导休闲是中国当代美学不可或缺的现实指向和使命；（3）深入辩证地分析休闲文化与消费的多面性及异化现象，研究与探讨休闲异化的审美"救赎"可能性与现实途径；（4）突出强调在当代中国休闲文化及其发展中弘扬本土文化精神元素和智慧的迫切和必要，努力发掘、确立休闲与审美文化及理论研究领域的中国话语。

在具体研究思路和方法论上，着重从如下角度切入：

1. 理论和思辨研究

从生存的哲学定位，人本需求的心理分析入手，深入分析休闲文化的人本哲学与心理基础，揭示休闲与审美作为自由生命的自在体验的本质规定与特征，彰显休闲与审美在人的理想生存和社会理想状态中的本体意义。"休闲"这个概念在应用层面、现象层面给人的印象较为丰富和深刻，容易形成习惯定势和俗见，如我们打开"中国休闲网"，里面的内容大体是沐浴、洗脚和美容，似乎休闲活动和休闲文化主要就是这类消遣性的活动与现象。其实这是一种偏见或俗见，对休闲文化、休闲活动所蕴含的深刻的人本价值缺乏基本的理解。超越这种定势对其作深入的基础理论研究有一定难度，但我们的理论工作者应该超越一般应用层面的休闲活动和现象，深入揭示其人本哲学和心理基础及其内在逻辑构成，使休闲研究理论升华。明确休闲是人的理想生命的一种状态，是一种"成为人"的过程；休闲不仅是寻找快乐，也是在寻找生命的意义。同时要分析聪明而合理的休闲与单纯或消极的闲暇、逸乐的区别，揭示理想的休闲境界。

2. 现实和境界研究

从社会发展的绝对指数与人本感受的相对指数两方面考察，分析休闲与审美对于构建和谐社会、实现理想生存的现实价值；考察比较中外休闲与审美的传统智慧异同之处，并分析其对当代生活品质的意义与价值。按笔者的理解，休闲不仅具有绝对的社会尺度，还是一种相对的人生态度。所谓绝对的社会尺度是指社会发展的绝对水平，如果社会的生产力和发展水平尚未能提供给人们足够的闲暇时间和经济基础，人们的休闲就缺乏必要的外在条件。但聪明休闲的智慧在于，人们可以通过人生态度的恰当把握，超越这种绝对尺度，在当下的境地中获得相对的自由精神空间，由此进入休闲的人生境界，这就是人生体验的相对态度。从人本哲学上讲，人的存在本体就是世界向人的无遮蔽的呈现，也就是人对世界的本真的体验。这个世界对于人的意义，取决于人对世界的自由感受。自在的生命才是人的本真生命，自由的体验才是人的本真体验。我们可能无法绝对地左右物质世界，但我们可以通过对心灵的自由调节，获得自由的心灵空间，进入理想的人生境界。所以，我们在注重不断发展物质世界，创造物质水平以提升生存的外部环境和条件的同时，不能忽略自我心灵境界的调节与提升。有钱与有闲并不能保证人们聪明的休闲，为钱所累，为闲所困的例子比比皆是；反过来，在并不十分富裕的情况下，通过合理的心理与观念的调节与把握，使人生进入"从心所欲不逾矩"、"无往而非乐"的境界，这就是聪明的休闲，在这里，人的相对的感受系统起了重要的甚至是决定性的作用。在古今中外的休闲观念和理论中，包含着丰富的聪明休闲智慧；这些智慧，对于提高当代生活品质，尤其是对生活境况满意度的体验，具有重要的现实意义。

3. 产业和载体研究

分析休闲文化尤其是休闲美学的现实品格和应用价值，揭示休闲与审美作为体验经济、文化产业的人本基础，显示其在推进和谐创业，构建和谐社会，提高当代生活品质中的积极意义。休闲活动是连接体验和产业的中介和载体，休闲活动既是一种体验，而其活动的载体又是一种产业。休闲活动满足人的高层次的内在需求，满足这种需求的产品的精神附加值特别巨大，于是，休闲活动及其载体就成为天然的"体验经济"，乃至"美学经济"。因此，通过休闲体验与消费，使审美活动真正现实地切入生存实际，体现人本价值和产业价值，使美学与产业内在结合，这就是文化产业的人本基础、文化产业的内在灵魂，也就是"美学经济"的现实前景所在。休闲是极为具体、极为现实的人的生存和活动方式，其载体又是丰富的产业类型，休闲美学作为应用性很强的学科，对它的研究不能仅仅停留于思辨的阐述和理性的论证，而需要量化和实证的数据使之有切实的依托。可以国内休闲活动开展较早，休闲产业发展较快的杭州、成都等城市为典型，对休闲与审美活动及其观念在提高当代生活品质方面的现实价值作深入具体的调研，实现休闲经济的理论与实践对接。

这辑《休闲评论》是在 2013 年 10 月底由湖北理工学院暨华中休闲文化研究中心等单位主办的休闲哲学论坛论文集基础上编辑而成的。这次论坛与会及发表论文的主体是浙江大学亚太休闲教育研究中心的休闲学和美学的硕博研究生，我们欣喜地看到休闲研究的新生力量正在崛起。我这篇小文，表达了对休闲文化和休闲美学研究的几点思考，权作为小序，以就教于方家。

中国的休闲改革

杰弗瑞·戈比（著） 李金妹（译）

（美国宾夕法尼亚州立大学健康与人类发展研究院 湖北理工学院外国语学院）

内容提要： 中国正在进入一个类似于其他国家快速城市化和工业化的改革时期。污染、腐败和巨大的收入差距等问题促使这种改革发生，也部分地由于不断提高的收入水平以及人们对于获得休闲以及运用休闲的期望越来越多，针对休闲的供应品也就成为这项改革的内容之一。休闲可能被理解为某些核心的休闲活动——那些每天都会做，一般不会远离住家且费用低廉、平衡的活动。某些情况下，这些活动会涉及差旅费和其他花销，例如参加庆典或是高尔夫、游船之类的高档消费。到目前为止，政策方面更多关注平衡性休闲活动，特别是旅游。改革时代的到来，中国将需要更多地关注核心的休闲活动。在西方国家，这涉及三种类型的组织——企业，政府和私营的、非营利性的公民组织。这三种类型的组织对改革核心休闲都是必要的。其中可用来采用以提高核心休闲的措施有：政府要求房产开发商为居民休闲作出一些规划，如花园屋顶，居民休闲时使用的特殊房间或公寓和儿童游乐区。此外，政府可以在人们的生活区提供"便携式"休闲服务，如安装运动器材、儿童水喷头，教师在户外为人们提供非正式的艺术类的课程和其他节目。城市空间的多种用途也非常重要：为体育运动或特殊事件在一些时段关闭街道；平缓交通，这样人们可以更轻松地漫步休闲；户外区域可以既用来工作，也可以用来休闲。这些措施需要公民组织的发展，关心提高自己所在社区的休闲机会。改善核心休闲机会有利于改善健康，提高人类的复杂性和更多的社会协调性。

关键词： 休闲改革 平衡性活动 核心休闲 "便携式"休闲服务

作者、译者简介：杰弗瑞·戈比（1942— ），男，美国宾夕法尼亚州立大学健康与人类发展研究院休闲研究系教授，美国休闲学会前主席。李金妹（1983— ），女，湖北荆州人，硕士，湖北理工学院讲师，华中休闲文化研究中心国际交流部主任。

引 言

中国很可能进入了一个改革时期。很多国家在经历大规模的从农村迁移到城镇地区之后也发生了这样的城市改革。由于腐败、污染和收入不平等的问题，改革也可能发生。从历史上看，在西方世界，这样的改革是在政府的帮助下由公民组织领导完成。在某些情况下，少数富裕或有影响力的人在生活的各个领域领导改革。此外，非正式的公民团体也帮助解决休闲制约的问题。在休闲、娱乐、公园、文化生活、体育及相关领域等方面，中国必须建立自己的改革模式。这种改革将使中国变得美丽，因为它会在空闲时间扩展人类成长和快乐的机会。活着不只有工作和家庭。随着生产力的提高，对于工人来说，历史上一直存在收入增加和更多的休假时间之间的分别（Cross, 1990）。这两个因素使休闲在中国成为一个更重要的问题。

当世界正处于加速变革的状态时，越来越多的证据表明文化是不会轻易改变的。休闲及其运用是处于对该文化的理解之中的。Kitayama 和 Uskul（2011）提出神经—文化互动模型解决了这个问题。

假设大脑作为积累文化体验影响的关键部位，只要通过持续参与文化习俗活动，神经连接就可能修改。因此，文化是"智力型"的，而且这个过程不需要认知调解。有证据支持这一理论。因此，中国人的文化基因与其他国家的文化基因是不同的，比如与巴西人或俄罗斯人的文化基因不同。中国需要从不同的国家找到休闲模式，这种休闲模式将在人口稠密的城市发挥作用，它也必将发展自己的休闲模式。拥有休闲以及在休闲中所作所为决定了一种文化的基础（Pieper，1952）。中国是世界上拥有古老文化的国度，但这种文化正在深刻地被改变着并且将继续改变。思考一下我们居住的这个世界中所发生的这些变化，例如：

（1）自 2000 年以来，德国的可再生能源的来源份额增加到 25%（DW 新闻报，2013 年 9 月 6 日），现在 800 万个家庭使用太阳能，自 2011 年以来增加了 45%。最终所有的家庭将使用来自自己家的太阳能电池板的电能这是可能的。（http://www.dw.de/solar-energy-on-the-rise-in-germany/a-16490941of）

（2）三维打印术或增材制造术，是指用数字模型制作任何形状的三维固状物体的过程，正引领着实现快速制造原型、大规模定制和拥有这样一台机器的人能制造时钟、枪、机器齿轮及其他物体的能力。（3D 打印，维基百科，2013 年 9 月 6 日）所有的生产制造都可能由于这样的机器而改变。

（3）气候变化是不可否认的，而且人类对此负责。（美国航天局，2013）所有国家将受到挑战，如上海等低洼地区将被重新定义。荒漠化将加剧。遍布世界各地的迁移将会愈演愈烈，包括中国在内。

（4）知识正在急剧减少其私有性。例如耶鲁大学，免费提供整个图书馆给全世界的人使用。维基百科是一个免费的在线百科全书，免费提供给用户使用。谷歌打开大门，以数以百万计的主题信息供人们查阅。在中国有6亿人在上网。

（5）由于大规模的数据挖掘技术、无人驾驶飞机、手机摄像头和其他设备记录人们所做的、所想的、自己所拥有的和所缺乏的，隐私和保密越来越罕见了。

（6）在美国，已经有两个州，汽车自动驾驶是合法的。在加利福尼亚州，他们已经行驶了数百万英里。

一、中国的经济增长——不断提高的休闲期望

虽然世界的变化速度越来越快，但中国的许多文化还是受传统的约束。最显著的影响是，中国人的思想对人们的休闲生活是基于中国传统社会的三个具体特征：农业作为生活的基础、家庭作为生活的核心、儒家思想作为思想的根源。中国人民生活中一些历史的和当代方面的因素已经影响了他们的休闲方式，包括因为要从事艰苦的劳作而变得有限的空闲时间、城市化进程、对待休闲的消极态度、妇女在社会中的角色，以及对自然的敬畏态度等。中国人的态度和价值观，也解释了中国人和西方人在休闲模式之间存在差异的原因。（Chang and Card, 2013）然而，休闲往往会随着经济的健康发展以及教育水平的提高而得到推进和发展。这种变化从寻求休息和娱乐开始，到寻找乐趣，寻求地位，获得知识、新的经验与意义。技能挑战型的休闲变得越来越流行。许多休闲娱乐活动变得更庄重，塑造身份形象的活动是休闲的一部分。而且，中国人现在想要与日常生活方面不同的东西，就像他们在清朝和国民政府晚期所做的那样。改进日常的休闲机会也是那种愿望的一部分。

中国已经经历了一个经济奇迹。从1981年到2005年，据估计，有6亿中国人脱贫（每天1美元），中国的贫困率从85%下降至15%。（世界银行的报告，2005）据中国官方统计，从1978年到2007年：
- 中国的农村人均纯收入从133元增加至4140元。
- 中国的人均城镇居民可支配收入从343元增加至13785元。
- 农村人均住房面积从8.1平方米增加至31.6万平方米。
- 人均城镇住房面积从4.2平方米增加至22.6平方米

尽管如此，中国还是大约有1.5亿人生活水平低于联合国1美元一天的贫困线。（维基百科，2011）近5亿中国人每天生活不到2美元。（BBC新闻，2010）贫困现象主要集中在农村，中国有85%的贫困人口生活在农村地区，约66%集中在中国西部。（中国发展研究基金会，2011年2月）根据国家统计数据，包括在城市里的农民工，而不算城市的贫民，中国的贫困人口的99%居住在或来自农村地

区。即使城市农民工被排除在外，90%的贫困人口仍然来自农村。（《华尔街日报》，2011年4月13日）超过一半的中国人生活在农村地区，但他们分享不到12%的国家财富。（英国《每日电讯报》，2010年3月2日）因此，经济奇迹是局部的，并且任何试图改善日常休闲机会的计划，都不得不承认在城市、农村以及流动人口中有多少人很难有钱来休闲娱乐，甚至根本就拿不出钱来休闲。

二、核心休闲活动和平衡性休闲活动

休闲可以被认为包含核心休闲活动和平衡性休闲活动。（Kelly and Godbey, 1992）核心活动是定期进行的，通常在家或附近，价格便宜，并且有时组织松散。平衡性活动是经过高度计划的特殊事件，花费更多，包括旅游，并提供了独特的经验。在中国，平衡性休闲活动可能是参观一个主题公园，游览一处历史圣地，在餐馆吃大餐或去爬山。平衡性活动通常要花钱且都是在家庭外部进行。例如，孩童围绕一座公寓楼玩耍、看电视、在屋外练习太极拳、打麻将或到茶馆喝茶。虽然中国政府已经更加注重平衡性的休闲活动，特别是旅游和特殊大型事件和庆祝活动，现在更需要关注的是集中提供核心的休闲活动，这样的活动每天都可以做或几乎每天可以在家里或家附近进行。平衡性休闲活动反映了时代的经济增长且经常给人们显示财富和地位的机会。核心休闲活动的机会将会是促进时代改革的一部分，将进一步提高人们日常生活品质。

当然，中国已开始从政府政策方面注重休闲。2011年是第十二个五年计划的第一年，这一年改善公民生活质量已经被作为国家战略发展的主要目标（Song, 2012）。中国国家旅游局在这个过程中起到了关键作用。文化、旅游、体育等领域投入了大量资本。可是，平衡性休闲比核心休闲更受重视。在中国人民的日常生活中，处理休闲机会受限的问题依然存在。在即将到来的改革时代，核心活动将受到更多的关注，提高普通公民的日常生活水平变得更加重要。

三、需要三类休闲服务组织

现代国家已经成功地改善了普通公民日常生活的休闲机会，而三类提供休闲服务的组织也让现代国家获益。它们是：

（1）政府。在市/县级、省级和国家级政府提供多种休闲服务。这些服务包括公园、旅游、体育、娱乐节目、艺术、游乐场以及其他服务。

（2）企业。企业的角色是多样的，包括大众媒体、专业运动、主题公园、度假酒店、高档餐饮、体育设施和其他许多企业。

（3）私人的、非营利性的公民组织。这些组织是公民组织，既不是像公司一样牟利的组织，也不是政府的一部分，虽然他们可能与政府有关。在美国，一些非政府组织申请免税地位。

一家 501（c）组织，也俗称为 501（c）或"非营利性"是美国免税非营利组织。美国国内税收法典［26U.S.C§501（c）"第 501（c）条的规定，29种非营利组织在联邦所得税中是免税的。（维基百科，2013 年 9 月 12 日）

在美国法律里特别提到，成立以下组织是合法的：宗教组织、教育组织、慈善组织、科学组织、文学组织、公共安全测试组织、促进国家或国际业余体育竞赛组织，或防止虐待儿童或动物的组织以及社会性和娱乐性的俱乐部。

一些私营的、非营利性的组织不寻求这样的地位，但组织较为松散。他们可以促进某个特定的休闲活动，如足球，或某种类型的活动，如视觉艺术。这样的组织会提升休闲机会，筹集资金以帮助促进他们的事业，并且与政府密切合作促进他们的事业向前发展。

四、休闲服务组织的功能

在美国，所有的休闲服务组织以下列一个或多个模式运作：（Godbey，1999）

1. 中立文化提供者

作为一个中立的代理，休闲服务组织竭诚提供或资助任何客户感兴趣的休闲活动、设施或服务。在这个作用上，人们认为，该机构没有权利把自己的价值观强加在其客户身上，并且应该迎合客户现有的休闲兴趣，而不是试图创建新的休闲兴趣。

2. 社会变化代理

一些休闲服务机构通过对休闲活动的运用试图改变人们的行为或社会条件。这种变化超出了在一个给定活动中生成兴趣的范畴。在这种"社会工程"里，休闲活动作为达到目的的手段，是一种以期改变和改善社会的技巧或工具。

3. 休闲机会协调者

作为社团的休闲机会协调者，休闲服务组织竭力把公民参加各种的休闲活动的机会最大化。这个角色需要该组织主动汇集商业的、私人的，以及公共的休闲服务机构的代表一起共享信息，避免重复努力，并且计划寻求共同合作以利用各代理机构的方案和设施。

4. 娱乐活动提供者

人们认为，休闲服务机构应主要为那些高度依赖机构以提供有意义的休闲体验的人或选择使用这些服务机会最少的人提供服务。通常这一类都是穷人和教育水平低的人。

5. 改善物理环境

作为一个主要的功能，许多休闲服务机构都保护和改善环境。许多类型的休闲活动都依赖于一定的环境特征或条件，而这些特征或条件是城市或郊区的大多数人无法独自提供的。

6. 健康促进者

各种休闲服务组织提供旨在提高或维护其服务对象的健康的服务。

7. 休闲教育与咨询提供者

许多情况下，与休闲有关的组织为他们服务对象提供各种各样的休闲机会的信息。也会教授具体的休闲活动的技能和欣赏能力，如空手道、插花活动等。

8. 制度化调整

当人们从私人住宅搬迁到大的、群体居住的条件下，他们的休闲资源与休闲需要会发生改变。由娱乐、公园、休闲服务专业人员所工作的机构差别很大，但可能包括：大、专院校、部队、疗养院、监狱、医院，和其他的团体生活情况。

9. 旅游推动者和促进者

许多休闲服务涉及促进和管理旅游业及其他观光项目。

在美国存在三种休闲服务机构。企业和公司、政府和私营的、非营利组织，以一个相互关联的方式来提供休闲服务工作，包括体育、艺术、公园、特别事件和庆祝活动、爱好、音乐和其他领域的休闲。例如，一个孩子可能通过女青年基督教协会项目（YWCA）学习游泳，然后可能在政府管理的游泳池里游泳或参加由当地政府的娱乐和公园部门主办的游泳比赛，然后可能加盟由公司赞助的商业游泳俱乐部。中国缺乏这些私人的、非营利性组织，但是提高核心休闲机会，将需要发展更多这样的组织。

五、加强中国的核心休闲

在美国，一些城市休闲改革包括组建当地的娱乐机构，有时是由妈妈们共同建起来的，她们希望自己的孩子有安全的地方玩耍。这样的改革发生在工业化时期。（Cross，1990）

当孩子们玩耍的时候，他们为孩子们建立了监控系统，并且也开始与政府合作，提供更多的操场和体育运动的机会。政府与这些团体密切合作，游乐场和体育联盟就逐渐应运而生了。此外，对家庭休闲机会感兴趣的公民组织鼓励政府从公寓建造商那里得到一些休闲资源。在中国，这可能意味着建立花园屋顶或在允许建造公寓之前答应业主提供一套公寓作为休闲使用，或者为生日、特别庆祝活动或玩游戏等建造特殊的公寓。

加强核心的休闲活动，将意味着许多财产被赋予多种用途。街道必须重新声明为娱乐之用，在某些时期儿童游乐、运动、节日、逛街游玩时封锁道路。世界上有些城市，中心城区的道路已被封闭，提供免费的清洁巴士，这是在市中心唯一允许通行的车辆。放置长凳供人们工作、购物或玩耍后休息小坐。停车场、工厂周围的空旷区域、屋顶、公立学校和政府大楼也必须有多种用途。这些努力不仅减少了交通问题，还为数百万人改善了核心休闲方式。此外，在许多城市已经实施了"宁静交通"，这能增加公民闲逛或购物的乐趣。（参阅 traffic calming. org）

加强核心休闲将意味着政府必须对建造商提出一些要求以满足居民的核心休闲需求。在美国，这可能包括要求开发商投入少量的土地来建公园或开放区域。然而中国城市地区的土地价格非常高，但可以要求其他的事情，比如建筑群的一间公寓可作为休闲活动的场所。另外，可以要求修建花园屋顶、艺术展厅和其他休闲设施。到目前为止，这种要求不是经常发生。在理想的情况下，开发商可以与居民一起规划其核心休闲需求。

在美国的 20 世纪 60 年代，地方政府开始向居民提供"便携式"休闲服务。（Kraus，1972）即，不是要求公民出门旅游以获得休闲机会，而是主动给他们带来机会。这包括在某些特定的日子在住所周围设立水喷头，在停车场及其他地方携带并使用运动器材，派送音乐家表演或携带乐器供其他人表演，派送艺术家到户外上艺术课，或其他服务。便携式休闲活动增加了公民对政府的支持，让得到这些服务的人感到生活更美好。在 20 世纪 60 年代的城市种族暴乱中，便携式休闲活动在稳定骚乱局势中发挥了重要作用。

六、测量休闲需求

虽然没有测量休闲需求的通用方法，但几种测量方法已经被用来评估公民的休闲需求。（Godbey，1999）休闲的表达性需求试图测量公民实际参与的休闲活动、下班后有多少时间及有多少其他的义务。（中国在很多城市已经进行了时间利用调查和休闲活动的调查。）感觉性需求与休闲活动有关，人们说是他们想参加而不是因为一些强制要求而参加。在某些情况下，休闲需求一部分由确认一个城市的某些方面是最依赖于政府的休闲机会而确定，通常是贫困水平和犯罪率高以及正规教育层次低等方面。政府也可以决定尝试设置各种类型的休闲服务标准，如一些游乐场或容纳万人的足球场。最后，通过宣传一项被认为是可取的或有利的活动，就可能会创造出休闲活动的需求。在规划休闲服务时，最好是有获取关于休闲需求的多个信息源。

七、增加核心休闲机会对中国的益处

公民参与的核心休闲活动从根本上塑造文化、社会和环境。对于中国而言，投资核心休闲将有许多实际好处。中国正在迅速老龄化，增加老年人锻炼的机会会增加他们的独立生活能力，降低医疗费用和降低由于需要他们子女的照顾而造成他们误工的费用。越来越多的证据表明，利用休闲是决定个人健康的一个关键的变量。（Payne, Ainsworth and Godbey, 2010）中国公民核心休闲的小规模投资将减少医疗保健费用并且会提高生活质量。

随着所有经济都成了知识型经济，增加技能挑战型休闲机会将会增加公民的智力和解决问题的能力。扩大日常休闲活动的机会，特别是对儿童，将增强中国儿童在现代世界的竞争能力。花在技能挑战型休闲的时间比花在为应付一个标准化考试而记忆信息的时间更有利于提高孩子的智力和复杂性。

对于许多中国人而言，休闲的机会也意味着生活将涉及更好地了解自我和世界。在西方世界，仍然存在苏格拉底的信念，即浑浑噩噩的生活不值得过。休闲是检验生活的一个重要的舞台。

如果日常生活中没有提供更好的有意义的休闲机会，那么中国的和谐社会就不会成功，这将涉及企业、政府和非营利性的民间组织的联盟。

参考文献

［1］BBC News (May 12, 2010), "Millions 'left behind' in rural China".

［2］Bureau of Labor Statistics(2013a), *American Time Use Survey—Leisure and sports*. Retrieved from http://www.bls.gov/tus/current/leisure.htm.

［3］Bureau of Labor Statistics(2013b), *American Time Use Survey—2012 results*. Retrieved from http://www.bls.gov/news.release/pdf/atus.pdf.

［4］Chang, Y and Card, J. A. (2013), The Impact of Ancient Chinese Philosophy on Contemporary Leisure in China. ERIC, 2013.

［5］China Development Research Foundation *Feb 2011 report*.

［6］Cross, G. (1990), *A social history of leisure since 1600*. State College, PA: Venture Publishing.

［7］Cross, G. (1993), *Time and money—The making of consumer culture*. London, England: Routledge.

［8］*DW Journal News*, Solar Energy on the Rise in Germany, September 6, 2013.

［9］Godbey, G. (1999), *Leisure in Your Life:An Exploration*—5th edition. State

College, PA: Venture Publishing.

[10] Godbey, G. (2010), *Leisure In Your Life:New Perspectives*. State College, PA: Venture Publishing.

[11] Goodin, R., Mahmud Rice, J., Parpo, A., & Eriksson, L.(2008), *Discretionary time*: *A new measure of freedom*. Cambridge, UK: Cambridge University Press.

[12] Kelly, J. and G. Godbey(1992), *The Sociology of Leisure*. State College, PA: Venture Publishhing.

[13] Kitayama, S., & Uskul, A. (2011), "Culture, mind, and the brain: Current evidence and future directions". *Annual Review of Psychology*, 62, 419-49.

[14] Kraus, R. (1972), *Urban Parks and Recreation: Challenge of the 1970s*. New York: Community Council of Greater New York.

[15] NASA, Global Climate Change,(www. climate.NASA.gov).

[16] Payne, L. B. Ainsworth and G. Godbey.(2010), *Leisure, Wellness and Health*: *Making the Connections*. State College, Venture Publishing.

[17] Pieper, J. (1952), *Leisure: The Basis of Culture*. New York: Pantheon Books.

[18] Socrates, in Plato, *Dialogues*, Apology Greek philosopher in Athens 469 BC - 399 BC, http: //www.quotationspage.com.

[19] Song, R.(editor) (Number 3 2012), *Green Book of China's Leisure: Annual Report on China's Leisure Development*. Beijing: Social Sciences Academy Press.

[20] *The Telegraph UK* (March 2, 2010)"China's wealth gap the widest since economic reforms began".

[21] Traffic Calming. Org. 2013.

[22] Venture Outsource (2011, April 17), Report: China manufacturing hourly labor rate, compensation costs impact EMS. Retrieved from http://www. ventureoutsource.com/contract-manufacturing/2011-china-manufacturing-hourly-labor-rate-compensation-costs-ems

[23] *Wall Street Journal* (April 13, 2009) , "Facts About Poverty in China Challenge Conventional Wisdom".

[24] Wikipedia(Feb. 2013),"Income Inequality in China"; China Development Research Foundation Report.

[25] World Bank report; Wikipedia (2005),"Poverty in People's Republic of China".

社会空间的休闲维度

陆　扬

（复旦大学中文系）

内容提要： 列斐伏尔提出过"休闲空间"的概念。对于资本主义既定秩序来说，休闲空间看似带有附庸性质，然而却具有毋庸置疑的生产性，足以让"改良"与"革命"之间的一切壁垒不攻自破。此种空间，和我们平日里很少关心的自己的身体一样，在更深的底蕴中酝酿着革命。假如仅仅把休闲定位在劳动的补充上面，它充其量只能扮演一种"改良"的角色。用布尔迪厄的术语来说，这样一种休闲空间肯定是属于低下"趣味"一类。人们正是在文化和休闲消费中彰显出自己的阶级符号，有意无意完成了社会秩序的再生产。

关键词： 休闲空间　革命　趣味　消费

什么是空间？什么又是社会空间？今天举凡讨论空间，特别是空间的后现代社会属性，亨利·列斐伏尔 1974 年出版的《空间的生产》，依然是论者言必举其为证的不二经典。该书第一章第八节说，空间本来是一个想当然的概念，就像某个公寓里的一间房间、街道的一个角落，或者市场、购物中心、文化中心、公共场所等，不一而足，它们都是在日常生活话语中界出了个性独特，然而你中有我，我中有你纠缠在一起的不同空间。通而论之，它们的一个共同名称，不妨说就是社会空间。

社会空间是社会的产物，这看上去又是一个天经地义的命题。不过在这个想当然的命题的背后，列斐伏尔指出，要弄清楚它的来龙去脉和深层底蕴，实际上殊非易事。比如很多人还是觉得要承认在当代生产关系中，空间就像商品、货币和资本推动的全球化进程一样，具有切切实实的现实性，多有困难。所以光有理论不足为道，理论需要论证。围绕社会空间的属性，列斐伏尔提出了一系列问题：

作者简介：陆扬（1953—　），男，上海人，美学家，曾任南开大学哲学系教授、博导，现任复旦大学中文系教授、博导。研究方向：中西方哲学、美学。

此一空间是抽象空间吗？是的，不过就像商品和货币是真实的一样，它也是"真实"的，是具体的抽象。那么它是具体的吗？是的，虽然具体的方式不同于一个物体或一个产品。它是工具性质的吗？毫无疑问，不过，就像知识，它超越了工具性的边界。它可以还原为一个规划吗？就像知识的一种"物化"？是又不是。产品中被物化的知识已不复同步于理论状态的知识。倘若空间蕴含了各种社会关系，它又是如何蕴含，且为什么要蕴含这些关系？这些关系究竟又是一些什么关系？[①]

要逐一解答这些问题，那就说来话长了。事实上这也是列斐伏尔写作《空间的生产》这本大著的一个宗旨。

列斐伏尔本人提出过一个"休闲空间"的概念。从中我们或者可以举一反三，进一步窥探他的社会空间思想。《空间的生产》中作者指出，对于资本主义既定秩序来说，有一类非常规空间，它们初一看来是寄人篱下，带有附庸性质，可是仔细看下去，就可以发现它们无一不具有毋庸置疑的生产性，足以让"改良"与"革命"之间的一切壁垒不攻自破。休闲就属于这样一种空间。在此种空间里，消费者可以感觉到，他们身上发生的任何一种细微变化，都足以撼动他们肩负的整个生产关系。

相对于资本主义世界占据主导地位的"生产空间"，列斐伏尔指出，"休闲空间"仿佛是处在可有可无的边缘从属地位，故而它不过是游戏的空间，或者说，构成了一个巨大的"反空间"。但这其实应是误解，因为休闲并非如传统所释，是为劳动的异化，而事实上不论是劳动还是休闲，它们都是作为整体的特定生产方式总体秩序的有机组成部分。休闲曾经是工人阶级的宠儿，它表现为带薪假期、周末假日等形式，转化为工业生产这一主导空间的延伸部分。这就决定了资本主义制度下的休闲空间，其功利是非常明显的，包括促进人口再生产的家庭结构，一切都给安排得井井有条。故而休闲空间说到底是体现了新资本主义的胜利，显示了资产阶级独霸一切社会空间的雄心壮志。

但是列斐伏尔偏偏在休闲空间中读出了"革命"。他认为首先身体就会起来造反。他举了海滩的例子。列斐伏尔认为海滩是人类在自然中发现的唯一原生态娱乐空间。感谢造物主的恩赐，海滩上充满性诱惑的香艳场景一下子把我们的五官感觉刺激起来，身体在这里完全放松，跟它在劳动空间里的紧张状态截然不同。简言之，身体在这里成了"全面的身体"（total body），冲破了劳动分工带给它的时空束缚。在这一场景中，用古典哲学的术语来说，身体便是倾向于直接视自身

---

① Henri Lefebvre, *The Production of Space*, English trans. Donald Nicholon-Smith, Malden: Blackwell, 1991, p. 27.

为"主体"和"客体"，而不仅仅是"主体性"和"客体性"的载体。正因为在休闲的空间中，生命的内在感性节奏被充分释放出来，列斐伏尔指出，即便今天拟像流行，符号流行，处处在以假乱真，即便休闲中的身体有可能忘却本能反其道行之，比如说，沙滩上忽略裸露异性的诱惑，仅仅去凝神观照无边沧海，落日夕阳，休闲也永远是一个欲罢不能的革命性的社会空间。列斐伏尔指出：

> 休闲空间趋向于超越分界——可是它不过就是一种趋向、一种张力、一种"使用者"寻找出路的僭越——超越社会与精神的分界、感性和理性的分界，以及日常生活与非凡时日（诸如节庆）的分界。[①]

所以在列斐伏尔看来，休闲空间就像波澜不惊的日常生活，和我们平日里很少关心的自己的身体一样，在更深的底蕴中酝酿着革命。因为说到底，它是以劳动为中心的传统空间和以娱乐为中心潜在空间当中的一架桥梁，是社会空间种种矛盾纠结形式的一个缩影。它仿佛是寄生在劳动空间之上，是为前者的延伸，可是它不假思索就愉悦我们的天资，到底是开出了一片充满了希望的新天地。

古希腊语中休闲或者说闲暇，与学堂同出一语，是为 skole。它意味着学习就是休闲，休闲就是学习，两者相辅相成，应可互为目的。故假如仅仅把休闲定位在劳动的补充上面，它充其量只能扮演一种"改良"的角色。用布尔迪厄的术语来说，这样一种休闲空间肯定是属于低下"趣味"一类。在他的名著《区隔》中，布尔迪厄这样描述工人阶级的休闲生活：

> 他们开着雷诺5和西姆卡1000，假日里面加入堵车大军出去远足，在主干道边上野餐，在本已拥挤不堪的野营地再撑出帐篷，一头扎进文化产业工程师们给他们预先设计好的各种休闲活动。[②]

在布尔迪厄看来，这些毫无想象力的休闲方式，最终显示的还是无可救药的阶级分歧，换言之，工人阶级只配享受他们粗鄙习性带来的粗鄙生活方式。进而视之，下饭馆对于工人阶级来说也成为难得的休闲。据《区隔》提供的统计数据，51%的农场工人和44%的产业工人，可能从来就没有进过饭店用餐。而这个比例在上层阶级当中只有6%。所以不奇怪，工人阶级走进餐厅，通常会点一盘实打实的菜肴，或者要了乳酪又要甜点，而不大会光顾一般年长管理阶层喜爱的酌量烧

① Henri Lefebvre, *The Production of Space*, p. 385.
② Pierre Bourdieu, *Distinction: A Social Critique of the Judgement of Taste*, English trans. Richard Nice, Cambridge: Harvard University Press, 1984, p. 179.

烤。总而言之，是以丰盛来补充日常生活的匮乏，以放纵来补充日常生活的诸多限制。

布尔迪厄主张社会学家走进厨房。故致力于从食物结构来分析知识阶层与工人阶级的趣味差异。他发现白领阶层在面包、猪肉、牛奶、乳酪、兔肉、鸡肉和干燥蔬菜方面的消费比蓝领要低一些；在牛羊肉上的消费上持平；在鱼类、新鲜蔬果和开胃酒方面的消费，稍许高于更钟情葡萄酒的工人阶级。同时在文化和休闲活动方面的支出，白领较蓝领要多，但是差距并不明显。在文化和休闲的空间里，布尔迪厄指出，事实上不同阶层的消费群体，可以决定商品的不同地位。商品客观上是跟消费者的社会地位同步的，因为它们在各自的空间里面，大体是处在相同的位置，不论这空间是商店也好，影剧院也好，报纸也好，杂志也好。但即便如此，主导文化的影子也是无所不在，涵盖了包括衣着、体育、饮食、音乐、文学、艺术等各方各面在内的文化实践领域。在布尔迪厄看来，这里的关键词还是"趣味"。虽然，艺术和文化消费本身并不生产阶级不平等，但是物以类聚，人以群分，人们正是在文化和休闲消费中彰显出自己的阶级符号，有意无意完成了社会秩序的再生产。换言之，无孔不入的权力阴谋同经济和政治力量联手，在社会空间中完成了趣味不平等的合法化功能。

休闲哲学论纲

赵玉强

（杭州师范大学生态文化与休闲研究中心）

内容提要："休闲"乃人向道生成的自由状态。中国传统休闲哲学以生命为本位，内蕴丰赡，独具魅力，涵盖着自然、社会与人生三大基本视域，具有多样化的工夫路径，形成身闲、心闲两种境界层次，体现着独特的文化特性与理想追求，是儒家道德价值、道家自然情性与佛家超然之境的统一。

关键词：休闲 道 自由 境界

在中国哲学中，休闲是人向道生成的自由状态。它既是一种生活的态度，一种生存的方式，更是一种生存的境界，一种参悟宇宙、人生的生命智慧。它充满审美的、艺术的、诗性的气质，展现着东方文化的神韵。探讨中国休闲哲学，具有很高的学术价值与现实意义。

一、"休闲"释义

在中国文化语境中，"休闲"蕴含着丰富的文化与哲学意蕴。这首先可从语义学角度进行揭示。"休闲"由"休"、"闲"二字构成，我们现予以分别疏释。

对于"休"，《说文解字》解释："休，息止也，从人依木。"[1] 点明人依木而息的本义。由此，"休"生发出与"劳"相对的息止、停止含义，即"休"的核心义，如"民以劳止，汔可小休"（《诗经》）。继而又引申为美、善之义，如"既见天子，我心则休"（《诗经》）、"以礼承天之休"（《左传》）等；同时引申出不要、不必等表示劝阻的含义，如"闲愁最苦，休去倚危栏"（《辛弃疾词》）。"休"由本义到核心义再到引申义的含义衍变，表明古人对繁忙劳作后得以止息、安歇的向往，"休"也被赋予表示美好、良善的价值内涵。

作者简介：赵玉强（1981—　），男，山东临沂人，博士、休闲学博士后，杭州师范大学讲师。主要研究方向：中国哲学、休闲学。

[1] （汉）许慎：《说文解字》，北京：中华书局，1963年，第125页。

对于"闲"，《说文解字》解释："闲，阑也，从门中有木。"① 对于"阑"，《说文解字》解释："阑，门遮也，从门柬声。"② "闲"即"阑"，乃"门中有木"之象，此为本义。由此形成表"遮拦"之物（如栅栏、马厩等）的核心义，引申出法度、界限、防范、纠正、空旷、空闲、闲暇、安静、恬静、熟习、闲雅、良善、美善、无用、不重要等多重含义。③ 在闲暇、安静、美好三个含义上，"间"通"闲"④；在熟练与文雅、美善两个含义上，"娴"通"闲"⑤。"闲"以本义"门遮"、核心义"遮拦"为基础，逐渐过渡到法度、防范、空旷、闲暇、闲静等义，最后成为闲雅、良善、美好的象征与熟习某艺的境界。

"休"、"闲"二字都具有与"忙"、"劳"相对的意义，都承载着表示良善的道德内涵与对美的价值追求。这从语义学上透露出"休闲"具有丰富的文化、哲学意蕴，氤氲着深厚的美学、艺术与诗性气质。

	本 义	核心义	引申义	文化意义
休	人依于木	息止，与"劳"相对。	1. 雅、美好； 2. 不要、不必	表明古人对繁忙劳作后得以安歇、休息的向往，休闲即善、即美，与人心内在关联
闲（閒）	即"阑"，门中之木，门遮	表"遮拦"之物（如栅栏、马厩等）	1. 法度、界限；2. 防范、纠正；3. 空旷；4. 闲暇、空闲，与"忙"相对；5. 安静、恬静；6. 熟习；7. 闲雅8. 良善、美善；9. 无用、不重要	"闲"成为闲雅、良善、美好的象征，熟习某艺的境界，与德行、审美相关

---

① （汉）许慎：《说文解字》，第248页。

② 同上。

③ "闲"的核心义为栅栏、马厩等。如"天子有二闲，马六种"（《周礼》）。"舍则守王闲。"（《周礼》）对引申义项，各略示一例：（1）法度、界限。"大德不逾闲，小德出入可也。"（《论语》）（2）防范、纠正。"闲邪迁善，莫尚乎律。"（《全梁文》）（3）空旷。"隐约就闲，迁延辞聘。"（《全刘宋文》）（4）闲暇、空闲，与"忙"相对。"闲居而乐，无为而治。"（《淮南子》）（5）安静、恬静。"澹然闲静。"（《韩非子》）（6）熟习。"闲于兵甲，习于战攻。"（《战国策》）（7）闲雅。"辞礼闲雅，上甚欢悦。"（《前汉纪》）（8）良善、美善。"资性闲淑，羽貌鲜丽。"（《全刘宋文》）（9）无用、不重要。"闲愁最苦，休去倚危栏。"（《辛弃疾词》）

④ 《说文解字》解释："间，隙也，从门从月。""間"本义为门缝中的月光。核心义为间隙、空间。"间"通"闲"有三种情况：（1）闲暇。如"愿公子兮怅忘归，君思我兮不得闲。"（《楚辞》）（2）安静。如"魂兮归来，闲以静只。"（《离骚》）（3）美好。如"比德好闲，习以都只。"（《楚辞》）

⑤ "娴（嫺）"的本义是女子处于门内（月光）中。其核心义有二：一是熟练、熟习，如西汉文献《史记屈原贾生列传》："娴于辞令。"二是典雅、雅致、美善，如《说文解字》："娴，雅也。"娴之"雅"义，在汉代较为常见，如《后汉书·马援传》注："嫺雅，犹沈静也。"张衡《上林赋》："若夫青琴、宓妃之徒，绝殊离俗，妖冶娴都。"王充《论衡·定贤》："或骨体娴丽。"我们认为，"娴"的两个核心义存在某种关联，"熟习"可能比"文雅"更为原初、根本，后者或由前者生发而出，如"熟习"指女子在门内月光之中熟练地从事女工，而"文雅"即是对此的描述。

续 表

	本 义	核心义	引申义	文化意义
閒	门缝中的月光	缝隙、空隙	1.空闲、闲暇；2.安静；3.美好	在前述三项含义上，与"闲"通假，与美相关
娴（嫻）	女子处于门内（月光）中	熟习、文雅	1.熟习、熟练；2.文雅、高雅、雅正、美善	在前述两项含义上与"闲"通假，可能经历着由"熟习"到"文雅"的转变

再看"休闲"，西周时期《鄂侯驭方鼎铭文》记载："王休宴，乃射，驭方会王射。驭方休阑，王宴，咸饮。"我们认为，此处的"休阑"即是"休闲"，为中国古典文献中"休闲"的最早出处。主要理由有：

其一，据《说文》，"闲"与"阑"皆为门中有木（门遮）之义。"闲"为"户閒切"，"阑"为"柬声"，"闲，阑也"。二字义同音近，可相通。

其二，在音韵学上，据现代学者考证，在上古时期，"阑"为元部来纽字；"闲"为元部匣纽字。元部叠韵。"阑，读为闲。"①二字音义皆同，正当相通。

其三，从语义上，该铭文中的"休阑"通"休闲"，契合语境，语义畅达，记载了周王与鄂侯驭方饮宴并举行射礼的场景：周王停止宴会，举行射礼，驭方与周王一起射箭。驭方射毕停止休息，周王又举行宴会，一同饮酒。

其四，"阑"、"闲"相通，后代多见，"休阑"通"休闲"，后代仍有典型例证。《南齐书·刘祥传》："祥顷来饮酒无度，言语阑逸，道说朝廷，亦有不逊之语。"此"阑逸"即"闲逸"，指闲漫无格。唐元稹《春游》诗："酒户年年减，山行渐渐难。欲终心懒慢，转恐兴阑散。"此"阑散"即"闲散"，为散漫意。《朱子语类》："精气流通，若生物时阑定。"②此"阑定"即"闲定"。这些相通情形有共同特点：在古汉语中"阑逸"、"阑散"、"阑定"诸词皆极其少见，而"闲逸"、"闲散"、"闲定"皆为常用词。同理，古汉语中的罕见词"休阑"正通假于常用词"休闲"，明代唐龙《中秋赏月时新霁次司空几翁韵四首》中一诗："月白天青爽气寒，可留良夜且休阑。看来漫一停杯问，问了仍重把酒看。"③"休阑"通假"休闲"，此处堪为典型例证。

综上，此西周铭文中的"休阑"即是"休闲"，是"休闲"在汉语中的最早出处，为停止、结束之义，尚未有思想文化上的深义。

在中国古典文献中，"休闲"一词的早期使用情况如下：

吁嗟此转蓬，居世何独然！长去本根逝，凤夜无休闲。（六朝《三国志》

---

① 许建伟：《上古汉语词典》，长春：吉林文史出版社，1998年，第340页。
② （宋）朱熹：《朱子语类》，北京：中华书局，1994年，第775页。
③ （明）唐龙：《渔石集》，北京：中华书局，1985年，第206页。

裴松之注)

　　每休闲之际，恒闭门读书。(《魏书》)

　　优游闲和，云山肆心，松竹怡性。夫如是，可以永安色养，长保休闲。(唐代《墓志汇编续集》)

　　及选其用，恳辞以烦，乞遂休闲，克终天寿。(唐代《墓志汇编续集》)

　　臣以年力衰退，陈乞休闲。(《唐文拾遗》清·陆心源 辑)

　　秋满休闲日，春余景色和。(唐·孟浩然《同张明府碧溪赠答》)

　　又固辞年疾，乞就休闲。(北宋《册府元龟》)

　　休闲等一味，妄想生愧恼。(《苏东坡全集》)

　　单就唐宋以前的文献来看，"休闲"的词性已较为丰富，可为名词，如"陈乞休闲"；可为动词，如"遁迹休闲"；可为形容词，如"秋满休闲日"。"休闲"也具有丰富的含义：1.休息，不劳作。如"夙夜无休闲"。2.退休，从工作位退下来，相当于致仕。如"陈乞休闲"。3.安逸、闲适的生活状态。如"永安色养，长保休闲"。4.美妙的人生境界。如"休闲等一味，妄想生愧觎"。

　　综上，仅就字词本身而言，"休闲"蕴含着丰富的文化意义，这为从哲学高度分析与诠释"休闲"，建构中国休闲哲学提供了可靠的学理基础。

二、作为哲学的"休闲"：人向道生成的自由状态

　　立足于语义学的考察，我们可进一步从哲学上对"休闲"的意义空间作更深入的探究，以揭示中国传统休闲哲学的核心本质与基本精神。

　　在"休闲"所融摄的客观性方面，"休闲"具有鲜明的时空属性，体现着时空交融、物我合一的特征。在原初意义上，"休"强调人劳作过程的停止，具有明显的时间性；人倚木而息所展示出的人在自然境遇中的独特意象又寓意着休闲的空间构造。"闲"作为门中之木围成的空间蕴含着显明的空间意义；它与"忙"相对，又呈现出空闲时间的意蕴。"休"偏重时间之维，"闲"侧重空间之维，二者又同时兼摄时空，共同寓示着人在独特时空境遇中的闲适之感，与外在时空、自然之物的和谐统一成为休闲的基本内涵。这展示出休闲的客观层面与外在之维，指示着休闲所蕴含着的空间视界与视域范围。

　　在主观性方面，"休闲"具有内在的德性与精神维度。休闲与良、善、美、淑、和、乐、雅等密切相关，"休"为德之美善的代称，"闲"是闲邪去恶与养善成德的统一，道德性成为休闲的根本属性之一。同时，休闲常与心、性、神、意、思等相连而用，表明其与人的心态、心境等内在精神相状息息相关。这表明休闲具有深厚的价值根基与内在的心性维度，有着属人的内在本性（人性）。休闲也因

此成为只能从正向价值上界定与理解的人的理想存在状态，可以升华为超越一般意义上的物我、忙闲之别的高妙人生境界。"闲（娴）习"之义表明若能将工作熟练驾驭，契合并内化于自我内在需求，即便在繁忙工作中也可能得到愉快的休闲。"休闲等一味"，休闲最终展现为融德行、精神与审美为一体的理想人生境界。

休闲体现着时空、主客的统一，展现着人德行的饱满与精神的美好，兼具着广阔的时空视域与深厚的心性根基；浸透着对宇宙自然的体悟与生命境界的沉思。在中国哲学中，唯有最高范畴"道"能因融宇宙本体、价值本体与人生境界为一而涵盖上述多重意蕴，成为理所当然的休闲本体。道作为休闲得以可能的根本依据与休闲发展的当然之途，召唤着人们不断地向之而在。人之在世，不可避免地面临诸如天命、自然、社会、生死等重重阻碍，休闲的实现要求发挥自身的力量去超脱种种具有束缚性的外在因素而宣示出主体性，展示出不依傍于外的自决性与恬然有受于心的自适性，这正是休闲的自由本质。休闲成为人向道生成的自由状态。[①] 以自由为本质的休闲内蕴丰赡：

其一，休闲具有自适性与自然性。它直接呈现为主体当下酣畅愉悦而又真实无欺的快适体验，在不同境遇中可展现为道家的逍遥自适，儒家的性命自得，佛家的自由自在等。这些体验本质上是"道"在得以呈现时的主体感受，是人当下感受得到的生命的美好与世界的和谐。自然性指明了休闲具有真实无伪的特征，卸去各种不必要的枷锁与负累，在最本真的生命相状中享受人生。由此，休闲将指向人个性、意志与精神的伸展与张扬，呈现出最切己、最直接、最真实的性质。

其二，休闲具有明显的反思性与超越性。它指向人对自我生命的真诚反省与对未来的理性谋划。在休闲之中，人能更好地了解与把握自己的真正需求，明悉怎样的生活才是真正想要的生活，从而避免人生的异化，提升生命的质量。道家之"修德就闲"，儒家之慎独反思、闲居自省，佛家之空观智慧、般若智慧等，都普遍体现着人在休闲中对宇宙人生的省思、对世俗价值的超越，最终指向对自我内在生命的关怀。

其三，休闲具有鲜明的实践性。中国传统休闲是一种高度实践性的自由活动。道家主张相忘于道术，"无为而无不为"；儒家主张闲以养德，心有主宰而为万务；佛家主张在看空一切之后精进不已等，都体现着以空明自由的心境奋勇实践的致思理路。人通过对象化的休闲实践使自身的本质力量得以确立与确证，不仅将导向人类自身的发展，也将导向世界的变化。在此意义上，以自由为本质的休闲才蕴含着无限的可能性，休闲成为一切事物围绕着的枢纽[②]，充溢着迷人的魅力。

---

① 人之向道生成，于自由快乐之外也必有痛苦与焦灼，此方面自非休闲。

② ［德］皮珀：《闲暇：文化的基础》，北京：新星出版社，2005年，第7页。

三、休闲的基本视域：自然、社会、自身

休闲作为人向道生成的自由状态，要展现为现实，关乎人的全部生存维度，尤其关摄着自然、社会与人生三大基本领域[①]。

就自然之域而言，它是人最原初的生存之境，人的休闲意味着遵从自然的本性并与之和谐共荣。其情形有三：一是心随境转，人受到美好自然景色的感染，心情变得明亮欢快起来，充满闲适与愉悦。"北山白云里，隐者自怡悦"（孟浩然）、"晚来天欲雪，能饮一杯无"（白居易）、"日出江花红胜火，春来江水绿如蓝。能不忆江南"（白居易）等皆是。二是境由心生，在人开放的闲适之心的照耀下，外在的一切都显示出闲适的色彩。"心远地自偏"（陶渊明）、"我适物自闲"（苏轼）等皆为此意。三是与物为春，人在与外物相互影响作用中得享快适，"我看青山多妩媚，料青山看我应如是"（辛弃疾）是也，甚至能达到物我同化无别而高度惬意的"物化"之境。就人在自然中的休闲而言，心随境转与境由心生具有自然或人一方处于主导地位的意味，与物为春更多地体现出二者的对等性。在具体生活中，这三种类型共同呈现为一个自觉塑造人与自然和谐境遇的过程。

就社会之域而言，人休闲的实现要求实现人与社会、他人的和谐。社会之道一般表现为具有进步性或正当性的价值理念、道德规范、风俗习惯、法律律则等，具有明显的历史性。在不同历史阶段，休闲的内涵与外延会因之有别，如唐宋时青楼寻乐大可被视为休闲，但现在的"天上人间"绝非休闲。不同的社会境遇对休闲的导向往往会有所不同。"有道"[②]的社会能使人更易于实现休闲，并导向一种内化式的休闲，即认同并内化社会之道后"从心所欲不逾矩"的休闲；而"无道"之世往往会阻碍人们的休闲实现，从而导向具有消极逃避性质的休闲，如陶渊明高举远蹈式的隐逸休闲即颇为典型；面对无道或某种保守僵化的社会秩序，人们对休闲的追求可能产生一种反叛式的休闲，从而指向对既有社会的变革与改造，如嵇康式的休闲即有此特点。在此意义上，休闲的确蕴含着使社会更加公正、自由、宽松的内在要求与强大力量。[③]

就自身生命存在而言，人须顺应自己身心发展的内在要求，通过做合于本心、本性之事而实现休闲。人违背自己的意愿从事摧残身心的活动一般难以休闲。作为一个多维的立体的存在，人的休闲要求在肉体与心灵、情感与理性、形上与形

[①] 在此之外，休闲还有一神秘性、宗教性的领域，对此将另文专论。

[②] "进步"、"正当性"、"有道"等均为历史性概念，在特定社会环境中有特定内涵，比如在当代社会，公平、正义、民主、法治等即是；但一般说来，自由、宽松、人性化的社会更倾向于进步、正当、有道，而专制、紧张、充满压迫的社会更多地具有保守、落后和无道的性质。

[③] 休闲的这种力量在推动西方社会进步时作用明显，但在中国历史上，反叛式的休闲往往只是一种对不公社会的愤怒呼声，很难促进社会的实质性进步，这种现象值得研究。

下、紧张与放松等方面取得平衡与协调。哪方面有所欠缺即要求获得相应补偿，且这种欠缺越明显，其要求补偿的愿望也越强烈，这堪称人在自我之域有关休闲实现的平衡理论与补偿理论。每个人要求上述平衡与补偿的具体情形可能会大不相同。如游泳、打球充满紧张，但对久坐电脑前的白领或苦思哲学问题的学者来讲，可能正是愉悦的休闲；而对于运动员来说，在运动之后静静地躺在草地上看蓝天白云，听听舒缓的音乐可能也是一种很好的休闲。

总之，自然、社会与人生是人实现休闲的基本领域，人在具体生活实践中自觉实现自然之道（物我、人与自然和谐），社会之道（人际、人我和谐）与自身之道（身心和谐，心灵和谐），休闲的实现即在其中。

四、休闲的境界层次

在向道生成的过程中呈现出自由特征的活动皆为休闲。作为一个"生成"的过程，休闲意味着向"道"的不断攀升，由于向道逼近的水平、实现道的程度有高低，休闲产生出境界、层次上的高低之别。

在中国哲学中，将休闲境界分为身闲、心闲两个层次乃普遍现象。庄子主张人要安处天性自然，解除物累，达到"无事而心闲"。由此发端，从身、心角度讨论休闲境界者代有其人。如陶渊明《自祭文》提出："勤靡余劳，心有余闲。"唐代高道司马承祯《服义精气论》有云："身闲自适，体逸无为。"白居易所论最多，其《秋池二首》诗云："身闲无所为，心闲无所思。"《闲居》诗云："心足即为富，身闲乃当贵。"赋予身闲与心闲以文化意义。宋代学者对身、心之闲更加关注，所论也更有深度，如南宋李之彦《东谷所见》有云："身闲则为富，心闲则为贵。"以富、贵分论身、心之闲，相较白居易更显文化诠释上的精确性。朱熹就前述陶渊明的著名话题评论："陶云'身有余劳，心有常闲'，乃礼记'身劳而心闲则为之也'。"[①] 指明从身、心角度划分休闲境界的儒家根源。到明清时学者对休闲的分类已较为稳定，明代张萱曾专论："闲有二：有心闲，有身闲。辞轩冕之荣，据林泉之安，此身闲也；脱略势利，超然物表，此心闲也。"[②]

从理论上说，身闲指身体的放松舒展与休息恢复，偏重生理层面，合道的程度相对较低，境界层级亦较低；心闲既指思虑、意识的放松，更指人在精神、心灵层面的舒畅，侧重人的精神、德行等人之存在的内在层面，境界层次相对较高。从身闲到心闲是一个不断向道攀进、道之本体境界不断成长积聚的过程，最高的休闲境界常常亦即体现着物我、人我、自我和谐的独特的心闲之境。此种心闲与

---

① （宋）朱熹：《朱子语类》卷一四〇。
② （明）袁宏道：《袁宏道集笺校》卷十，上海：上海古籍出版社，1981年。

道为一，意蕴有二：

一方面，心闲是得道的功夫与条件。南朝道士陶弘景《真诰》曰："性躁暴者，一身之贼病；心闲逸者，求道之坚梯也。"宋代道士张君房《云笈七签》认为："体静心闲，方能观见真理。"朱熹《西江月》词云："身老心闲益壮，身癯道胜还肥。"都指明了心闲对获得宇宙真理、人生至道的重要作用。

另一方面，心闲也是得道的境界，一旦心闲（得道、自得）则无往而不休闲，这在心学尤为如此。王阳明对弟子崇一"寻常意思多忙，有事固忙，无事亦忙，何也"的回答颇为精彩："天地气机，元无一息之停；然有个主宰，故不先不后，不急不缓，虽千变万化，而主宰常定：人得此而生。若主宰定时，与天运一般不息，虽酬酢万变，常是从容自在，所谓'天君泰然，百体从令'。若无主宰，便只是这气奔放，如何不忙。"[①]

阳明心学认为道即具有"主宰"作用的本心、心体，人能否休闲从根本上依赖于"心（道）"境的修养，亦即能否"主宰常定"。人一旦"主宰"定了（得道、心闲），即使面临繁忙的事务也能得到休闲，"虽酬酢万变，常是从容自在"。此即唐代高僧龙牙居遁禅师所谓"莫言山林无休士，人若无心处处闲"，"无心"即去除功利是非计较的澄澈的休闲心态，葆有此心则处处休闲。宋代高僧法演禅师在《心闲到处闲》诗云："但得心闲到处闲，莫拘城市与溪山。是非名利浑如梦，正眼观时一瞬间。"另宋代史守之《赠大慈寺啸翁开士》诗云："挂锡云飞处，心闲境亦闲。"都清晰表明心闲之境对休闲体验的决定作用。

身闲与心闲具有内在一致性，在根本上是相互协调、不断攀升的，在实现身闲之后继而追求精神与心灵的闲适，德行、境界的层次不断提高。以道为统摄，以心闲引导身闲，实现身闲与心闲的共美，乃是人向道生成获得自由的理想之境。

五、休闲的工夫路径

与休闲基本视域一脉相承，中国先哲进而提供出实现休闲的具体工夫路径。

首先，要敬畏与亲近自然，以一种审美化、艺术化的眼光审视周围的世界，将之视为与人一体的生命存在并与之和谐共乐。道家主张"道法自然"，欣赏天籁、地籁的自然境界，逍遥自得于山林、皋壤间，实现"与物为春"的自然之乐。儒家强调"仁者乐山"、"智者乐水"的情怀，主张"民，吾同胞；物，吾与也"，将自然视为等差之爱推广而来的固有环节，舞雩之乐、吟风弄月正为其经典休闲话题，所导向的乃是"天地万物与吾一体"的美妙休闲境界。佛教禅宗主张"青

---

① （宋）陆九渊、（明）王守仁：《象山语录 阳明传习录》，上海：上海古籍出版社，2000年，第198页。

青翠竹，尽是法身；郁郁黄花，无非般若"，认为万物皆有佛性，提倡不杀生、素食等，以博大的情怀珍爱大自然成为一贯教义。敬畏与亲近自然、与大自然共生共荣、共娱共乐乃中国休闲哲学的首要智慧。

其次，要建立良好的社会之治，形成公平、正义、有序的社会休闲环境。道家极力反对有为，主张清静无为之治，并以小国寡民与建德之世的喻象表达出通过限制政府权力，伸张民众权利构建小政府、大社会的诉求，由此达到人与人"相忘于道术"的休闲理想。儒家以实现德性政治为基本诉求，先秦儒家力主仁政，宋儒更提出了"有礼国自闲"的命题，通过施行礼乐之治来实现大同社会，可谓历代儒家孜孜不倦的休闲理想。佛教以净土理论关照社会，希望建立削除各种世间苦难、烦恼与污浊的极乐世界，这种离却苦恼而拥抱极乐的世界也正是一个理想的休闲社会。通过实现良好的社会之治，建构公正合理的社会环境来实现休闲成为儒、道、释各家的共同愿望。

再次，要提升人生境界，形成适度的休闲人格并培养休闲技能。中国哲学倾向于以一种高超的生命境界对待天命、自然、生死之限，对世间的功名利禄、祸福得失不系于心，淡然物欲，乐观豁达，在追求闲适生活的过程中形成一种独特的休闲人格。道家提出"游心"、"逍遥"、"无事而心乐"、"无江海而闲"等一系列命题，希望在对清虚之道的体认中实现人生的休闲。儒家则希圣希贤，向往孔颜之乐，理学巨擘朱熹以"理"为基础提出"玩物适情"①，希望以道德的涵养来度越人生苦厄而拥抱休闲。佛教主张法我无执，追求生命的超越智慧与空灵之美，苏轼受佛学启示提出"休闲等一味"②，赋予休闲深湛的本体论意蕴，成为中国古代深谙休闲的杰出代表。在各家思想指导下，品茶、饮酒、诗词歌赋、琴棋书画、田园隐逸、赏花、蹴鞠等成就了古人精致的休闲生活世界。

中国哲学主张在对道的体认中实现人生的休闲，在不同视角上，休闲成为一种生活的态度，一种存在的方式，一种参悟宇宙人生的生存境界与生命智慧。

六、休闲的文化品性

作为人特定的生存方式，休闲是特定文化的产物，不同的休闲文化可能体现出不同的品格。同西方相比，中国休闲哲学体现出独特的东方韵质。

在根本精神上，生命性成为中国休闲文化的根本要义与核心精神。中国传统休闲哲学高度重视对生命的尊重与养护，蕴含着深厚的生命本位感，儒家讲"生生之谓易"、"天地之大德曰生"，道家讲"生者，德之光也"，佛家讲"一切众生

---

① （宋）朱熹：《朱子语类》，第871页。
② （宋）苏轼：《苏东坡全集》，珠海：珠海出版社，1996年，第1938页。

皆有佛性"，这种生命的本位与情怀在天与人、形上与形下、心内与体外多重休闲维度中不断呈露，展现出具有完整性的生命一体感。相比西方，中国的休闲"更注重人与人之间的相互关系，更注重生命的完整性，而不像西方文化那样倾向于把生活的不同方面分离开来"①。中国休闲哲学是关于人生的哲学，更是关于宇宙大生命的哲学，生命情怀成为她最温暖、最鲜亮也最动人的基色。

在基本特征上，中国传统休闲体现出重静轻动、重内轻外、重精神轻物质的典型品格。中国传统休闲大多安静舒缓、悠然恬适而绝少剧烈之感，东篱采菊、花间饮酒，在山水田园中逍遥，在琴棋书画中涵泳，在诗酒中乐适成为经典方式。比如中国士人一般不会为欣赏山水而犯难涉险，而似乎更愿在山水间轻松流连，甚至在家中开辟园林徜徉其中或索性于书斋里体味画中山水。他们宁静内敛、淡然物欲，注重内在精神生命的丰茂而疏于外在感官肉欲之乐，孔颜乐处即是理想休闲境界之一。他们也很少会积极谋求社会变革，即便与时不合，也更倾向于以一种隐逸林泉、高栖远遁的方式来展现心志。这些都使得中国人的休闲略显消极而"不像西方人那样强调积极的活动"②。中国休闲哲学追求的是清新、淡雅、精致、超然的诗意感受，缔造出的是丰富细腻而又精致绝伦的精神世界。

在目标境界上，中国休闲哲学是儒家道德价值、道家自然情性与佛家超然之境的统一。儒家以道德为本位，主张"己所不欲，勿施于人"，高度重视人在休闲中的道德自省，为休闲活动确立起了价值基准与德行维度。道家以"道法自然"为圭臬，提倡顺应自我本真性情，努力破除束缚性情自由的名利制度枷锁，与儒家名教规范形成了一定张力，使人在休闲活动中更易展示自己的个性、才情与风采。佛家倡导"万法皆空"，破除各种世间执着，这导向对名利、物欲的进一步抛弃，并引导人们在日常生活中寻求超越意义，追求空灵远淡的休闲审美情趣与超然物外的休闲人生境界，中国传统休闲文化更加具备了浓郁的艺术气息与美学韵味。

总之，休闲是人向道生成的自由状态。人们通过休闲静思宇宙人生的本质与意义，感受生命的美好，实现德性的提升，使人更成为人。在大力发展休闲文化事业的当下，中国传统休闲哲学智慧必将焕发出迷人的魅力。

---

① ［美］约翰·凯利：《走向自由——休闲社会学新论》，昆明：云南人民出版社，2000年，中文版自序。

② 同上。

"休闲"概念多元释义的合理性

路　强

（山西省社会科学院、山西大学马克思主义哲学研究所）

内容提要：休闲学自产生以来，对于"休闲"的这一概念就有了不同层次上的定义，而每一种定义都会产生相应的解释和语境。但是，就我国目前的休闲问题研究来看，对于"休闲"这一概念的使用却显得有些混乱。由于概念在不同层次上的使用，使得人们在讨论关于休闲的问题时，常常无法形成真正的对话平台。因此，有必要对于"休闲"这一概念的解释进行进一步的辨析和说明。在笔者看来，我们对休闲的理解大体可分为四个层次：其一是作为属性的休闲，体现为休闲现象；其二是作为生活方式的休闲，主要体现于休闲活动；其三是作为价值观的休闲，主要体现于休闲的价值判定；其四是作为本体论休闲，体现于休闲的存在论意义以及休闲对于人的超越性。

关键词：休闲　休闲现象　休闲活动　休闲价值　休闲本体

导　语

自20世纪90年代休闲学研究被引入我国以来，休闲始终被作为一个问题域来研究，即所有涉及休闲的问题或者领域，都渗入了休闲学的思路与理念。然而，值得注意的是，这一问题域所涉及的范围相当广泛，因此，对于休闲问题的讨论首先就需要明确论域的边界与理解的范围。早在十几年前，我国休闲学的奠基人之一，马惠娣研究员就从不同角度审视了人们对于休闲的定位，将休闲划分为市井文化眼中的"休闲"，社会学家定位的休闲，经济学家考察的休闲，哲学家研究的休闲，从文化范畴理解的休闲，以及从审美角度看待的休闲。她指出，"休闲如同其他任何活动一样——是在具体环境中构造出来的……休闲是由一系列不同的可经定义与分析的多种因素所构成。休闲是创造、选择与行动的产物"①。这一划分说是休闲研究的一个基础。

作者简介：路强，男，博士，《晋阳学刊》责任编辑。

① 马惠娣：《休闲：人类美丽的精神家园》，北京：中国经济出版社，2004年，第127页。

但是，在后续的休闲研究中，鲜有将"休闲"这一概念进行较为明确的论域规定与边界划分。有时，休闲这一词汇的使用也较为随意，它一方面与现实的诸多社会问题与社会现象发生着关系，如休闲经济、休闲旅游、休闲消费；另一方面又作为一种特有的生活方式，存在状态与审美体验被提出。因此，休闲学的研究有时成为一种可以量化的、具体的实证科学；有时候又成为一种具有反思意义的美学和形而上学。诚然，每一种研究都有其强烈的理论意义和现实意义，但是如果缺乏对该问题的边界意识，那么就往往会造成一种理解的冲突，从而难以形成有效的学术讨论与思想成果。例如，关于"休闲消费"是否存在的问题。因为在不同的语境下，休闲指向的具体内容是有差别的，根据哲学解释学的理论，"语境的任务就是筛选适当的意义变种并用多义性的词语去形成各种话语，这些话语被看作相对单义的，也就是说仅仅提供一种解释，即说话者有意赋予这些语词的解释"①。因此，要确定休闲研究在多元意义上的合理性，就需要确定"休闲"这一概念在使用过程中的语境与视域边界，由此才能得出有意义的结论。

笔者认为，从目前休闲研究的成果来看，可以将"休闲"这一概念的释义划分为四个语境层次：其一，是作为属性的休闲；其二，是作为生活方式与实践目标的休闲；其三，是作为价值观的休闲；其四，是作为人类存在本体的休闲。在不同的背景下，休闲作为一个研究对象，所展示出来的意义才具有相对的统一性，亦能为人类的生活给予不同的启示。

一、休闲现象与作为属性的"休闲"

在现代社会中，休闲首先是以那种"文化眼中的'休闲'"走入人们的视野的。其中包括作为时尚元素的"休闲"，作为消费方式的休闲，等等。它不仅构成了人们对于休闲的最一般看法，而且也是休闲学产生的最直接动因，即日常生活需要中的休闲现象。这个意义上的休闲"往往是以个体的生存和再生产为主要出发点，其基本行为方式是对人的衣、食、住、行所需的生活资料的获取，其特点是以家庭为主体，凭借习惯、习俗、经验等进行的重复性思维和重复性实践的活动，目的是满足人的基本需要（生理需要、安全需要）"②。也就是说休闲成为自觉的前提是，人们在逐渐摆脱了生存压力后，出现了闲暇时间，并且在这一时间人们以休息和享受为主要目的。当这一情况普遍化后，就产生了相应的休闲方式、休闲认知、休闲活动等，这也就是首先纳入休闲学视野的问题及领域，其基本表述是"休闲的……"尽管从古希腊时期，人们就有了对休闲的某些萌芽式的意识，

---

① ［法］保罗·利科：《活的隐喻》，上海：上海译文出版社，2004年，第158页。
② 马惠娣：《文化精神之域的休闲理论初探》，载《齐鲁学刊》，1998年第3期。

但是，以休闲作为研究对象的时候，必然是休闲现象普遍化的时候。于是，各种与休闲现象有关的社会科学，特别是具有实证与计量色彩的社会科学，就会对休闲进行最初的解释。这种解释多数同某一类休闲现象相关，诸如休闲经济、休闲旅游、休闲消费等。这也可以说是对于休闲的最具常识性的解释。

以这种常识性的解释为基础，可以发现，这里的休闲具有很强的属性色彩，即它往往是作为一类活动的属性而提出的，例如，具有休闲属性的消费活动，具有休闲属性的运动等。这可以说就进入到了诸如经济学、管理学的考察层面。从广义上说，只要人们的某些活动摆脱了谋生这一目的，并以休息和享受为目标，就往往认为这一活动具有了休闲的属性。在此，"休闲"概念往往被作为一个形容词来使用，也就是说必须附属某一现实的实体之上。在这个意义上的休闲，是在一种属性的意义上实现了与某些社会活动的融合，进而成为某类社会科学的解释对象。这种解释依赖于两个方面：其一，在于外化的休闲观，即认为休闲是随着人类历史发展，特别是生产发展而出现的一个现象，它是负载于某些人类社会中必然的要素之上的，如生产方式、文化习俗、消费指向，等等。而且，休闲在这里也是与工作（以谋生为目的的劳动）相对立的，它必须依附于不同于工作状态的时间和空间。其二，则是这种休闲一定是通过一种社会普遍认知和价值评判为基础的。也就是说，人们会通过一些休闲之外的要素来确定休闲的具体内容和条件，如收入水平、时间分配、资源占有等，并且将这一系列条件作为一个活动是否具有休闲属性的标准。当这种标准被普遍承认了之后，就会对休闲产生基于社会认同和社会评价的统一性认识。

对于休闲的这种解释可以说是通过现象来认知休闲的一般意义的，其解释更多的是一种描述，而其解释的核心则并不在于休闲本身，而在于休闲所依附于哪一个实体。以休闲经济为例，其核心并不是休闲本身，而是是否能够通过休闲获得经济的目的。换句话说，休闲在这里更多地被理解为一种工具，只不过这种工具对于现代人类而言具有普遍意义。进言之，在此语境内，人们所关心的并不是休闲的实现，而是借由休闲是否能够实现另一种实践目的。例如，休闲消费所关注的就是休闲是否能够产生消费的结果并产生相应的经济效益；休闲旅游所关注的是休闲能否进一步实现或充实旅游的意义与价值。当然，无论从认识的角度还是从研究的角度，这种解释本无可厚非，但需要注意的是，休闲的属性化容易导致休闲的异化。即休闲不再以自身为目的，而是为了休闲以外的东西，休闲的价值也就会被非休闲，甚至反休闲的方式来判断。炫耀性消费的休闲就是一个较为典型的例子。

然而，不可否认的是，对于休闲的真正认识毕竟是从这种休闲现象开始的。因为，休闲本身也是人类的一种需要。当人们对休闲现象进行反思的时候，都会将这一需要作为评判的标准。那么，也就会产生这样的问题，一个以休闲为属性的行为最终是否还能够保有这一属性？当以休闲为名义的实践最终产生了背离实践结果的时候，是否应该更注重休闲本身的需要？于是，这就产生了对于休闲的进一步解释，即作为一种活动的休闲，或者说休闲本身作为实践的目的。

二、休闲活动与作为生活方式的休闲

当我们将"休闲活动"作为一个独立的概念提出的时候，也就意味着将自发的休闲变为了一种休闲的自觉，以休闲体验作为其行为的主要目的。尽管这种休闲活动也必须以这样或那样的方式作为载体，但是其语境已经发生了变化，即将休闲作为目的，而不是手段。这不能不说是人们对于休闲的解释的一个重要转折，因为只有在这一转折的基础上，"休闲方式"的概念才有可能被提出。在这一语境中休闲会被表达为"……是休闲的"。从这一角度来说，休闲的另一层面的定义就凸显了出来，即"一系列在尽到职业、家庭与社会职责之后，让自由意志得以尽情发挥的事情"[①]。那么此时的休闲，就更为与人靠近，成为人的体验或者实践。

在这一语境之下，休闲首先被解释为一种类型化的活动，即获得休闲的活动。人们在这一活动中，一方面开始注重自己的体验，即关注自己是否能获得休闲的感受或者说休闲的愉悦，借用"畅"[②]的说法，也可以说，人们开始关注在某类活动中是否能获得"畅"的感受。那么，这也就相应的产生了对于休闲的个体化认知，从个人角度来总结休闲。另一方面，则是产生了人与人之间的对比，乃至于社会的认可。这是因为，当人们去"休闲"，或者进行某项所谓休闲活动的时候，总是倾向于进行纵向和横向的比较，这样不仅可以确知自己获得了何种程度的休闲，也去探索是否还有更好、更适合的休闲。毕竟，休闲本身不是一个固化的概念和行为模式。在前面已经提到，休闲的产生本来就是相比较于劳动或工作的。那么随着社会的发展劳动的形式、目的、意义已经发生了多元化的转变，那么也意味着休闲必然朝向多元化发展。于是，社会认可就成了休闲现实意义的一个重要依据，即需要社会共同体为休闲活动提供相应的价值空间和判断标准。基于休闲的这种类型化解释，也使得人们对于休闲的理解开始向两个方向延伸：其一是指向个体的，具有目的性的生活方式，此时所谓的"休闲"就扬弃了属性化的解释方式，而遵循效果论的解释方式，即成为个体内在的、抽象化的判断。其二则

---

① ［美］杰弗瑞·戈比：《你生命中的休闲》，康筝、田松译，昆明：云南人民出版社，2000年，第5页。

② 这一概念来自于心理学，最初指的是一种最佳体验，约翰·凯利在《走向自由》中认为，"畅"是休闲的一个最重要的体验感受。

是指向了社会公共生活领域，也就是出现了一种具有独特性的生活样态。这种生活样态虽然在形式上可能千差万别，但是其内在的精神旨趣都是朝向放松紧张状态、缓解压力、丰富精神生活的这一目的的，也就是以获得休闲为目的的。这也就产生了作为一种生活方式的休闲。

同样从历史上看，将休闲作为特定的生活方式是以"劳闲对立"为背景的。首先，所谓的"生活"这一概念的提出本身就是与"工作"这一概念相对应的。如果从时间分配的角度出发，人们曾经认为以谋生为目的的"工作"之外的时间才是用于生活的时间。那么，作为生活方式的休闲也就意味着一种脱离工作后的活动，而这种活动的目的就是休闲。其次，休闲生活方式的提出，意味着即使在工作状态之外，也存在非休闲的生活方式。休闲生活方式使人们的某种选择，当然在这里我们暂不讨论休闲生活方式具有哪些优越性。而是说明将生活方式与休闲勾连起来，至少使得休闲与人类自身更为切近，或者说，休闲可以作为人们生活的独特组成部分。在这样一种解释之下，就有了将休闲作为一种类型标准来对人们的生活进行研究的可能。这些研究既可以从分析的角度入手，来关注人们的休闲生活具体由哪些休闲活动构成，乃至于从诸如文化人类学的角度来分析不同地域文化背景下，人们对于休闲生活方式的不同理解与不同建构。同样，也可以从综合的角度入手，来看待休闲生活方式在整个人类历史发展过程中的不同阶段，以及对于人类社会的各种影响。休闲社会学可以说是在这一方面具有较为独特的优势。

进言之，无论人们在这一层面上将休闲解释为种种休闲活动还是将其总结为一种特定的生活方式，都预示了休闲在解释境遇中进一步被独立了出来，并且对人类社会产生了标准化和普遍化的意义，也就是说休闲成为独特的意义来对人们的活动、生活产生了具有积极性的影响，使之成为人们思考自身的一个维度。这样休闲才能进入下一个解释维度，即休闲价值。

三、休闲价值与作为价值观的休闲

从价值观的层面而言，休闲与"善"就产生了深层次的关联，或者说成了一种目的的"善"。这里，休闲就成为人们在生活中的一种主动的追求，同时，随着认识和实践的深入，人们会对休闲产生了普遍化的认同，并形成了具有共识意义上的社会时尚的时候，就进一步证明了休闲价值的普遍性。此时的休闲就不仅仅成为一种具有独特性的活动，而且更成为对人们生活与行为状态的考量。它的价值意义也就被凸显了出来，因此休闲在此会被表达为"某（些）人在休闲中"。

休闲价值这一概念所考量的就是休闲本身的价值定位。如果说，在将休闲作为属性的阶段更多的反映了休闲的工具性价值，那么在此语境中，则重点关注的是休闲的内在价值，即以休闲为目的的活动或生活方式究竟指向了怎样一种价值。目前，已经有很多学者从这一角度对休闲进行了诠释，从而对休闲形成了多种价值定位。例如，有学者从人类精神的自我实现来看待休闲的价值，如马惠娣研究员就提出休闲是人类美丽的精神家园，"是心灵的驿站，在这里你可以驱逐精神的劳顿，安抚疲惫的心灵；或者得到一次精神的解脱，或者促进一次精神的升华"[①]。在这个意义上可以说，休闲是人类精神生活的必需，精神的完满必须通过休闲才能实现。同样，也有学者从人类生活的必需来定位休闲的价值，认为休闲是人类生活的必然走向，人们生活的意义只有在休闲中得到体现。如约翰·凯利就认为休闲是"使人成为人"。也有从社会发展的角度来看待休闲价值，即认为休闲内容的不断丰富，休闲时间与空间的扩展，将直接促进社会良性运行与和谐发展，陈鲁直先生就指出"'闲暇'是一种社会状态，社会主义就应该是一种闲暇社会。……由于生产力的发展，就有实际的可能取消资本主义的工资劳动，生产和消费都将在无财产、无阶级、无国家、无货币的社会架构内成为自由的。我们把这一切称为民闲，故以科学社会主义为民闲社会"[②]。然而，无论从哪个维度看待休闲价值，所形成的问题域就在于以何种价值来看待休闲更符合休闲的本质，以及通过休闲，无论是个体的人还是整个人类社会，是否能够走向"更好"、"更善"的方向。此时的"休闲"已经具有了价值论的意味，即休闲作为一个价值本体被提出，它彻底地摆脱了附属性的价值意味，而成为价值本身的承载者。那么当这些价值被逐一证明的时候，休闲就成了一种价值观，或者说价值准则。

既然作为一种价值准则，就意味着可以以休闲的视角来评价人们的生活与整个社会的发展。对于个人来说，作为价值准则的休闲具有了人生哲学的意味。从历史发展的视角来看，人们已然渐渐意识到，人生的意义并不仅仅与财富相关，因此，通过不断劳动来试图积累无限的财富本身就是一种误区。马克思的"异化劳动"的理论已然为此提供了充足的佐证。那么，人生的意义就必然转向精神世界。对于人类精神而言，最大的意义在于自由，而自由则需要一个休闲的境遇。换句话说，休闲的获得意味着自由的可能。正是在这个意义上，休闲的价值准则就开始对个人发挥作用。也就是说，通过考察个体的休闲方式与休闲状态，就能够在一定程度上衡量出个体全面自由发展的状况。作为个体而言，越是休闲，越能够关注自身，也就越能够在价值层面实现以自身为目的，从而也就越自由。如果一个人的一生都能够尽可能地使自己处在一种关照内心，实现自我的休闲状态，那么他所实现的人生意义就更为完整。同样，对于一个社会而言，良好的社会秩序与良性的发展机制，其重要的标准就是人们生活于其中所获得的休闲状态是否

---

① 马惠娣：《休闲：人类美丽的精神家园》，第71页。
② 陈鲁直：《民闲论》，北京：中国经济出版社，2005年，第106页。

令人满意。如果说一个社会是通过高压的环境与高强度的劳动来不断积累巨大的物质财富的话，那么就不能说这个社会是一个合理的社会。正像马克思虽然肯定了资本主义所创造的物质文明远远超过了前资本主义时代的所有文明的总和，但同时他又指出资本来到这个世界上，每一个毛孔都流着血和肮脏的东西。而真正理想的社会是那种能够克服劳闲矛盾的社会，它既使得人们在劳动过程中不仅仅是为了谋生，而同时进行了自我价值的实现，并且获得了精神自由的享受。用马克思的话来讲就是"劳动成为了人的第一需要"，在休闲的视域中，那就是一种休闲普遍化的社会。

在此，需要指出的是，我们常说的"休闲异化"的概念就是在这种价值观的层面上才得以提出的。所谓"休闲的异化"，就是以休闲之外价值来框定休闲本身，从而否定了休闲本身的价值意义和精神内涵。甚至用一些与休闲异质的事物，如财富多寡，设施的完备程度等作为休闲的充要条件，从而使得休闲所具有的那种精神性、多元性与持久性受到限制。这样就将休闲从人类精神的自由发展拉回到了一种有限的物质消费这一层面。这可以说是目前对于休闲价值理解的最大误区。这种对于休闲价值的解释，一方面导致了休闲的庸俗化，乃至休闲的实践悖论；另一方面，则导致了休闲上的不平等，即认为休闲永远不可能普遍化，而只能是贵族化的享受。这也就进一步加剧了劳闲之间的矛盾。因此，这也就必须对"休闲"的元问题进行探析，即什么是休闲的问题。

四、休闲本体与作为存在论的休闲

休闲本体可以说是休闲哲学所讨论的核心问题，其目的是要确定：构成休闲的永恒性基础是什么；休闲是否是被派生出来的；休闲作为一种价值是否具有终极意义；休闲与"真理"、"至善"、"美"等元哲学概念的关系如何，等等。这一语境中的直接表达就是"休闲为何"。当然，一旦进入这一语境，更多的会出现争论，而非定论。就像关于"哲学"的概念一样，几乎每个人都可以对休闲作个性化的解释。然而，也正是在这种争议中，人们才能够走向对于休闲本真的认识。

首先，从历史上来看，休闲并不是一个现当代的产物，当然在现当代似乎人们对于休闲有着更强的自觉性，但是早在古希腊时期，亚里士多德就提出"哲学产生于惊异和闲暇"，而且如果将休闲与审美结合的话，那么在更早的原始社会时期，人类对于美的追求和崇尚也就有了休闲的意蕴。因此，至少在人类历史过程中，休闲始终伴随左右。这至少从历史的视角解释了休闲是人类的一种本质性需要。其次，由于休闲与自由紧密相连，这意味着休闲对于人类来讲是有其终极意义的。因为人类所追求的最高价值就是自由，是无限，或者说是对自我的不断超越。这与《庄子》中提到的"不待于物"的逍遥境界，佛家所讲到的"不着色相"

有着内在的关联。以此来反观休闲的话，不难发现休闲的本真就是要求人们尽可能地放下外在的束缚，并摆脱身心的压力。因而才有学者指出，休闲是使人成为人的途径。换句话说，就是休闲从本体上指向了人的真我存在，它既是手段也是归宿，因而它是以自我为目的的，在休闲的语境中，现象与本质是可以统一的。其三，正是因为休闲与自由的切近，使得休闲也就具有了"至善"、"至美"的终极意蕴。《论语·子张》中有"大德不逾闲"的说法，佛教中的"若无闲事挂心头，便是人间好时节"的偈语则体现了休闲中的"大美"之境。可以说，休闲贯穿了从现实表象，到心理体验，再到自我价值实现，直至终极超越性整个的存在序列，这也可以说是休闲本体的一个显现。从美国著名休闲学学者杰弗瑞·戈比的休闲定义中，我们可以看到这种贯穿性的表达，他指出"休闲是从文化环境和物质环境的外在压力中解脱出来的一种相对自由的生活，他使个体能以自己所喜爱地、本能地感到有价值的方式，在内心之爱的驱动下行为，并为信仰提供一个基础"。这可以说是对休闲从表象，到本体的一个较为全面的解释。因此，沿袭这一思路，对于休闲的解释就进入了存在论的语境中。

一般而言，存在论所讨论的就是永恒，是"一"，是支撑于表象之后的东西。那么，对于休闲而言，就是要进一步发现其内在的存在特性。从以上对休闲的分析，可以作如下的总结：其一，休闲是精神性的。尽管休闲需要这样或那样的物质基础，但是真正的休闲则在于精神上的体验，并且是不断超越物质性的体验。其二，休闲是个体性的。由于每个人的精神体验、审美能力、生活状态的不同，因此休闲更多地与个体自身的状况有关，马惠娣研究员指出的休闲就是"以欣然之态做心爱之事"可以说将休闲的这一特质表达极为贴切。同时，在此基础上，休闲有呈现出多元性，即随着人类的不断发展和进化，休闲从表现上不是趋向于统一，而是趋向于不断的丰富。其三，休闲呈现出当下性和永恒性的统一。从社会实践的角度来看，休闲不是一个不断积累的过程，而是当下的体验感觉。这种体验有些类似于禅宗的顿悟，就是突然放下一切压力和束缚的感受。然而，这种绝对自由的体验对于个体又具有了永恒性的意义。综合以上这三个方面，能够进一步延伸的思考就是，休闲在其存在论的意义上亦成为一种哲学观。如果说惊异产生的哲学是那种以认识论、知识论为基础的哲学的话，那么以闲暇产生的哲学则是一种体验化、生活化的哲学。换句话说，就是休闲使得哲学成为一种生活方式。因为哲学要求的就是人类不断的反思，是一种精神的训练和提升，乃至于对意义的无限追求，这些都可以在休闲的生活状态中得以展开。休闲意味着作为生活方式的哲学的现实可能性，只有在人们面对本真的自我开始反思世界的时候，哲学的意义才能够凸显出来，休闲则使人能够真正走向自我，从而实现人的本质。于是，在存在论的语境内休闲与哲学实现了内在的统一，这也可以说是休闲的最高层次的展现。

休闲哲学三题

陆庆祥

（湖北理工学院华中休闲文化研究中心）

内容提要：休闲是人的自然化过程。其逻辑起点是无。由无而生有。无，是休闲的本质规定。有，乃休闲之意义规定。因无而有，由有入无，有无相生，休闲成焉。由此出发，休闲可以分为隐性休闲、显性休闲。人的自然化先天地包含了自然的人化。自然的人化是现象，它已经历史地发生着，并随着人类历史的展开而展开自身；但人的自然化是本体，它似乎还没有正式开始。自然主义在中国有较为深远的传统。

关键词：休闲　有与无　隐性与显性　人的自然化　自然的人化

一、休闲之有无

我们对于休闲的哲学思考应该直指人类休闲现象的本身，暂且悬置休闲的外缘因素（诸如经济的、社会的），从而深入休闲的本质。在我们看来，休闲是人的自然化过程，其逻辑起点是无。由无而生有。无，是休闲的本质规定。有，乃休闲之意义规定。因无而有，由有入无，有无相生，休闲乃成。

从字源的角度，休、闲二字含"木"，含"月"，这便是一种源初的自然意象。休是停止，而闲是防止。人类从某种劳作活动停止下来，依靠于树木之旁休息，这是休最为基本的意象。劳作，本质上属于社会性的活动，休意味着劳动者从繁重的劳作中抽身而出，回归大自然，享受一个自我恢复、自我调整并且可以自我对话、自我省悟的存在状态。由此可见，停止、抽身而出，皆是"无"的具体实现。相对于带有一定目的的繁忙的劳作，那种无目的的、仅面向自身的休息活动，就是"无"的生命状态，这种生命状态因其没有外在的目的，而仅仅以自身为其目的，因此就是一种相对自由自在的生命体验，故休亦可以由停止之义演化引申为"美好"。这种美好便是休所带来的价值、意义，也就是一种具体的"有"。

作者简介：陆庆祥（1983— ），男，山东临沂人，博士，现任湖北理工学院师范学院讲师，华中休闲文化研究中心主任。研究方向：休闲学、休闲美学。

相对于休而言，闲更强调一种心境。门中窥月的意象，使得从"闲"所源发出来的是一种意境。这种意境的特征是"静"，故有"闲静"一词。如果说，休的源发意象是人身体对自然之木的倚靠，那么"闲"则是人对一种自然意象——月光、庭院的月色——的静静欣赏和把玩。对自然的这种迷恋、欣赏，以及其中所透露出来的清虚境界，这是审美的境界，本质上也是一种"无"（无功利、无目的、主客融合）。而闲的另一种写法——门中有木——则倾向于防止、限制的意思。"大德不逾闲"，限制范围，摒除不利的、恶的消极因素，这使得闲也通向了一种道德的心境。从闲的这两个源头生发出来休闲的审美维度与伦理维度。

由休、闲的字源意义来分析，我们发现休闲的发生均源于一种极具否定意义的停止、限隔、防止，这其实就是休闲"无"的特质。这种特质对于休闲而言，是一个逻辑与现实的起点。也就是说，没有诸种"无"的否定前提，则就没有休、闲的发生。而休闲之所以为休闲，其意义与价值又不能停留于无这一起点，它的完成有赖于意义的获取（道德的、审美的）。那么对于休闲而言，"无"意味着什么？对于休闲而言，"无"也将是一个具有本体意义的概念，也就是说，正因为无的存在，休闲才存在。休闲作为一种人生哲学，必然要从中国传统的人生哲学以及西方现代相关哲学中汲取思想资源。无，是中国哲学的一个命门，道家重"无"，因为无是本体；儒家重无，因为"无"是境界；佛家重"无"，因为无是功夫[①]。西方古典哲学中，无基本上算作一个抽象的逻辑概念，而现代西方哲学，如存在主义哲学中，无才始作为一种价值内涵而颇具人生实践意义的范畴，如萨特与海德格尔的哲学中即如是。

为何"无"对于休闲如此重要？我们认为"无"是休闲的逻辑与现实的起点。人类的现实生活往往很难获得真正的休闲，更多的是"与物相刃相靡""苶然疲役"，处于为了生存和名利而熙熙攘攘的境地。人类的异化即由此而表现出来。人在不停的忙碌生活中，往往丧失了作为人最基本的权利与尊严。而此时就需要人主动地展现出一种拒绝的姿态，也即否定的姿态，用以摆脱所谓物质环境与文化环境的双重压力，既要将自己的身体解放出来，又要把自己的精神解放出来。一般而言，否定往往是另一种形式的肯定，否定是意义的寻取，也会是价值的重塑。它意味着人要跟功利、异化等拉开距离，它逃避那种盲目的忙碌状态。在"无"的否定意义之下，人会由异化的生存状态过渡到本真的生存状态。休闲本身就是否定意义非常强烈的词汇。休，即停止；闲，乃防闲、防范、限制。休同时又有美好之意，而闲有雅正、娴静之意，这都同样昭示了，否定的同时便是肯定，只

---

① 赵州和尚因僧问："狗子还有佛性也无？"州云："无！"无门曰："参禅须透祖师关，妙路要穷心路绝。祖关不透，心路不绝，尽是依草附木精灵，且道，如何是祖师关？只者一个无字，乃宗门一关也。"

有充分否定与拒绝了一种消极的状态，积极的美好状态才会出现。故，"无"对于休闲意义重大，人类因无而获得休闲，因无而进入休闲，休闲因无而具有了一种人生哲学价值。

所以，休闲虽然是无，但休闲并非无所事事。无所事事是无意义的生存状态，是消极的，无所事事即是无聊。休闲只能理解为更为积极地做事情，更为本真的去生存—生活。这就是休闲之"有"的一面。有，是一种肯定意义，是在无的基础上衍生出来的有，有不是脱离无的有，脱离无的有并非真有，而是一种虚幻不实的有，恰恰是需要否定的有。无中之有，是真有。对于休闲而言，"无"是休闲之本体性依据，有则是休闲之现实性依据。有是创造，是体验，是美。没有无，则没有创造，没有体验，没有美。没有"有"，则无也是抽象的，不可能得到具体的落实，因此是空洞的。由此我们说，无是休闲的逻辑与现实起点，是休闲之所以成为休闲的终极原因。要从有无辩证关系上去深入挖掘休闲的内涵，了解休闲的本质。把握了休闲的有无关系，也就真正地把握了休闲之本义，也才能在纷繁复杂的休闲现象之中，寻得一个一致的判断标准。

从"无"开始，休闲哲学因此成为一种人生哲学。"无"的表现是自然，"人法地，地法天，天法道，道法自然"，自然无为，凡是自然而然的性质，都是无的性质。具有这种自然而然性质的人的生活方式、生活境界，就具备了休闲的特征。无也是超越，是对"物"的超越。物，一般是指外向空间的占有，超越了"物"的束缚，人就回到了私人领域之中，人的主体性得到充分的体现，所谓的"物物而不物于物"，主体在私人领域中超然进入逍遥游的自由之境。凡是具有这种对外在之"物"的超越精神的生活，便是休闲的生活。"无"还意味着熟练的"上手状态"，对于客观法则的游刃有余的操作，即所谓的"自由无碍"状态，凡是具有这种"上手"状态的活动，也便是有了一种休闲的特征。

二、休闲之隐性与显性

休闲分为隐性休闲、显性休闲。隐性休闲特指工作式休闲，即工作娱乐化、工作趣味化、工作游戏化。显性休闲，即在工作之余暇，从事自由支配的活动，常与工作相对。

之所以称之为隐性休闲，是因为工作这种活动先天与休闲相对，工作意味着忙碌、责任、压力、受外界因素的奴役、限制、束缚。工作的确首先是为了谋生。工作不是休闲。但工作中会有休闲的因素在。这些因素包括：超越得失、利害的工作态度；充满趣味与创造性的工作内容；游刃有余的工作技巧。由此，工作的性质仅仅是工作的表征，而上述因素就成为工作的休闲内质——潜在于工作中的休闲，成为休闲的潜形式。

之所以称之为显性休闲，是一种社会学意义上的休闲，指人类在必要劳动时间之余所从事的活动，具备了自由的形式特征。一般意义上的休闲，都是指显性休闲，显性休闲也是大众休闲的最普遍表现形式。

显性休闲，其外在的形式是自由的，而其内容则不一定是自由的；隐性休闲其内在形式是自由的，而其外在的形式则是不自由的。

对于休闲而言，自由仅仅是其外在的形式特征，而"自然"则是休闲的本质性内涵。仅仅凭借主体的活动是否是自由的，并不能判断主体是否休闲以及休闲的质量高低。那些因自然而表现出来的自由，才是真正意义上的休闲。也就是说，那些以自然为内质，以自由为形式的活动，就可以称之为真正意义上的休闲活动。

三、人的自然化与自然人化

休闲哲学的研究对象就是要探讨休闲是什么，休闲的本质，休闲的意义等问题。对于休闲本身的解读，需要一种哲学的视角。没有对休闲哲学的深入研究，休闲学理论也就难以取得突破性进展。在这里，我们提出休闲的本质是人的自然化。休闲哲学的研究，也就是"人的自然化"的研究。何谓人的自然化？这里有三个关键词，即人、自然、化。其中自然是一种休闲的价值，化则喻示了休闲是动态的过程。

何谓自然？自然至少有三义：一是大自然（此即外在的自然，事实的自然，包括人的身体。）；二是自然而然的性质（内在的自然，心灵的自然，包括流行于宇宙间的自然而然的性质）；另外还有一义，似也可引申出，即自然法与自然法则。那么自然化也就同样存在三个维度，一是向大自然化，二是向自然而然的性质化，三是化客观必然的规律法则。第一个化是亲近的过程；第二个化是成为的过程；第三个化是"度"的过程。这三个层面的自然及自然化，就构成一种新的自然主义休闲哲学。

休闲是人的一种生活方式。借助休闲，人类与自然相沟通融合。休与闲，从字源角度分析，皆与自然相关联。休，是人依偎在树旁，是一种依赖与回归自然的意象。而闲，无论是门内有木，门内有林，还是门内有月，都是自然物象。闲亦与自然息息相关。然而，两者还是有些区别的。休之自然，是人之外的自然，故人去依赖，人去依归。休，更是人身体的一种动作，故为身休。而闲，则是门内的世界。门，是房屋之门。门中有木，是紧闭大门的意思。门内即是庭院。门外是社会，门内是私人领域。关起门来，人就会面对一个内在的自然，即自我。因此，闲侧重指心闲。故，休闲是人的自然化的生活方式，包括外在的自然化与内在的自然化两个维度。

外在自然化维度下的休闲，有两种表现方式：一是人主动亲近大自然，在自然山水中流连忘返，在花草树木动物中觅得活泼生意，将人类自身等同于大自然的一分子，是自然进化链条中的一个当然环节。在真切体验到回归自然的状态时，又获得了身心上的休憩与调整。人是社会性动物，最容易认同社会的价值，我们往往将个体融入进社会的发展之中，通过工作的职业形态获取自身生存的资源条件。在社会化的工作状态中，人容易遗忘掉自然的价值，忽视自然的重要性。在工作社会中，自然通常作为被征服、改造、掠取的对象。而当人们（暂时）脱离了工作的环境，从社会领域进入自然领域，自然与人类的生命关联就呈现出来。主体一方面惊叹于自然的勃勃生机、昂然生意，同时也会被自然界那种本有的闲暇状貌而感染。于是，在自然的环境中，人的生命节奏放慢下来，感官变得灵敏，心灵变得安静，有一种回归到母体的感觉。

二是人发现身体的价值，更加注意保养、修饰自己的身体，并发现、塑造身体的美。此亦可谓之"修身"。修身的途径当然有很多，在大自然中游玩，呼吸新鲜空气，跋山涉水，探险掘奇，都可以修身。另外最为直接有效的修身便是各类体育运动。造化赋予人肉体生命，对于个体而言，此即自身具有的"自然"，生命的生成、生长、消亡，本也是极为自然的现象，每个生命大概都无法逃脱生死存亡的自然命运。于此有限、脆弱、偶然的自然生命，我们每个人理应对之持留恋、爱惜、欣赏的态度。凡是唯一的、短暂的，往往意味着难能可贵。对于支撑我们感受世界、参赞化育的肉体，我们更应用我们一生去善待它。可是，在忙碌的工作世界中，肉体仅仅作为了工具、手段，工作者很容易在各种名号的诱惑下，过度地超支着本就脆弱有限的身体生命，日日疲惫不堪，匆匆忙忙地操劳于对象世界之中。我们无暇感受身体的蓬勃生机，无暇眷恋属于本己的身体。我们疏远了自然，也淡漠了身体。更为甚者，在偏执的理性主义、本质主义、心灵主义的主导下，在灵肉二元对立的文化思维模式下，长期以来肉体的地位远远低于精神，灵与肉处于尖锐对立之中。天理人欲交相攻占，感性理性互为壁垒。现代工业文明的发展，一定程度上解放了感性身体，然而被解放了身体却又迅速被工业社会的工作伦理束缚起来。财富的增长、物欲的膨胀，对于身体而言并非福音。它给身体更多、更丰富的享受的同时，也将身体卷入机械化、工具化的劳作机制之中。身体的机器化，是工业社会对于身体最大的摧残。而进入信息化社会以来，身体则被符号化。身体成为地位、权利的媒介。身体的本来面目被遮蔽而不显。如何回归身体，重显身体的价值，重振身体的活力，重塑身体的美学，当是现代社会人类普遍关注的话题。在休闲的生活方式中，人最大限度地转向生命本身，体验当下存在的意义。人向外发现了大自然的美，向内彰显自我身体的魅力与生机，这些都是要有赖于休闲来实现。发现大自然与身体的美，也是休闲生活的重要内容。受古希腊休闲哲学传统的影响，我们每谈及休闲，似乎都以休闲为灵魂之思，内在精神的状态，其实休闲最为直接的特征却是自然与身体的物质性美的呈现。

以内在精神状态言休闲，是形而上的静态休闲。这难免忽视了人的生命—生活并非能够做到完全的静止，人不能在静中寻静，而恰恰应是在动态的生命展示之中求得心灵的平衡。在大自然中嬉戏，奔放身体的生命力，这其中自有"静"在。纯粹的静是没有的。

休闲的内在自然化维度，则昭示了一种自然人性的回归。关起门来，人便回到了私人空间。私人领域的构建，向来即被思想家所重视。儒家重反省、慎独，道家重心斋，佛家重悟，都是让人从外在纷纷扰扰的外在世界中，沉潜到内心以及内在自我的世界中，省察个体与宇宙生命间的关联。而这也无不依赖休闲。人的心智过分地向外求索，正如孟子所言是"陷溺其心"，庄子所言"与物相刃相靡，其行尽如驰而莫之能止，不亦悲乎"，又如吴承恩诗中所言"纷纷逐物何癫狂"。这种生命的外向求索，带来的是忙碌而焦虑。操劳于存在者中，即有烦的现实情态。而最终表现为人性的异化，即非本真化。此时的主体与对象之间是功利的关系，人总是要去占有物，而物要么对人形成压制，要么就退避远方。人在这样的情况下，患得患失，焦虑，忧心，惊怖、烦恼皆缘此而生。而休闲之闲，字源意义是关闭门，防止，限制之意，实际上这是让内在心灵与外在功利的世界、异化的世界生成审美的距离。主体通过由闲而生的距离隔阂，得以返回自然本真的人性。这种存在的审美超越，就相当于席勒意义上的游戏状态下的人。席勒言：人只有在游戏的时候，才是真正意义上的人。人只有真正是人的时候，他才游戏。正是看到了处于游戏冲动中的人，感性与理性相互协调，各自不会对人的心智造成或感性或理性的压力，而处于一种自得自由的状态。而马克思也曾深刻而又辩证地指出了：真正的自然主义是人道主义，真正的人道主义是自然主义。休闲让人回归自然人性，正是在此辩证意义的层面上提出的。通过休闲，人不仅是摆脱了文化给人造成的压力，同时也摆脱了物质自然给人的束缚，从而进入一种感性理性圆融自在，无入而不自得的自由境界。这也就是我们所说的自然人性论的真谛。这里的自然，不是感性的自然，也不是抽象的自由。这里的自然，毋宁是在活泼的感性形式下的理性表达，孔子"随心所欲不逾矩"差可似之。由此可见，由闲而生的休闲学，是深刻的人生哲学。

所以，闲虽主静，但其更为重要的意义在于"防止、限制"。即便是"静"之意，也是非静寂，不动。所谓的静，即是通过防止、限制消解掉过多的功利欲望而回归人的本真状态。苏轼言："静故了群动。"因此，闲，通过引人回归私人领域，回归静的生活状态，并非致人狭隘、无事之地，而是更为积极有创造性地展现生命。那看似微小的私人空间，却内蕴丰富，饱含生命的激荡。由防闲而生的审美距离，正可以使人在休闲之中亲近万物，万物也皆备于闲者身上。

笔者认为，一定意义上，自然的人化可以看作是人的自然化的实现形式与物质载体。当人的自然化通过自然的人化活动表现出来的时候，劳动就成了休闲。

当自然的人化与人的自然化相分离的时候，劳动就沦为工作的形式，即人的异化形式，劳动就与休闲尖锐对立起来，因为此时的劳动是奴役的象征，而休闲最与奴役相对。而劳动与休闲却并非必然对立。休闲并非无所事事，什么事情也不做。休闲是"以欣然之态做心爱之事"。从此意义上说，劳动与休闲不是一个层次的概念，休闲中的劳动是一种特殊的劳动，是本质意义上的劳动，是"成为人的第一需要"的劳动。但如果劳动仅仅是谋生的工具，是达到其他功利目的的手段，那么，劳动就换了一种形式，劳动披上了工作的外衣。此时的劳动就与休闲是对立的，也就是说，休闲本质上是与工作对立的。因此，我们说，以自然的人化为表征的劳动与人的自然化为表征的休闲，两者之间并不是必然矛盾对立的。

由此看来，人的自然化是人类生命的理想形态，更具有价值的内涵。自然的人化则是人类生命的历史形态，不具有价值的内涵。自然的人化必须最终走向人的自然化，否则只能毁灭自身，或走向自己的反面（自然人化的反面并非人的自然化，而是异化；要么异化为动物，要么异化为工具、机器）。人类天生在自然的人化中生存，也受自然人化的影响，并继承了自然人化的历史结果，即受传统的、当代的文化塑造。自然的人化是人类的宿命。也正因此，古今圣哲，包括宗教，无不深刻认识到人类生命的异化现实，而谆谆教导一种本真化、自然化的理想生存（伦理上的、美学上的）。某种意义上可以说，自然的人化是现实，是必然，而人的自然化则是理想，是境界，是需要后天教育而实现的。"人之初，性本玩"，也只是说休闲是一种潜在形态，有待后天的培育发展。

自然的人化，虽也多半靠教育，但自然的人化更多的是体现在劳动、实践之中，是使用工具制造工具的活动。这样的活动过程更多的是文化的积淀与耳濡目染的影响。无论外在自然的人化，还是内在自然的人化，皆如此。正因此，在使用工具、制造工具的劳动实践中，人才最易于异化。以中哲的话语而言，这涉及了"心物"关系，人容易被"物于物"。如何"物物而不物于物"？这就不是自然的人化所能解决的了。此时，自然的人化就必须走向人的自然化，这也是人类历史的必然。

也可以说，人类的历史，包括个人的成长（身体的与精神的），必然要经过自然的人化，将自然本能（感官的、情欲的）的东西进行社会化、文明化，这是脱离自然的过程；然后再将人化的东西重新回归到自然本能，社会化、文明化的东西积淀成本能的东西，也就是说人化的东西通过本能的形式表现出来，成为一种自然而然的表现。在这里，本能只是形式，而内容则是经过充分人化了的东西。在这样的生命状态中，人化不会由于异化而丧失类的特质，也不会由于本能而成为简单、肤浅、低级。"随心所欲不逾矩"，似可喻之。

人的自然化之"自然"，不能单纯地将之理解为"自然界"，或原始自然，或自然本能。毋宁说这里的"自然"是老子所言"道法自然"之自然，即自然而然。

但是，又不能说这里的"自然"不是自然界，脱离原始自然、自然本能。事实上，自然而然的性质或状态，正是从自然界、原始自然、自然本能现象中抽象提炼而来，并赋予更高的境界内涵。"自然而然"的性质超越了"自然、原始"的状态，同时又会以一种本性的面貌体现出来。 所以，休闲活动回归大自然，欣赏大自然，在大自然中游憩，最能体现休闲活动的本质，即人的自然化本质。在大自然中休闲的活动是休闲的典型形态，也正因此。同样的，休闲作为境界，虽然绝非回归到动物本能的自然层次，而是让人回归到一种自然而然的本体状态，但这种人性的回归又是建立在人类本能的基础上，是不离本能、表现本能同时又超越本能的体现，是"化"自然（本能）的结果。总之，休闲是人的自然化，自然是本体，那么人的自然化理论必然要去包容自然的人化理论。即人的自然化先天地包含了自然的人化。自然的人化是现象，它已经历史地发生着，并随着人类历史的展开而展开自身；但人的自然化是本体，它似乎还没有正式开始，毋宁说人的自然化是人类历史发展终极理想，是境界本体。以此来看，在自然的人化的历史进程中，异化是历史的主角，是生活的常态，而作为人的自然化的休闲则仍会是一种潜在、等待完成的形式。

自然主义在中国有较为深远的传统。先秦自然主义特征最为明显的当推老庄。李泽厚曾认为道家思想是一种人的自然化理论。道家思想以道为核心，而崇尚自然，已是学界定论。道家对自然的推崇，也表现在三个维度：一是效法天地自然；二是归复自然之性；三是游刃有余地循自然法则而动，高超的技艺。《老子》一书中虽然没有提到作为"自然景物"的自然，但是他所追求向往的返璞归真的境界，则已透露出人间须向自然界接近的要求。……而在《庄子》一书中，重视自然的思想比老子来得更为明显，庄子笔下的有道之士也大多与山林有关。……这就决定了作为自自然然意义上的自然向自然景物意义上的自然的转变。"自然"的这三层内涵相对应的是道家"无为"的生命哲学（莫之为而常自然；无为而才自然；无为为之之谓天）。而"无"应该可以看作休闲哲学的逻辑起点，通过"无"，道家尤其是庄子一系列的哲学命题的休闲色彩就相当浓厚了（"夫恬淡寂寞，虚无无为，此天地之事，而道德之质也，故圣人休焉"）。因此，我们可以说，道家哲学就是人的自然化哲学，由此表现出的必然是休闲的哲学。道家哲学是中国传统休闲理论的奠基者。

儒家思想虽然是积极入世（学而优则仕）的工作哲学以及道德修养的伦理哲学（修身养性、格物致知），李泽厚称之为"自然的人化"。而实际上，儒家也有着深刻的休闲思想。儒家对伦理自由境界的描述（随心所欲不逾矩、孔颜乐处）以及注重在天地自然中体察天道流行的修行工夫（万物皆备于我、民胞物与、舞雩风流、鸢飞鱼跃等），还有无为政治的追求（天何言哉、我无为而民自化、我好静而民自正）等，无不体现了儒家在追求自然的人化同时，也注意以回归自然天道为思想的高标。儒家的自然化，主要是道德的自然化。自然是表象，而实质是道德。也就是说儒家的自然化是伦理道德的一个最高境界。此与道家不同。道家的自然化即以自然为宗。人的自然化思想固然不是儒家的主要理论特色，但至少也是儒家思想中不可或缺的一个维度。儒家的这些"人的自然化"思想在一定程度上回应了道家思想的挑战，同时也是自身理论寻求自洽的努力。同时因为儒家十分注重自然化的伦理内涵，因此也对古代休闲理论的构建有着重要的作用。

佛教虽然破自然之实相而为空，但其亦重视"自然"。就作为性质的自然而言，佛教中有"自尔"、"法尔"、"自然法尔"，《无量寿经》中也有"天道自然"、"无为自然"之说。至六祖慧能，禅宗就将"自然"作为一个非常重要的概念，以般若的无相来贯通本净的心性，以般若学的遮诠方法来显自心佛性的真实性，使自心佛性不再是一个可以观，可以修的真心，而是就体现在念念不断的无执着心之中，是众生心不起妄念的一种自然状态。

正是对这种佛性自然的规定，我们也可以将佛教思想看作是一种宗教的自然主义。而佛徒多以自然证悟，云游名山水之间为高，自古名山僧占尽。永嘉玄觉在《证道歌》中描述其对山林休闲生活方式的衷情："入深山，住兰若，岑崟幽邃长松下，优游静坐野僧家，阒寂安居实潇洒。"另外如洞山良价禅师也说："众生诸佛不相侵，山自高兮水自深。万别千差明底事，鹧鸪啼处百花新。"另外如禅宗的随缘任性、性即自然的思想，都使得禅僧的生活方式与人生境界导向了休闲。

受此三教影响，中国古人成为特别会休闲的群体。休闲被认作是返璞归真、塑造和张扬本真人性的生活方式。无论是逍遥山水之滨的隐士，还是身居魏阙，心怀山林的吏士，或是游学四方的文人学士，无不倾心于闲暇的交游、玩赏。道家与佛禅的自然主义人生观不断地解构着儒家的工作伦理哲学，也迫使儒家最终也开源出一种自然的人性论。晚明心学的崛起瓦解了理学对人心的统治，转而提倡自然之情、欲。一股自然主义人文风潮席卷晚明，性灵童心之说也在一定程度上成为推动当时休闲风尚的因素。晚明的闲情雅趣的小品文还在一定程度上惠泽了近代以来的闲情文学（如五四时期的林语堂、梁实秋、周作人等），其中透露出来的休闲思想颇具现代意义。

理想休闲状态的批判性思考
——基于黑格尔的辩证法思想

郑　明

（浙江大学亚太休闲教育研究中心）

内容提要： 黑格尔的理论体系并没有直接涉及休闲的问题，但是他的辩证法思想，尤其是其关于从抽象上升到具体以及重视中介和将事物看作发展的过程的思想，对于我们深刻而具体地认识理想的休闲状态以及如何达到这种休闲状态，都具有重要的启发意义。理想的休闲状态中的闲适与自由都应该是具体而丰富的，这种状态的达至，并非一蹴而就或毫不需要我们的付出，而是要经历一个过程，尽管有时候我们自己都没有明确意识到这个过程。

关键词： 休闲　理想状态　辩证法　过程

引　言

休闲，几乎可以说与人类有着同样悠久的历史；休闲思想，在中西方文化史中也是源远流长。但是休闲本身以及休闲研究似乎还只是晚近以来才从人类社会活动以及社会科学研究中逐渐分化出来，并成为人们关注的热点。古德尔和戈比将休闲放入人类思想史的背景中，对休闲观念的演变作了卓越的研究[①]，但遗憾的是他们只在论述皮珀的休闲思想背景时，略提到康德，而对黑格尔的思想完全没有提及。拜恩·戴尔等在《西方思想中的休闲概念》（*Concepts of Leisure in Western Thought*）[②]中，以人的本质观念的嬗变为主线，梳理了从古希腊一直到现代在不同的时代精神背景下的休闲概念，思路清晰、结构严谨。不过，其中虽然论述了马克思对"经济人"观念的超越对于马克思主义休闲思想形成的意义，但

作者简介：郑明（1980—　），男，安徽庐江人，浙江大学亚太休闲教育研究中心2010级博士生。研究方向：休闲哲学。

①　［美］托马斯·古德尔、杰弗瑞·戈比：《人类思想史中的休闲》，成素梅等译，昆明：云南人民出版社，2000年。

②　Byron Dare, George Welton, William Coe, *Concepts of Leisure in Western Thought*, Dubuque: Kendall/Hunt Publishing Company, 1987.

其对于马克思主义思想来源之一的德国古典哲学，尤其是作为德国古典哲学的高峰的黑格尔哲学，以及黑格尔哲学作为一种时代背景对于休闲概念的演变的影响，却同样没有给予足够的重视。

虽然黑格尔本人并没有直接论及休闲，但是如果我们要从人类思想史，至少是从西方思想史的角度来理解休闲的话，黑格尔是绕不过去的。正如有学者指出的："可以毫不夸张地说，不懂黑格尔哲学，就既不能理解西方古典哲学，也不能理解西方现当代哲学，它是通达西方整个哲学以至西方思想文化的一把钥匙。"① 由此，我们也可以说不理解黑格尔哲学就无法理解古典的休闲，也无法理解现代的休闲，更无法理解休闲在人类思想史中的演变。

相对于从历史的深度理解休闲来说，黑格尔哲学，尤其是作为其"合理内核"的辩证法对于我们从哲学的高度来理解休闲，显得更加重要。辩证法在黑格尔那里，不仅是一种认识论，更是一种本体论（虽然是唯心主义的本体论，但这只是在归根结底的意义上才可以作为我们批判的对象），如其所言："辩证法是现实世界中一切运动、一切生命、一切事业的推动原则。同样，辩证法又是知识范围内一切真正科学认识的灵魂"，"自然世界和精神世界的一切特殊领域和特殊形态，也莫不受辩证法的支配"。②

所以有学者指出，黑格尔"不需要科学特有的思维方法或方式"，"黑格尔仅观察实在事物，描述他看到的东西，他看到的一切东西，也仅仅描述他看到的一切东西"。他仅限于观察和描述在历史过程中完成的辩证法，而不把它当作一种方法。③

所以，当我们实实在在地，而不是仅仅停留在我们主观里去观察与研究休闲时（这正是黑格尔的方法，也被称为"现象学"的方法④）。我们就能得出一种对休闲的辩证的认识。所谓辩证的认识，从黑格尔的启发来看，我认为最重要的是两点：一是对事物的认识应从抽象的空洞上升到具体的丰富；二是将事物看作经过了中介和过程的整体，而不是停留于其直接性上。本文将以此为理论基础，对休闲研究中对于理想的休闲状态以及达到这种状态的途径作一些批判性思考。

一、理想休闲状态

一般的休闲爱好者以及大多休闲研究者都将理想的休闲状态描述为：轻松、自由、惬意、闲适、超然、怡然自得等，中国的休闲研究者尤其是受老庄思想影

---

① 张世英：《自我实现的历程》，济南：山东人民出版社，2001 年。
② ［德］黑格尔：《小逻辑》，贺麟译，上海：上海人民出版社，2008 年，第 174、177 页。
③ ［法］科耶夫：《黑格尔导读》，姜志辉译，南京：译林出版社，2005 年，第 539、547 页。
④ 同上书，第 559 页。

响的学者，更加强调休闲的逍遥。这些固然都是好的，固然都是休闲所要追求的。但是，如果从黑格尔的辩证法思想来看，这里对理想休闲状态的闲适与自由的强调都显得抽象与形式化，缺乏具体与丰富的内容。

首先，关于休闲中的闲适。

休闲所追求的境界固然是一种闲适，但闲适有两种，一种是自来闲适，一种是经过了"气象峥嵘、五彩绚烂"之后的闲适。前者固然没有什么不好，但那只是一种抽象的、缺乏内容的贫乏的闲适，是一种缺少反思，或者说缺少自我意识的闲适。某种意义上说它并非是一种属人的状态，至多只是一种终将要被扬弃掉的人的自在的状态，因为人之为人在于他有思想，正如黑格尔所说："人之所以异于禽兽，且因而异于一般自然，即由于人知道他自己是'我'。"① 自在的闲适状态是一定要被扬弃的（而非简单的否定），即是经过否定之后被包含在一种更高的形式之中，即被包含在达到自在自为的、具体而丰富的闲适之中的。正如古人所云："大抵欲造平淡，当自绚丽中来，然后可造平淡之境。落其华芬，然后可造平淡之境。"（《韵语阳秋》）另外，禅宗有关参禅三境界说：看山是山，看水是水；看山不是山，看水不是水；看山还是山，看水还是水。这两者虽然一是论说为文造句之道，一是论说参禅悟道之道，但对于我们理解理想的休闲状态中所谓的闲适也有着直接的借鉴意义。从黑格尔的辩证法思想来看，这两者都体现了正反合的思想，体现了从抽象到具体的过程。同样是看山是山、看水是水，同样是平淡，但自在存在的正题与经过反题中介的合题，二者之间的区别近乎两极，一者是抽象的空洞，一者是具体的丰富。而休闲所要追求的闲适恰好应该是这种具有丰富内容的闲适，同时也是自觉了的闲适，而不应是空洞无物的、自在状态（与自觉相对）的闲适。在禅宗思想中，我们还能找到更加具体的阐述。慧能大师在讲到自性五分法身香时，在讲过"解脱香"，即所谓"心无所攀援，不思善，不思恶，自在无碍"之后，紧接着就是"解脱知见香"："自心无所攀援善恶，不可沉空守寂，即须广学多闻，识自本心，达诸佛理，和光接物……"② 简单说来就是解脱世间烦扰达到"自在无碍"并非直接就是我们所追求的理想境界，"沉空守寂"更是不可取，而是要通过"广学多闻、识自本心"等达到"和光接物……"或许这对我们在追求所谓休闲的闲适状态同样不无启发。

其次，关于休闲中的自由。

对于休闲中的自由的强调，几乎是所有休闲研究者的共识。如戈比的休闲定义中的"相对自由"，潘立勇教授："所谓休闲，就是人的自在生命及其自由体验

---

① ［德］黑格尔：《小逻辑》，第 204 页。
② 《金刚经·坛经·心经》，陈秋平、尚荣译注，北京：中华书局，2007 年，第 197 页。

状态，自在、自由、自得是其最基本的特征。"① 赵玉强："自由：休闲的本质"、"无论如何，休闲意味着一种特定的'自由'状态"②。陆庆祥："自由是休闲的标签。"③ 等等。当然，自由是休闲题中应有之义，没有自由谈不上休闲。但自由的含义太过复杂，也不是此文所能处理。但几乎所有对休闲中的自由的强调都偏于浪漫主义的，差不多都是将自由等同舒舒服服、无拘无束、天马行空或所谓"由自"、"适从己意"等庄子式的自由④。这种境界本身或许是美好的。但这真的就是休闲所追求的自由吗？如果透过黑格尔对自由思想的论述来看，我们在休闲中要追求的自由显然不是这样简单，或者更确切地说不是这样抽象的。

事实上，整个黑格尔的哲学体系，"可以被理解为一个关于自由的重要性与意义的延展证明"⑤。不过，全面探讨黑格尔的自由观非本文的目的所在，只是从休闲研究来看，黑格尔的自由观对于休闲中的自由最具启发意义的是他对"自由任意"的批判以及对自由与必然关系的论述。

黑格尔在论到作为自由的一个环节的意志自由时指出：

> 当我们说到意志的自由时，大都是指仅仅的任性或任意，或指偶然性的形式意志而言。诚然，就任性作为决定这样或那样的能力而言，无疑的是自由意志的一个重要环节（按照意志的概念来说它本身就是自由的）；不过，任性却不是自由的本身，而首先只是一种形式的自由。那真正的自由意志，把扬弃了的任性包括在自身内，它充分意识到它的内容是自在自为地坚定的，同时也知道它的内容是完全属于它的。那停留在任性阶段的意志，即使它的决定，就内容看来，是符合真理和正义的，但它总不免有一种虚幻的感觉，以为如果它高兴的话，它当时仍然可以作出别种决定。若加以细究，便可看出，任性只要包含有矛盾，则它的内容与形式就是彼此对立的。任性的内容是外界给予的，并不是基于意志本身，而是被意识到以外在环境为根据的。就这种给予的内容来说，自由只在于选择的形式，这种表面上的选择，也只是一种形式上的自由，因此也可看成只是一种主观假想的自由。⑥

---

① 潘立勇：《休闲与审美：自在生命的自由体验》，载《浙江大学学报（人文社会科学版）》，2005 年第 6 期。

② 赵玉强：《宋代士大夫休闲文化与思想研究》，浙江大学博士后出站报告，2012 年。

③ 陆庆祥：《庄子休闲哲学略论》，载《贵州社会科学》，2011 年第 7 期。

④ 邓晓芒：《思辨的张力——黑格尔辩证法新探》，北京：商务印书馆，2008 年，第 251 页；邓晓芒：《邓晓芒讲黑格尔》，北京：北京大学出版社，2006 年，第 155 页。

⑤ Will Dudley, *Hegel, Nietzsche, and Philosophy—Thinking Freedom*, London: Cambridge University Press, 2002, p.15.

⑥ ［德］黑格尔：《小逻辑》，第 281 页。

这里的意思非常明确。即自由的任意，虽然有其自身的价值，是自由意志的一个重要环节，但它本身还不能说就是自由，因为这种自由只是一种"抽象的否定性的自由"，即没有内容的想怎样就怎样，但其实正如黑格尔所指出的，这种自由只是一种表面上的选择自由、形式上的自由，其内容是外界所给予的。这种自由其实只是自我意识发展过程中的，由"主奴意识"发展而来的"斯多葛主义的自由"。在斯多葛主义的自由观中，"不论在宝座上或在枷锁中，在它的个体生活的一切交接往来的依赖关系之中，它都是自由的、超脱的，它都要保持一种没有生命的宁静"。黑格尔批评道："这种没有生命的宁静使它经常脱离生存的运动、脱离影响他人与接受影响的活动而退回到单纯的思想实在性之中。""自我意识的这种自由对于自然的有限存在是漠不关心的，因而它同样对于自然事物也听其自由，不予过问；……单纯的思想中的自由是只以纯粹思想为它的真理，而纯粹思想是没有生活的充实内容的，因而也只是自由的概念，并不是活生生的自由本身。"[1] 所以说，这种退避的自由、这种停留在主观范围之内的自由并不是真正的自由，更不应该是作为理想的休闲状态所追求的自由。

对于自由与必然之间的关系，黑格尔作了大量的论述。对于一般将自由与必然截然分开的观点（这正是在康德哲学中所存在的道德的自律性与自然的因果性之间的鸿沟），黑格尔认为将这二者区分开来，不仅是不错的而且是重要的[2]，因为"必然作为必然还不是自由"[3]，将这二者区分开，正显示出知性思维的力量所在[4]，但将二者抽象地对立起来，却又显出知性思维自身不足，其实，在辩证思维看来，不包含必然性的自由，与没有自由的单纯必然性一样，都只是一些抽象而不真实的观点。[5] 用黑格尔的原话说就是："将自由与必然截然分开为二事，则两者皆失其真理性了。"[6] 诚然，"必然作为必然还不是自由；但是自由以必然为前提，包含必然性在自身内，作为被扬弃了的东西"[7]。

综上两点，其实黑格尔对自由任意的批判与对自由与必然之间关系的论述是可以作一体两面的理解。只有扬弃了必然性于自身之内的自由，才是超越单纯停留在主观性内的、抽象空洞的自由，也就是扬弃了自由任意的具有充实内容的、具体的自由。正如黑格尔所言："一个有德行的人自己意识着他的行为内容的必然

---

① ［德］黑格尔：《精神现象学》，贺麟、王玖兴译，北京：商务印书馆，1979年，第134-135页。
② ［德］黑格尔：《小逻辑》，第115页。
③ 同上书，第299页。
④ ［德］黑格尔：《精神现象学》，第20-21页："分解活动是知性［理解］的力量和工作，知性是一切势力中最惊人的和最伟大的，或者甚至可以说是绝对的势力。"
⑤ ［德］黑格尔：《小逻辑》，第115页。
⑥ 同上书，第139页。
⑦ 同上书，第299页。

性和自在自为的义务性。由于这样，他不但不感到他的自由受到了妨害，甚至可以说，正由于有了这种必然性与义务性的意识，他才首先达到真正的内容充实的自由，有别于从刚愎任性而来的空无内容的和单纯可能性的自由。"①

至此，休闲中，我们所追求的自由是什么应非常清楚了，即不是退避到个人的主观的城堡中的斯多葛式的自由，也不是纯粹只停留在具有选择形式、而内容仍然是单纯被外界所决定的抽象的形式自由，而应该是一种超越了或者更严格地说是扬弃了自由任意与必然性的具体自由，具有丰富内容的实实在在与活生生的自由。

二、达至理想休闲状态的路径

在现有关于休闲的研究中，关于如何才能达到理想的休闲状态或者说怎样才能获得休闲的研究，存在如下的问题：

第一，对于如何达到理想休闲状态的研究非常之少，大部分都是关于休闲的意义、休闲的价值（尤其是休闲的经济与社会价值颇受重视）、休闲观念的演变、断代的休闲思想研究以及若干思想家的休闲研究等，至于达到休闲状态的路径的研究则似乎未受到应有的重视。

第二，即使有一些关于如何才能达到理想的休闲状态的研究，即对于所谓的休闲制约的研究，也主要是针对一些外在的条件的改善，如闲暇时间、收入水平、公共政策、休闲设施、教育等外在制约因素的研究。这些因素固然是重要的，但这些因素，只是影响人们休闲的外部条件，对于影响人们休闲的内在因素的研究显得不足。

第三，虽然也有一些关于如何获得休闲的内在因素的研究，但是存在两个不足，一是显得过于笼统。如赵玉强在其博士后工作报告以及张晚林在《休闲的奠基及其内涵》②中都引用了阳明心学的一段重要论述：

> 崇一问："寻常意思多忙，有事固忙，无事亦忙，何也。"先生曰："天地气机，元无一息之停；然有个主宰，故不先不后，不急不缓，虽千变万化，而主宰常定：人得此而生。若主宰定时，与天运一般不息，虽酬酢万变，常是从容自在，所谓'天君泰然，百体从令'。若无主宰，便只是这气奔放，如何不忙。"③

① ［德］黑格尔：《小逻辑》，第 299 页。
② 张晚林：《"休闲"的奠基及其内涵》，载《自然辩证法研究》，2010 年第 9 期。
③ （宋）陆九渊、（明）王守仁：《象山语录·阳明传习录》，上海：上海古籍出版社，2000 年，第 198 页。

　　以此来论证，人要在繁忙之中获得休闲必须得要有所谓的"道"的主宰，或者说要有所谓"大我"亲临人之"在世"。说得很玄，显得很深刻，但究竟何谓道，何为大我，似乎又是只可意会不可言传、"道可道，非常道"。

　　另有学者在谈到如何获得休闲时指出："休闲的获得需要一种游戏精神。而游戏精神终极地说，是一种"游"的心态。游有三义：达观、闲适、忘我。"① 这种对游戏精神的解释，并没有让我们对于如何达到休闲有更清晰的认识。

　　另一个不足则体现于皮珀对休闲的论述。在其《闲暇：文化的基础》② 一书中，他批判了工作至上的功利主义、工具主义的世界观，认为休闲应该超越于工作的世界，休闲不应成为使人恢复精力从而更加高效地投入工作之中的工具，休闲也不是能像工作一样努力就能获得，而是要通过一种在崇拜中的敞开、领受的态度才能获得，并指出"闲暇同时也是一种无法言传的愉悦状态，并由此认识这个世界的神秘性格，带给盲目信仰某种信心"③。他的批判是深刻而切中要害的，但是他所提出的获得休闲的途径，在基督徒看来是自然的，但对于世俗之人来说却有神秘主义之嫌。

　　除以上三个方面的问题之外，几乎所有关于如何获得休闲、达到理想的休闲状态的研究，有两个涉及思维方式的缺陷。一是缺乏过程意识。似乎只要一有了"主宰"、有了"游"的心态，或者如皮珀所言，我们能把自己"敞开"，那么我们立刻就能达到理想的休闲状态。或许这些确实有助于我们获得休闲的体验，但任何休闲体验的获得都是有一个过程的，甚至可以说，休闲本身就是一个过程，最终所获得的体验是对之前过程的扬弃，而不是与之前的体验割裂开来的，之前的诸种体验都是以环节的形式被包含在最终的休闲体验之中的，没有之前的体验是不可能有最终的休闲体验的，尽管之前的体验单独看来并非是一种休闲体验。二是对休闲与劳作的关系的认识，停留于形而上学的知性思维。虽然在学界对工作与休闲之间的关系的认识已经比较全面，也已经有了大量的研究成果④，但这不是本文所要讨论的休闲与劳作的关系，至少不与本文所讨论的休闲与劳作的关系相重合。本文所指的劳作，基本上是指一种皮珀在其《闲暇：文化的基础》一书中所提到的"卖力"。对于休闲和这种卖力的劳作之间的关系，研究得很少，或许都是认为这二者之间根本就是对立的，无须研究，只有皮珀将这种观点清晰地表达出来了。他指出："对照于工作那种全然卖力意象的，则是闲暇'不工作'的观物姿态"，"……正是由于此一特性，才更加衬托了闲暇的'不卖力'特质，以及说

---

①　胡伟希：《生命与自由》，载《新视野》，2003 年第 5 期。

②　［德］约瑟夫·皮珀：《闲暇：文化的基础》，刘森尧译，北京：新星出版社，2000 年。

③　同上书，第 41 页。

④　［美］杰弗瑞·戈比：《你生命中的休闲》，康筝译，昆明：云南人民出版社，2000 年，第 114 页及以下。

明了为什么闲暇会是卖力和劳碌之反面的理由"。① 皮珀从基督教思想的角度，认为休闲的获得是与必须付出努力之观念相对立的领受与接受恩赐。② 我们认为，将休闲与劳作抽象地对立起来，从黑格尔的辩证思想来看，是一种典型的知性思维方式的结果。诚然，休闲所能给予我们的很多东西正如皮珀所说是要我们敞开去领受，但是真的只是这样就可以了吗？如果这样，我们都去敞开领受好了，为何我们还要去研究休闲，去发掘休闲的意义，去开展休闲教育，让更多的人了解休闲？正是因为，领受或许只是在最后的环节，只有在这一环节的意义上，皮珀的话——"许多伟大真知灼见的获得，往往正是处在闲暇之时。在我们的灵魂静静开放的此时此刻，就在这短暂的片刻之中，我们掌握到了理解'整个世界及其最深邃之本质'的契机"③ ——才是可接受的。因为，这一刻不是偶然到来的，这一刻的到来必然是经过了历练，经过了努力的过程。皮珀自己也指出人们之所以陷入无止境的工作至上的世界，其中一个很重要的原因是"个人内在的贫乏"④。这也说明，人要能超越工作世界，达到理想的闲适状态，必不可少的一个条件就是通过自身的努力而达到内在的丰富，否则如何去领受？所谓"海纳百川，有容乃大"，如果我们的内心十分的贫乏，那能领受什么、能领受多少？所以，要真正达到理想的休闲状态，而不是一味地强调"无为"、强调"领受"，就必须要经过一种努力的过程，这样才能最终达到在外界看来只是毫不费力地领受的表象。黑格尔说："每一个有学问的人，大都具有许多普遍的观点和基本的原则直接呈现在他的意识里，然而这些直接的观点和原则，也只能是反复思索和长时间生活经验的产物。……直接知识实际上就是间接知识的产物和成果。"⑤ 在《精神现象学》中黑格尔对这种以雅可比为代表的否定中介而主张直接知识的观点就已经作出过批评："上帝的生活和上帝的知识因而很可以说是一种自己爱自己的游戏；但这个理念如果内中缺乏否定物的严肃、痛苦、容忍和劳作，它就沦为一种虔诚（随喜），甚至沦为一种无味的举动。"⑥ 黑格尔并不完全否认这种上帝的游戏，但是他强调，如果这样一种生命，如果不体现为一种严肃、痛苦、忍耐和劳作，它就是一种毫无作为的东西，一种干瘪乏味的东西。⑦

　　同样，对于理想休闲状态的获得来说，也必然会是劳作与付出后的收获，单纯或过分强调所谓的游戏精神的话，难免会沦为一种干瘪无味的举动。

---

① ［德］约瑟夫·皮珀：《闲暇：文化的基础》，第43、44页。
② 同上书，第27页。
③ 同上书，第42页。
④ 同上书，第55页。
⑤ ［德］黑格尔：《小逻辑》，第161页。
⑥ ［德］黑格尔：《精神现象学》，第11页。
⑦ 邓晓芒：《精神现象学》句读，http://www.xiaomang.org/2010/04/pdg005.html。

对于这一点奇克森特·米哈依在描述畅的感觉时，作了更加明确的陈述："尽管人们在畅的体验中有一种毫不费力的感觉，但实际上它远并不是如此。它通常需要大量的体能，或是严格的心灵训练，需要高超的技巧，注意力稍一偏离，这种体验就会消失。"①

当然，努力的劳作本身并不是休闲，这里所指出的卖力的劳作对于理想休闲状态的达至的意义，正如在经过这种过程而最终达到的一种毫不费力的领受一样，都是作为环节而具有的意义。而且，作为达到休闲的环节的卖力的劳作也有其自身的特点，即这种劳作对于最终所要从事的活动来说，是不能超过活动者的能力的，或者换句话说，这里的劳作所引起的是一种中等程度的紧张。不需要投入（身与心）的活动与尽最大的努力都无法做到的活动，都难给人以休闲的体验，正如奇克森特米哈依所谓的要达到畅的状态所需要的一种度的平衡："乐趣出现在无聊和焦虑两个端点之间，即出现于挑战与行动能力平衡的地方。"②

三、小结："理想"及其"实现"

所谓的理想的休闲境界，之为一种理想，在一定程度上是黑格尔的意义上的理想。理想绝不仅仅只是存在于观念之中的，或者说理想之所以成为理想，因为它具有合理性，正因此，它也是现实的（"凡是合理的都是现实的"），而并非仅仅是软弱的应当如此。当然这里的理想的实现并非是实现于黑格尔的绝对精神之中，而是指实现在现实的人的生活之中。

但是，休闲理想的实现并非如皮珀所言"无法言传"、"神秘的"、"恩赐"的，这种意义上所实现的休闲，从严格意义上来说，甚至难以称得上是休闲，因为它在一定意义上排斥了人的自觉与自由。而没有人的自觉，休闲是不可能存在的，正如葛拉齐亚所言："除非人们理解了休闲，否则它将不存在。"③没有扬弃任意与必然性的积极的自由，人本身都将被贬抑，更妄论休闲的实现。

① Sebastian de Grazia, *Of Time, Work and Leisure*, New York: The Twentieth Century Fund, 1962.

② Mihaly Csikszentmihalyi, *Flow- The Psychology of Optimal Experience*, HarperCollins e-books, 2008.

③ Sebastian de Grazia, *Of time, Work and Leisure*, New York: The Twentieth Century Fund, 1962.

休闲正义论纲

——以迈阿密、杭州为例

李高阳

（浙江大学哲学系）

内容提要： 个人休闲需要的满足是以安全的社会环境和必要的物质生活水平为基本条件的。在当代中国社会，个人休闲需要、权利的满足和实现程度与休闲制度、政策和个人休闲价值观的正义性密切相关，正义的休闲制度、政策和个人休闲价值观有助于实现全社会休闲需要的最大程度的满足，此即休闲正义。休闲正义的实现取决于一个正义的市场经济制度和个人的道德以及正义的价值观，本文论证了市场经济制度的正义性和个人经济道德价值观的正义性。本文还根据亲身经历，对迈阿密和杭州两个休闲城市的休闲文化作了简单比较，并提出从非正义的休闲社会向休闲正义的社会转型的两个原则。

关键词： 休闲正义　经济制度和价值观　休闲政策和休闲价值观　社会休闲需要满足的极大化　迈阿密和杭州

　　何谓休闲正义？首先，何谓休闲？所谓休闲，通俗地说，即具有生命的个体自主、自由地"游戏"、"玩"的活动；具体说来，是个体或由个体组成的群体在日常"忙碌"（既包括满足最基本的例如吃、穿、住、用、行等生存条件的忙碌，也包括满足更高的生存条件例如住豪宅、开豪车的忙碌）之外的空闲时间里，在一定的社会安全环境保障下，在一定的空间（自然空间或社会空间）中，以一种"游戏"或"玩"的方式实施的以实现自身肉体、心灵的相对"自由"（依个人具体需要的不同而不同）状态为目的的活动。可以说，休闲作为人的一种生活方式，是人的一种在一定的物质生活条件和社会安全环境保障下的基本需求和需要，也是人的一种基本权利。物质条件丰富、经济发达的社会相对于物质条件贫乏、经

　　作者简介：李高阳（1986—　　），男，河南济源人，浙江大学哲学系博士生，目前任美国迈阿密大学哲学系国家公派访问学者。研究方向：中西情感哲学比较、经济伦理学及中国哲学。

　　基金项目：国家留学基金资助

济衰败的社会更有条件组织个人或集体的休闲活动，满足个人的休闲需要，实现个人休闲的权利。当一个社会从贫穷走向富裕之后，其中的个人更有条件和动力去满足休闲需要，实施休闲活动。如何实现社会富裕是古典经济学的主题，本文则着重探讨，在一定的社会经济水平条件下，如何才能最大限度地满足社会中每一个人的休闲需求？一个国家的制度和政策如何设计和制定才能最大限度地实现、满足全体公民在自身特殊条件下对休闲的需要，与此同时，还能保证每一个人在满足自己休闲需要、实现自己休闲权利的同时不损害其他任何一个人的休闲权利和休闲需要的满足？如果这两个条件能够同时实现，那么这就满足了个人和由个人组成的社会整体的正义的休闲需要，实现了建立在每个人的休闲需要的满足和休闲权利的实现基础上的，整个社会最大限度和范围的休闲权利的实现和休闲需要的满足，此即"休闲正义"①的内涵。本文试图对如何实现休闲正义的问题进行简要论证和说明。

众所周知，休闲是在一定的物质条件保障下进行的。可以说，休闲的水平，在一定程度上，取决于个人或社会整体的经济生活水平。对于一个饥肠辘辘的或身无分文的人，不能说他根本无法实施休闲活动，比如一个乞讨的人也可以吹奏乐器自娱自乐，再比如《论语》中记载的"一箪食，一瓢饮，在陋巷，人不堪其忧"（《论语·雍也》）的颜回也可以在一段时期内"不改其乐"。但其休闲自由程度，包括范围、方式和持久性都将大打折扣。此外，休闲是在相对和平、安定的社会环境，即主要是在个人的人身、财产安全受到有效保障的社会环境下进行的。很难想象在一个战火纷飞的年代，在个人财产和身家性命朝不保夕的社会环境下，个人及整个社会可以实现最大限度、最大范围的休闲。

自从20世纪中叶，中国的国内战争和世界战争基本平息之后，中国社会有了相对安定、和平的社会环境，个人的人身财产不再因为战争而随便被剥夺，人们也基本免去了随时丧失生命的恐惧；而从20世纪后半叶也即1978年中国的改革开放直到近几年的大致30多年的市场经济制度的改革之后，中国社会基本摆脱了饥饿和贫困，正逐步实现类似于中等发达国家水平的小康社会。然而，在经济跨越发展的同时，环境污染、贪污腐败、特权横行等问题随之出现并日渐凸显，其中，环境污染涉及人们的基本生活条件，休闲不可能在空气严重污染的环境下进行；贪污腐败、特权横行涉及部分政府官员以损害公民经济自主权利的不正当或

---

① 休闲正义的概念是笔者在世界范围内首次提出的，其中的"正义"，通常来讲，以罗尔斯的《正义论》中提出的"作为公平的正义"为代表，主要指建立公平的社会政治经济制度和法律体系，公平就是平等，平等就是人与人之间财富或利益的平等。但是，笔者这里说的正义是指权利即经济自主权利（即通过自己选择满足自己需要的权利）的平等，其中包括个人的实现经济自主权利的道德行为的正义性，即个体行为正义，还包括保障个人经济自主权利的政治经济制度（含法律体系）的正义性，即社会制度正义。

违法、违背道德和违背社会公正原则的手段，消耗全社会的财产，来实现自己的各种各样的"休闲需要"。这种以损害别人利益、权利为手段来满足自己的休闲需要的休闲活动即非正义的休闲。例如上海法院官员嫖妓案、高官非法海外购置别墅案，以及小学教师性侵幼女案等。

此外，随着中国公民收入的增加，参加境外游的人数急剧增多，中国游客的一些行为也时常受到海外媒体和其他国家居民的指责和批评。世界知名的英国《经济学人》杂志的一篇名为《中国游客们：注意你的礼貌》[①] 的分析文章指出，"中国政府的旅游部门于今年10月1日制定了旅游休闲的新法规，其中至少有一个条款似乎是受到中国和海外一系列反映了中国游客的明显的不礼貌行为的事故的激发而制定的，"这个条款是对备受瞩目的像今年上半年一位青少年在埃及卢克索神庙的浮雕上涂鸦'丁锦昊到此一游'一样的这类尴尬事件的回应……从伦敦到其他地方，中国游客的吐痰、喧闹行为和草率的浴室礼仪已经使中国人被看作是全世界新的最粗鲁的旅行者"。即使这位作者的语言有些夸大，但这种发生在中国游客身上的事实现象背后的原因也值得我们思考。

以这些社会问题为背景，并以实现个人和全社会的最大限度和范围的休闲需要的满足、休闲权利的实现为目标，再以笔者在中美两国的两个具有代表性的休闲城市——佛罗里达州迈阿密市和浙江省杭州市——的亲身体验、感受和简单比较为现实依据，笔者提出"休闲正义"的基本框架，即休闲正义论纲。需要说明的是，本文并非是要指导个人、社会如何采取具体的方式来休闲，而是从宏观的经济伦理学、规范伦理学的角度提出个人休闲的基本道德原则，和在这种道德原则下整体的社会休闲的制度正义的基本原则或标准，并以科学分析方法论证这两种原则、标准的科学性。

一、从迈阿密和杭州休闲文化的差别看满足个人和社会休闲需要的条件

笔者在中国最著名的休闲城市之一杭州市居住过五年，曾多方位地感受过其休闲文化，目前在世界著名的休闲度假胜地迈阿密领略其休闲文化也将近一年时间，两相比较，笔者认为二者的差别不可谓不多，不可谓不大。迈阿密最大的优势是临海和常年温暖、湿润的亚热带气候，迈阿密是美国本土冬季最温暖的城市，迈阿密海滩是美国最好的海滩之一，由于受墨西哥暖流的影响，迈阿密海滩的海水即使在冬季也是温暖的。"适宜的气候、滨海的位置、迷人的风情以及众多的游

---

① "Chinese tourists: Mind your manners", in *Economist*, http://www.economist.com/blogs/analects/2013/11/chinese-tourists#comments，《经济学人》网站，2013年11月6日。

乐场所，使迈阿密成为世界著名的旅游城市，旅游业成为迈阿密的支柱产业。迈阿密海港是世界最大的巡洋港和美国最大的客运港……商业货运吨位仅次于纽约港，居美国第二位。"[①] 而杭州的休闲文化由来已久，早在南宋时期，江南富庶的经济条件就开始孕育了杭州的休闲传统，其中以茶文化、丝绸文化和西湖文化闻名世界。"周密在《武林旧事》中就描绘出杭州的山水文化和市民休闲的图景。卷三《西湖游幸》中记载：'西湖天下景，朝昏晴雨，四序总宜。杭人亦无时而不游，而春游特盛焉。承平时，头船如大绿、间绿、十样锦、百花、宝胜、明玉之类，何翅百余？其次则不计其数，皆华丽雅靓，夸奇竞好。而都人凡缔姻、赛社、会亲、送葬、经会、献神、仕宦、恩赏之经营，禁省台府之嘱托，贵珰要地，大贾豪民，买笑千金，呼卢百万，以至痴儿騃子，密约幽期，无不在焉。日糜金钱，靡有纪极。故杭谚有'销金锅儿'之号，此语不为过也。'文章折射出杭州是一个富庶、优美、悠闲的城市，有一种悠闲、安逸、自在的性格。可以说，杭州是国内休闲文化、休闲传统最为深厚最为浓郁的城市之一。"[②] 杭州分别举办了 2006 年和 2011 年的世界休闲博览会，正努力打造"世界休闲之都"。

相对来说，迈阿密"美"在自然，杭州则"美"在人文。此外，自行车在杭州主要作为交通工具，而在迈阿密则主要是运动休闲工具；迈阿密市民休闲活动多为个人或以家庭为单位组织的小型休闲活动，更由于短期假期分散和带薪休假，可以根据自己的喜好和空闲随时安排活动，因此并不因节假日而集体聚集在某个活动地点；杭州则因"五一"、"十一"这样较长的、集中的国家法定假期，也多像世界休闲博览会、西湖国际博览会这样的由政府组织、引导的大型活动，因此1000 万人以上（2006 年、2011 年休博会吸引了 2040.55 万、3745 万游客参与）聚集在同一个地点进行休闲活动的次数较多；但在迈阿密海滩即使是在感恩节、圣诞节这样最重要的节假日也几乎从来没有过于拥挤的人群，而在十一黄金周的杭州西湖必然是人山人海，赏人多于赏景。

而其中，最明显、最大的差别在于由两地居民经济生活水平所体现出来的休闲手段、休闲制度和政策以及休闲价值观的不同，这是由两地的自然环境、经济制度和个人价值观的差别决定的。首先，自然环境或许不能相提并论，"世界邮轮旅游之都迈阿密因其良好的空气质量、大量的植被覆盖、清洁的饮用水、干净的街道和全市范围的垃圾回收计划而被《福布斯》评为 2008 年'美国最干净的城市'，被瑞士联合银行评为美国第三、全球第二十二富裕城市……迈阿密每年接待

---

① 金华、杨竹莘、赵磊：《美国城市水域景观休闲旅游利用经验及其对中国的启示》，载《水利经济》，2011 年第 5 期。

② 蔡尚伟、张爱萱：《从"休闲城市"到"休闲之都"——以杭州、成都为例》，http://media.people.com.cn/GB/22100/54430/54431/6995005.html，人民网，2008 年 3 月 13 日。

的邮轮休闲旅客超过 300 万人次，经济效益超过 100 亿美元。迈阿密的邮轮休闲具有许多难以复制的天然优势，其高效的管理、低廉的费用、洁净的水域环境是其他港口城市所不具备的。"① 杭州的西湖休闲则受内陆条件的限制，一天时间即可走完，杭州休闲经济的发展水平还赶不上迈阿密。其次，关于个人价值观，笔者仅举一例，在迈阿密大学校园的湖边里有一种鸟类（形似鸭子），当私家车主在湖边的小型停车场停车时经常碰到被这种动物挡路的情况，笔者多次亲眼看到车主停下车，俯身驱赶它们，或者等它们慢慢通过。这体现了美国人的保护动物、珍惜生命的价值观。同样是小动物，杭州西湖的小松鼠未必就受到游客的这种对待。最后，关于经济制度，迈阿密从大致 100 年前几乎无人问津的小村庄发展成如今被誉为"美洲的首都"的世界上最富裕的大都市之一，可以说，主要得益于其相对自由的市场经济制度，这为世界各地的移民提供了公正的平台和众多的机遇，虽然迈阿密也存在毒品泛滥等社会问题，但不得不说，这是一个较为公平的机遇较多的自由市场经济社会。杭州市虽然处在市场经济较为繁荣的浙江省，其经济自由度排在全国前列，甚至是首位，但由于它所处在大环境仍不能称之为市场经济社会，故杭州的经济制度仍然未能提供一个公平的、自由竞争的平台和环境，这体现在政府主导的休闲活动较为频繁，政府对休闲政策比如休闲假期的时长和市场价格的直接干预。

那么，如何在一定的个人价值观和经济制度的基础上实现个人和社会利益最大化即一段时期内的最高的经济发展水平，并以此为根据，在一定的休闲价值观、休闲道德和休闲制度、政策的基础上，以当前可以达到的最高的社会经济发展水平为基石来实现社会最大程度的休闲需要的满足，这是两个城市共通的问题，也是杭州可以从迈阿密汲取经验的地方。而这个问题是否能以及如何实现在保障个人利益、个人权利的前提下实现社会利益极大化的问题紧密联系的。以迈阿密市民和杭州市民的表面的休闲满足程度来看，迈阿密市民是远远高于杭州市民的，因为休闲程度决定一个人和一个社会的心态、面貌，以及人与人之间相处的方式，一个人经过与杭州市民和迈阿密市民的长期相处得比较自然能够感受到，即使是杭州的一个亿万富翁的休闲心态也未必比一个迈阿密中产阶级市民的休闲心态更合宜。或者说同样在有限的经济生活水平下，迈阿密市民比杭州市民实现了相对较大程度或极大程度上的休闲。这是如何做到的呢？

笔者认为，这跟美国的市场经济制度联系紧密。市场经济制度的奥秘就是，在保障个人权利或利益的前提下实现社会利益极大化。以此制度为基础的休闲必然能够实现在保障个人休闲权利和需要的前提下实现全社会对休闲需要的最大程

---

① 王国乡：《自主权利的道德界限——从经济学视角求解伦理学难题》，北京：世界图书出版公司，2011 年。

度和最大范围的满足。那么，为什么说市场经济制度的奥秘在于在保障个人权利或利益的前提下实现社会利益极大化？这需要利用经济伦理学的科学分析方法即现代经济学的边际分析这种微分数学方法来证明。

二、如何在保障个人权利、利益的前提下实现社会利益极大化？

值得庆幸的是，这个问题已经在王国乡的《自主权利的道德界限——从经济学视角求解伦理学难题》[①]（以下简称《界限》）一书中得到严格而且科学的证明，用于证明的科学的经济伦理学原理即等边际原理。为了便于读者理解，本文将参考王国乡在天则经济研究所 20 周年纪念讲话《群己关系理论价值取向的经济分析——〈自主权利的道德界限〉一书的核心理念》[②]中的相关阐述对此予以说明。

等边际原理，又称择优分配原理，或称资源最优配置理论，是王国乡和茅于轼在 20 世纪 70 年代分别独立提出的、旨在改善资源的计划分配方法的理论。当时他们都沿用计划经济的用语成为择优分配原理，后来在我国实行市场化改革之后，他们又运用等边际原理来证明中国进行市场化改革的正当性与合理性，遂改称为等边际原理。与西方经济学 100 年前发生的边际革命不同，他们是由于亲身体验到计划经济的严重弊病，并坚持独立思考，从而分别独立运用微分数学方法（即边际分析方法，王国乡称为增量优选法）推导出等边际原理。这就说明，等边际原理是中国土生土长的资源最优配置理论，而且是用演绎推理方法证明市场经济制度合理性和"应当产生"的理论。其本质是只有在已经消灭了自由市场经济的国家才可能出现的经济伦理学。资源配置理论可以分为两部分来论述。

（一）资源最优配置理论的假定条件

1. 经济道德人假定——经济人是理性自利的自主权利人和道德人

王国乡在《界限》一书中假定，经济人不仅是理性自利的人（这是西方经济学的经济人假定），而且应当是自主权利人，即是具有自主（自由）选择能力和权利的人，同时应当是道德人。什么是道德人？如果一个人不是用抢夺、强占、欺骗别人财产的方法，而是用协商、互利交换的方法来进行经济交易，借以实现自己的最大利益，那么，这就是一个自利不损人的经济人，也就是道德人。换句话说，道德就是自利不损人。

王国乡认为，经济自主权利是形成市场经济道德的前提条件和动因。市场经

---

① 王国乡：《自主权利的道德界限——从经济学视角求解伦理学难题》。

② 王国乡：《群己关系理论价值取向的经济分析》，http://business.sohu.com/20130730/n382943844.shtml，搜狐财经网站，2013 年 7 月 30 日。

济道德是经济人自觉选择的与他人和谐相处、互利合作、患难相救的和谐生活方式。只有经济人是一个理性自利的自主权利人，才能通过推己及人的伦理方法形成市场经济道德。市场经济道德的原则是个人追求自主权利应当以尊重他人的自主权利为边界。这就是为己互利或自利不损人的道德，这是经济生活领域的道德，即经济道德。在非经济生活领域即非交易领域，道德是自爱不损人或自爱爱人，这是人格道德。

2. 经济资源稀缺性假定

经济资源的稀缺性是指经济资源（商品）不能满足零价格的社会需求的性质。这就是说，凡是有价格的资源都是稀缺资源。

3. 资源边际收益递减规律假定

即在一定时间和一定生产规模中，相对于其他不变生产要素，连续增加某种可变因素达一定限度之后，会出现可变要素的边际（新增）收益递减趋势，当总收益达极大值时，边际收益递减至零或趋于零。

4. 经济人受预算与价格约束的假定

这个假定在于肯定经济人是一个自负盈亏、消耗资源必须支付对价的人。这一条件能够促使经济人重视资源节约——追求最大经济剩余，也就是在生产经营中追求最大利润，在生活中追求最大剩余效用。

5. 完全自由竞争市场假定

这一假定的意义在于排除特权垄断和政府直接干预对经济人自由选择的干扰，保证形成市场均衡价格。

上述假定条件是经济人通过自主（自由）选择实现资源最优配置的必要条件。

（二）资源配置的数理规律和经济规律

其数理规律是运用边际分析方法证明，在资源稀缺和边际收益递减条件下，现有社会资源投入生产的社会总效益达极大值的必要条件是，资源在各个生产环节中投入的边际收益均等。茅于轼运用约束条件下多元函数求极值的方法证明了这一数学规律（其最优解是偏导数相等），王国乡则运用简单易懂的数表分析方法和边际调整法证明了这一规律的必然性。（见《界限》第5—7章）

其经济规律是，在自由竞争的市场经济条件下，经济人以最大利润（节约）为目标、以均衡价格为准绳，选择的资源最优投入量，必然只达到资源的边际收益等于价格为止（边际收益＝价格，就是边际利润＝0，这是经济人利润最大化的边际条件），由此保证每一种资源的边际收益都等于统一的市场均衡价格，从而实现资源最优配置的等边际原理，保证稀缺资源的社会总收益（总产值）和总利润同步达到极大值。经济规律和数理规律的区别在于经济人（具有自主权利的经济道德人）假定的引入。

最终，等边际的经济伦理学意义在于：根据等边际原理可以证明，一个经济社会只要能够利用法律手段确立自利不损人的市场游戏规则，保护个人财产权和自由选择权。那么，在自由竞争和均衡价格调节下，市场价格机制（看不见的手）就能保证资源的最优配置，从而实现个人利益与社会利益同步达极大值。由此说明，在自由市场经济中，社会利益的极大化是以个人追求利润极大化为前提条件的。从而证明，作为实现资源最优配置的假定条件，即经济制度保障个人权利、利益是合理的、应当的、正义的，个人厉行自利不损人的道德是正义的，它是实现社会利益极大化，实现社会整体富裕的必要条件。因此可以说，个人行为正义或科学价值观标准是自利不损人，相应地，制度正义的科学标准就是利公不损私，类似于"在没有使任何一个人情况变坏的情况下，使得至少一个人变得更好"的帕累托标准。进而证明，自由竞争的市场经济制度是合理的、正义的，也即在实现效率的同时，实现道德、公平和正义的经济制度。

以此为根据，可以说，个人自主的休闲权利、利益的保护也是，在当前能够实现的最高经济生活水平条件下，实现整个社会休闲需要的极大满足的必要条件、前提条件。个人厉行自利不损人、自主不损人的休闲价值观或休闲道德，以及经济制度（包括相应的政治、法律制度）或休闲政策的制定以利公不损私为准则，就是正义的，也就是实现休闲正义的必要条件。

三、正义的休闲价值观和保障休闲正义的制度

既然个人的自主休闲权利是实现社会休闲需要满足的极大的必要条件，那么对于个人自主权利或利益、个人自主休闲权利或利益的尊重、爱惜和保护，以及对侵犯个人自主休闲权利的行为的惩罚就是实现休闲正义的必然选择。此外，根据等边际原理，"经济人受预算与价格约束的假定"和"完全自由竞争市场假定"这两个假定条件也应该成为实现休闲正义的必要条件。

对于拥有自主权利的个人而言，在实现个人自主权利或利益的同时不侵犯其他人的自主权利和利益就是道德的、正义的行为，且在满足个人休闲需要或权利的同时不损害其他人的休闲需要或权利就是正义的休闲行为，因此贪污腐败者、破坏环境者、在海外文物上涂鸦者的"休闲行为"就是非正义的。一般而言，在市场经济社会中，个人为了实现自己的休闲需要、权利，通过推己及人的伦理方法自然会形成自利不损人的休闲道德、休闲价值观。除非有些人本身享有一些特权，可以在损害别人权利、利益的情况下强制实施自己的休闲活动。

对于制度设计者和政策制定者而言，按照利公不损私的制度正义标准，制度、政策只有在保障个人自主权利、利益的同时增加社会整体的利益才是正义的制度、政策，同时，政府休闲政策的制定只有在保障个人自主休闲权利也即自己满足自

己的休闲需要的前提下，增加全社会满足休闲需要的程度，才是正义的休闲政策和制度。据前述可知，自由竞争的市场经济制度正是这样一个保障休闲正义的制度。由此还可知，国家休闲政策的制定应该主要放在为公民创造一个安全、良好的生活环境上面，这包括环境污染的治理、治安环境和居民的生活、交通环境的改善等，而非在于一些假期的较长期限的人为设置或假期税收优惠、车辆通行价格优惠政策的设置上面。因为，在自由竞争的市场交易中，交易者之间自然会形成公平、合理的市场均衡价格，这是正常的市场规律，如果随意调整价格，不仅违背了市场客观规律，还会造成社会整体福利、社会整体休闲需要满足程度的降低，甚至还会引起人们日常生活的混乱。天则经济研究所通过对2012年第3季度宏观经济分析以及黄金周取消高速公路车辆通行费用的政策分析指出，"政府的好心没有人怀疑，其正面效应也无人否认。但由于缺乏研究，考虑不周，好心并未完全办成好事。高速公路和旅游景点出现了大拥堵，'高速路'变成了'龟速路'和'停车场'，旅游点人满为患，观景变成了'看人'，名山变成了'人山'，黄金周变成了'黄金粥'。有人感叹，'西湖见人不见桥，黄山人流如涌潮'，'三亚海滩饺子锅，大梅沙人比沙子多'。结果是老百姓花钱买罪受，便民变成了扰民，惠民变成了殃民，皆大欢喜变成民怨沸腾。这也许是决策者始料不及的。"①

更重要的是，制度防范和治理的最重要的对象应该是侵犯他人自主的休闲权利、利益的行为，包括造成环境污染的企业（不管国企还是私企），当然治理的方法多种多样，还包括政府官员违法侵犯国家或公民财产、权利的用于个人消费、挥霍的行为，更包括社会上暴力强夺、占有或非暴力欺骗别人财产的违法行为。这些是造成社会不公正、非正义，以及社会道德败坏、滑坡的真正原因。正所谓"大道废，安有仁义"（老子语），只有建立这样的维护社会休闲正义的强有力的制度，只有人人能够也敢于去维护自己的自主经济、政治权利、自主休闲需要的利益、权利的社会，每个人才能实现最大的休闲需要的满足，社会才能实现最大的正义的休闲需要的满足，人与人之间才会充满平等、相互尊重、友善、关爱及和谐的关系。这就不难理解，在中国古代的农耕社会，尤其是在乡村，即使没有像当今中国社会或者美国社会这样发达的经济条件，人与人之间依然能够充满人情味，保持友善、关爱、和谐的关系；而在中国的市场经济发展30多年，已经成为全球第二大经济体的今天，社会上充满戾气，人与人之间的不信任、冷漠、坑蒙拐骗多于诚信和关爱，极少数政府官员竟然侮辱未成年少女、小孩，官民矛盾激化等等现象时有发生。

如何从一个非正义或者说欠缺正义的休闲制度转型，以实现正义的休闲制度，

---

① 张曙光、张弛：《目标达否勿计较 分配改革宜做实——2012年第3季度宏观经济分析》，www.unirule.org.cn/xiazai/2012/20120720.doc，天则经济研究所网站，2012年10月25日。

这是另外一个及其重要的现实问题。这里仅仅提出两条原则性要求，即由"经济人受预算与价格约束的假定"和"完全自由竞争市场假定"这两条等边际原理的假定条件衍生出的原则：（1）实现严格的财政预算、监督或财务审计，保证经济人是一个自负盈亏、消耗资源必须支付对价的人；（2）收回政府"看得见的手"，维护自由选择、公平竞争的社会环境，排除特权垄断和政府直接干预对经济人自由选择的干扰，保证形成市场均衡价格。

碰撞与交融：论中西休闲研究的差异与未来

彭　菲

（浙江大学亚太休闲教育研究中心）

内容提要： 休闲的自然本性和社会本性决定了中西方在休闲学研究上，既有研究领域关注点的不同，又有共同之处。本文采用文献查阅方法，以近五年来中西方期刊研究热点为切入点，进行中西方研究领域不同的对比，找出中西方在宏观和微观研究领域关注点的不同。中西方休闲学研究也在不断相互学习、借鉴，并在碰撞中融合，在融合中走向未来。中国也应该在世界休闲学研究潮流中，找到属于自己的研究领域。

关键词： 休闲研究　差异　未来　中国　西方

一、缘起

随着科学技术的迅速发展，生产力的极大提高，人们在关注物质生产的同时，更加注重精神世界的丰富，追求属于自己的幸福生活。而休闲作为人们生活的重要组成部分，很大程度上影响着人们的生活质量和幸福感。从原始社会到文明社会，人类的休闲状态、方式、行为、活动等也由原始的、本能的自然冲动，逐渐融入更多的伦理、道德等社会制约因素，人们也在不断进化中掌握更高的自我调节和选择能力。从宏观上看，休闲随着经济水平、社会发展阶段、民族文化的差异呈现出不同的休闲特质；从微观上看，个人的休闲不仅受到社会经济、政治背景，社会休闲观念等大环境的影响，还因个体成长环境、教育背景、年龄性别等因素呈现出个体特有的休闲特质。古今中外，人们用不同词汇和感受来描述这种闲暇时间的自由体验，也从自身角度出发，对休闲进行定义和解释。但从总体上来看，休闲具有自然属性和社会属性这两个基本的特征，一个是自然的休闲，一个是人化的休闲。

作者简介：彭菲（1986—　），女，河北唐山人，浙江大学亚太休闲教育研究中心博士生，加拿大阿尔伯塔大学体育教育与游憩学院访问学者。研究方向：休闲社会心理学、跨文化休闲比较研究。

1. 自然的休闲

美国心理学家、人本主义心理学家马斯洛（1943）建立了人的需求层次理论[1]，并将人类的需求由低到高递次分为生理上的需求、安全上的需求、情感和归属的需求、尊重的需求、自我实现的需求，并认为，当人的低层次需求被满足之后，会转而寻求实现更高层次的需要。休闲也就是在初级的生理需求和安全需求得以满足的基础上得以产生和发展的，人们既可以在最基本的生理需要上得到不同形式的快乐，也可以寻求更高层次上的精神满足。因此，虽然人们在休闲定义、休闲内容上存在争议，但在最本质核心问题上是能够达成共鸣的，即休闲需要有一定的时间、自由感和心态体验等。

2. 人化的休闲

纳什把人们对闲暇时间的利用分为六个等级，并且将赌博、吸毒、色情等对参与者和社会造成有害影响的活动不列为休闲活动讨论范围[2]。

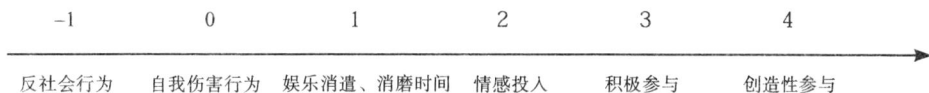

−1	0	1	2	3	4
反社会行为	自我伤害行为	娱乐消遣、消磨时间	情感投入	积极参与	创造性参与

我们可以看出，纳什休闲层次理论是站在个人和社会发展的立场出发，对休闲活动进行划分，并带有很强的伦理、道德色彩。而抛开社会因素来讲，这些反社会行为可能给个体带来短暂的、极为快乐的体验，对于其自身而言即是类似于休闲的体验；同样，有些人参加休闲体验活动，但是出于一些功利性目的，由此大大降低了休闲的体验性。社会的发展给人们提供了更多的休闲空间，极大地丰富了休闲的内涵和外延，同时也给人们带来了休闲与社会和个人问题的更多挑战。

休闲的社会属性是以其自然属性为前提和基础的，同时也为休闲提供了更多的可能性。同样是游戏，其在一个人儿童时代和成人时代所富有的意蕴是不完全相同的；经历不同社会阶段变迁的休闲，在每个时代、每个文化背景下，也都有其特有的含义。

---

[1] 弗兰克在《第三思潮——马斯洛心理学》中，将需求层级分为初级需要（生理需求、安全需求、情感和归属的需求）、中级需求（尊重的需求、自我实现的需求）、高级需求（美的需求、对知识的需求）。

[2] J. B. Nash, *Philosophy of Recreation and Leisure*, Dubuque, Iowa: William C. Brown Company, 1953.

3. 中西方在休闲观念上的社会、文化差异

（1）个人与国家意识

中国经历了漫长的封建社会时期，很大程度上可以说是一个"人治"的社会，虽然新中国成立 60 余年，建立了比较健全的法制体系，但根深蒂固的封建观念依然残存在中国人的思想中。中国古代的休闲思想也是更多地关注自身的修身养性，而较少上升到国家意识层面。西方人自古希腊时期开始，就相信人的自然生活是集体生活，这是一种社会生活。他们的理想是完善的市民生活和政治生活，并将休闲生活的最高境界即市政生活作为他们的崇高目标孜孜以求。

（2）政治权利意识

勤劳与美德在中国传统文化中一直备受推崇，像李渔的《闲情偶寄》，也在当时被认为是一本不入世俗的"奇"书，中国人重视封建等级、礼仪思想的教化，更很少把与正统观念相对的怎样休闲、如何生活等内容光明正大地摆上研究领域。中国人的权利意识也比较薄弱，更缺乏对自身休闲权利的维护。

相反，西方人更重视休闲的后天习得和教化，其休闲不光是等而下之的庸俗活动，而是具有一定规范性和创造性的学习活动。他们还重视对人的休闲教育，强调发挥自身能动性进行学习，积极有为并创造社会价值的活动。用现代生命观来理解其意，休闲不能解释为一般的消遣和娱乐，它还含有主动进行学习、重新创造生活和提高生命质量的意思。可见，在西方人的观念中，休闲是一种以丰富和创造生命活动，完善自我为目的的闲暇活动。虽然西方社会经历了中世纪休闲发展受到社会、宗教制约的时期，但西方人对休闲权利的维护从未停止过，从"八小时工作日维权"到《圣保罗宣言》和《休闲宪章》的发布，这些都成为休闲学发展和解放的重要里程碑。

（3）人文与科技精神

中国自古注重人文精神的弘扬和理论知识的探索，像《齐民要术》、《天工开物》、《水经注》这样的专门科学著作相对较少，很多知识也只是停留在理论层面，缺少实证调查研究和探索。而西方社会注重实证，近代工业革命的迅速发展，更为其科学研究提供了先进的辅助手段。近代西方心理学、社会学等学科的迅速发展，也为休闲心理学和休闲社会学的研究奠定了基础。

二、碰撞

古今中外，休闲都是人们普遍向往的目标和渴求的境界，休闲的复杂性、多样性与可变性也并不意味着休闲研究的无章可循。本文选取 2008—2012 年近五年国内外学术研究热点进行对比，以此比较国内外休闲研究差异。

1. 近五年西方休闲研究

以西方三本重要休闲期刊《休闲研究》(*Leisure Studies*，英国)、《休闲科学》(*Leisure Sciences*，美国)、《休闲研究期刊》(*Journal of Leisure Research*，美国) 为研究对象，近五年关注热点如下[①]。

	2008（124 篇）	2009（122 篇）	2010（109 篇）	2011（90 篇）	2012（106 篇）
1	运动休闲（30）	运动休闲（26）	运动休闲（11）	性别在休闲中的差异影响（14）	运动休闲（17）
2	性别在休闲中的差异影响（22）	休闲文化（11）	青少年休闲（10）	运动休闲（11）	性别在休闲中的差异影响（11）
3	工作、劳动与休闲（10）	种族休闲（8）	户外休闲（7）	休闲文化（5）	严肃休闲（6）
4	休闲旅游（9）	残疾人休闲（8）	休闲体验（7）	休闲制约（5）	休闲动机（5）
5	青少年休闲（7）	家庭休闲（7）	社区休闲（6）	公园休闲（5）	青少年休闲（5）

2008 年的 124 篇文章中，除上述内容外，还涉及公园管理、休闲文化比较、少数民族休闲活动、休闲服务、休闲制约等内容。其中有 3 篇涉及中国休闲研究，加拿大戈登·沃克教授分别对中国和加拿大学生的休闲行为和动机进行比较，刘慧梅教授从中国视角出发，对休闲学意蕴进行了探索。

2009 年，休闲运动依旧是热门话题，但西方人开始注重从休闲行为、休闲参与、户外休闲活动等角度进行阐述，并更加注重弱势群体的休闲活动。人们开始探讨家庭休闲对个体带来的影响，并更加注重对追求个人健康、个体幸福感、休闲满意度的研究。Y. W. Chin, H. Cho 和 J. Horne，分别对北京奥运会带来的休闲影响进行研究，G. Walker 和 X. Y. Wang 对中国和加拿大的休闲含义进行了阐述。

2010 年，西方休闲学研究更注重个体与自然、周边环境的休闲，关注社区休闲研究，关心休闲与人的健康、生活方式的关系，也更重视个体的休闲体验。在个体差异研究中，也涉及了对同性恋休闲的研究。西方学者运用人类学研究方法对不同区域的休闲文化和社会休闲问题进行了探索。此阶段出现对休闲媒体、网络、电视的研究，更加贴近生活；休闲旅游方面研究则注重旅游志愿者的参与。同时，也出现了对休闲学研究方法的理论总结与回顾，如 R. Snelgrove 和 M. E. Havitz 写的《时间回顾：休闲学研究方法的误区与潜力》。

2011 年，人们对性别在不同休闲环境下的差异表现更为感兴趣，运动休闲研究也更倾向于探讨个人与运动环境的关系；学者从个体的社会、家庭角色入手，对休闲活动、幸福感进行研究。国外期刊对中国的休闲学研究主要有，J. Liao 对台湾年祭活动进行研究，G. J. Walker 等对中加移民者的休闲参与、满意度和异文化压力进行专项研究。

---

① 本文统计时，如果一篇文章涉及两个或多个研究领域，则重复计算。

2011 年，因为奥运会在伦敦的召开，运动休闲尤其是奥林匹克休闲再一次成为休闲学研究的热潮。与人们生活密切相关的严肃休闲、媒介休闲、艺术休闲、生活方式的休闲，成为关注热点。同期，Dong, Erwei 和 Chick, Garry 也发表了《中国六城市的休闲制约》，首次在国外杂志上对中国城市和市民休闲状况进行研究。

2. 近五年中国休闲研究

方青、邬丽丽（2009）认为，1980 年以来我国休闲研究大致经历了三个阶段：第一阶段为 1980—1994 年，这一时期，社会学界、哲学界的学者对休闲研究给予了重要的关注。这一时期体现出明显的社会意识形态特征，学者采用马克思主义理论，将研究焦点集中于闲暇时间、闲暇生活方式、闲暇与人的个性解放和全面发展的关系等研究中，并且从国外（主要是社会主义国家）引入了大量的文献。第二阶段为 1995—2000 年，随着我国五天工作制和小长假的实行，我国人们的休闲时间大大提高，休闲作为一种新的社会现象，也引起了学术界和政府有关部门的极大关注。这期间共有文章 2690 篇、著作 61 部，较多集中于休闲哲学、休闲社会学、休闲经济的研究。2001 年至今为我国休闲研究发展的第三阶段，休闲研究在此阶段呈现出百花齐放的局面，研究的视角日益多元，研究的范围日益扩大，研究的领域日益拓展，休闲专业化程度进一步增强。

在中国知网核心期刊网上，搜索"休闲"二字，可见，近十年来中国休闲学呈现迅速发展趋势。为方便与西方休闲学科研进行对比，利用中文社会科学引文索引 CSSCI 对近五年休闲学关注热点进行整理如下[①]：

	2008（102 篇）	2009（125 篇）	2010（107 篇）	2011（92 篇）	2012（90 篇）
1	休闲体育（28）	休闲体育（37）	休闲体育（41）	休闲体育（30）	休闲体育（26）
2	休闲经济（13）	休闲经济（14）	休闲经济（9）	休闲审美（7）	休闲旅游（6）
3	休闲旅游（10）	休闲旅游（10）	休闲旅游（7）	休闲旅游（6）	休闲农业（5）
4	城市休闲（7）	休闲农业（10）	国外休闲研究（7）	休闲城市（4）	休闲文化（5）
5	国外休闲学研究（7）	城市居民休闲生活（7）	休闲农业（5）	休闲经济（3）	休闲城市（5）

国内并没有专门的休闲学研究期刊，文献多发表在相关的《理论前沿》、《旅游学刊》、《北京体育大学学报》等期刊上。总体上来看，国内休闲学研究领域宽泛，且以关系国家、城市发展的宏观领域居多，较少涉及个体休闲、弱势群体休闲等问题。国外较少涉及的研究领域主要有马克思主义休闲思想、和谐社会与休闲、休闲农业与休闲产业、休闲教育（宏观）、休闲消费、政府管理与公共服务等内容。从 2010 年起，我国学术研究开始关注农民群体的休闲研究。2011 年，国内

---

① 此处休闲经济主要包括休闲经济发展和休闲消费，不包括休闲旅游、休闲农业、休闲产业等内容，以便于进一步区分。

兴起多个休闲学研究新领域，开始对休闲异化现象进行关注；不再是一味地介绍西方休闲思想，开始对中国古代休闲活动进行研究和探索，休闲体育研究也站在文化、社会等角度进行阐述。

三、交融

由于中西方在休闲学研究上呈现出较大的差异，我们很难概括出适用于全人类的休闲内涵，也很难形成一个完整的休闲学研究范式。但尽管中西方社会背景、文化差异的巨大，但人们对休闲的理解是有共鸣的，研究范围也不会超越休闲的本质内核；同样，中西方对休闲学的研究也有共融之处，可以相互借鉴。越来越多的西方人开始关注中国的休闲学研究，并给予大力支持；中国人也不断引进西方休闲学研究理念，学习西方先进的休闲学研究方法。

美国著名休闲学研究专家杰弗瑞·戈比教授早在 2001 年，就开始对中国未来的休闲学发展前景进行了展望。他认为，中国正进行着一场伟大的社会变革，在这一社会背景下，休闲在中国人的生活中也起着越来越重要的作用，而更加宽泛的休闲含义，也给中国人提出了新的严峻挑战。他在《北美休闲研究的发展：对中国的影响》（2008）中指出，大众休闲具有牢固的传统，因此中国的休闲研究绝不能无视普通公民获得更大休闲机会的巨大社会需求，要着重了解因工业化和城市化的迅速发展而产生的这些变化，了解休闲服务供给组织的需要，同时，还必须符合中国自身的文化与历史情况。他建议在中国，休闲人口分析研究应先于社会心理学研究，而如何在未来十年里打造休闲产业对中国未来的发展将起到至关重要的作用。

自于光远、马惠娣等学者 2000 年引进《人类思想史中的休闲》等五本国外休闲研究译丛之后，国内学者开始兴起对国外休闲学关注的热潮。在学术机构层面，北京六合休闲文化策划中心、中国休闲研究会、浙江大学亚太休闲教育研究中心等休闲研究机构相继成立，为与国外休闲学研究的交流提供了更好的研究平台。马惠娣、刘耳（2001）对西方一百多年来休闲学研究进行述评，并认为我们正在进入大的国际舞台。卿前龙（2005）认为 20 世纪 60 年代以前，西方休闲研究主要是关注休闲现象尤其是城市休闲问题；60 年代后则开始转向主要从哲学、心理学、社会学的角度来揭示休闲的本质和意义；从 80 年代开始，随着休闲产业在国民经济中地位的提高，对休闲经济和休闲产业的研究日益受到西方学术界的重视，而对闲暇时间的研究，则一直是西方休闲研究中的重要内容。张建（2008）简要介绍了国外休闲研究的历程及主要动向，列举了部分国家或地区代表性的休闲研究专著和休闲专业杂志，他认为国外休闲研究的动向为：国际社会高度重视休闲问题，从社会学、文化学、哲学视野对休闲本质及规律进行深度探索，发达国家二战后高度重视休闲资源的普查、休闲产业的引导、规划和发展，休闲地保护和开发理论对实践起到重要指导作用，西方从休闲实践进入休闲理论集成深入时期。宋瑞（2013）认为休闲研究的学术概念源自西方，理论框架、研究范式、主要方法均形成并演化于西方，而且目前依然由西方所主导。她在剖析休闲研究中的西方主导化现象并比较西方国家休闲研究差异的基础上，试图就世界休闲研究未来发展趋势作出展望，认为未来全球化背景下的休闲研究发展趋势是跨国和跨文化研究将得到重视，不同范式、方法的共存是必然趋势，中国的休闲研究将备受关注。

四、展望

休闲学的研究方向并没有好坏、对错之分，只要是符合当代社会发展需要的研究，即是有前途的发展方向。未来世界休闲学的发展方向也将在碰撞中融合，在融合中呈现自己特有的民族文化特色，我国的休闲学研究也将在未来拥有更广阔的发展前景。

1. 研究对象上注重个体休闲学研究

如果把休闲学研究范围分为宏观的城市休闲研究和微观的个人休闲研究的话，那么我国休闲学研究还处于比较宽泛的宏观研究之上，缺少对个体休闲的关注。随着人本主义精神的发展，我国休闲学研究将会关注个体与家庭、个体与社区、个体与社会的关系，以及如何在这种关系中得到更好的休闲；还将关注个人健康和生活幸福感，注重个体休闲、生活质量的提升；提高对弱势群体的关注程度，不光是农民群体，残疾人、老人、儿童的休闲对我们城市和个人的休闲发展都至关重要。

2. 政府和社会组织将发挥更大作用

我国《国家休闲旅游纲要》的颁布，说明对休闲的重视已经上升到国家意识领域。此外，杭州等政府大力发展城市休闲，推动公民休闲生活的品质提升，说明政府对城市休闲发展的重视。今后，我国也将同西方国家一样，政府将投入更大的精力用于推动城市休闲发展，加大对城市休闲发展的引导；各种休闲组织也将发挥越来越大的作用，成为连接政府和群众的桥梁，为城市和居民休闲生活提供理论指导；亟待创立能够更好传播休闲学术的休闲学期刊，以更好地推动休闲学术交流，提高休闲学的影响力。

3. 自然生态与休闲

环境问题成为中国发展的重要问题，未来如何更好地处理人与环境的问题，在发展旅游的同时保护环境，将是未来中国亟须解决的问题。同时，深处城市压力中的人们，更加希望能够接触自然，体验不同于城市的休闲。因此，未来中国休闲研究应关注自然生态与休闲的问题，为城市休闲发展和人们休闲生活水平提高提供更好的引导。

4. 实证方法的应用

中国也将向西方学习，从传统理论上的论证，到西方方法论的辅证，中西方休闲行为之间的研究和比较研究将会增多。同时中国还要继续保持本土文化特色的休闲学研究，将中国丰富的传统休闲文化传向世界。

5. 灰色、黑色休闲问题研究

"存在即合理"，一些违反社会道德的灰色和黑色休闲问题的存在，必然有其存在的经济和社会根源，这也是社会发展阶段的特征，忽视问题并不能解决问题，只有更好地面对，才能给人们提供更好的理论引导。处在社会转型期的中国，面对网络成瘾、吸毒、嫖妓等社会问题，要向西方社会那样，指出问题所在，并对参与者进行休闲教育引导，提高其休闲活动的自我选择能力。

6. 科技发展与休闲体验

科技的迅速发展极大地丰富了休闲的体验方式，但从另一个角度来说，人们对体验的贪婪追求，以及先进的科技手段的存在也在一定程度上降低了休闲的体验性，如不论多高级的科技，都不能取代实地旅游的体验。同时，随着社会的发展，科技挑战传统伦理道德，我们在休闲中也会遇到越来越多的两难问题，而这些都是科技发展、经济全球化时代赋予我们的新的研究领域。

参考文献

［1］Byron Dare, George Welton, William Coe(1987), *Concepts of Leisure in Western Thought*. Dubuque, Iowa, Kendall/Hunt Publishing Company.

［2］Edgar L. Jackson(2004), "Individual and Institutional Concentration of Leisure Research in North America". *Leisure Sciences*, 26（4）:323-348.

［3］J.B.Nash(1953), *Philosophy of Recreation and Leisure. Dubuque*. Iowa: William C. Brown Company.

［4］Josef Pieper(1998), *Leisure: The Basis of Culture*. South Bend, Indiana, ST. Augustine's Press.

［5］Thomas L. Goodale, Geoffrey C. Godbey(1988), *The Evolution of Leisure: Historical and Philosophical Perspectives*. State College, PA: Venture Publishing, Inc.

［6］［美］弗兰克·G.戈布尔：《第三思潮——马斯洛心理学》，上海：上海译文出版社，2001年。

［7］［美］杰弗瑞·戈比、［韩］沈杰明：《北美休闲研究的发展：对中国的影响》，载《浙江大学学报（人文社会科学版）》，2008年第4期。

［8］［美］杰弗瑞·戈比：《走向休闲社会：中国未来前景的展望》，载《自然辩证法研究》，2001年第12期。

［9］［美］克里斯多夫·爱丁顿：《休闲：一种转变的力量》，陈彼得、李一译，杭州：浙江大学出版社，2009年。

［10］鲍金：《"休闲"的比较词源学考察休闲——"休闲"在先秦汉语和古希腊语中的文字表达及其反映的社会观念评析》，载《自然辩证法研究》，2005年第11期。

［11］方青、邬丽丽：《1980年以来的中国休闲研究》，载《安徽师范大学学（人文社科版）》，2009年第1期。

［12］郭鲁芳：《中国休闲研究综述》，载《商业经济与管理》，2005年第3期。

［13］韩丁：《中西休闲认识的演变与交融》，载《广州体育学院学报》，2008年第3期。

［14］马惠娣、刘耳：《西方休闲学研究述评》，载《自然辩证法研究》，2001年第5期。

［15］马慧娣：《人类思想史中的休闲——历史、文化、哲学的视角》，载《自然辩证法研究》，2003年第1期。

［16］彭文革：《论中、西休闲文化的异同》，载《武汉体育学院》，2005年第7期。

［17］卿前龙：《西方休闲研究的一般性考察》，载《自然辩证法研究》，2005年第1期。

［18］宋瑞：《反思与演化：近二十余年西方休闲研究的学理之辩》，载《旅游学刊》，2013年第5期。

［19］宋瑞：《休闲研究中的西方主导与欧美差异》，载《北京第二外国语学院学报》，2013年第3期。

［20］王秀芬：《中国休闲学研究背景与理论来源文献举要》，载《内蒙古师范大学学报（哲学社会科学版）》，2010年第3期。

［21］张建：《国际休闲研究动向与我国休闲研究主要命题刍议》，载《旅游学刊》，2008年第5期。

身体与休闲

张玉能

（华中师范大学文学院）

内容提要：身体与休闲是密不可分的两个概念，也是身体美学和休闲美学的两个核心范畴。身体美学是以艺术为中心研究人对自身存在的审美关系的科学，在审美关系中，人的身体应该具有三个层次：物质身体或者肉体身体、符号身体、精神身体，人的身体美应该也有这么三个层次的内涵：物质身体美、符号身体美、精神身体美，最理想的应该是三者统一的身体整体美。休闲美学是以艺术为中心研究人对非实用性现实生活的审美关系的科学，人对现实的审美关系的超越功利性、外观形象性、情感感染性规定了休闲美的功利性和非功利性相统一、合规律性和合目的性相统一、个体性和社会性相统一的自由创造性。因此，在身体美学和休闲美学的共同视野下，休闲活动实践必须关注物质身体、符号身体、精神身体的整体全面发展，并且一定要遏制物质身体欲望化的纵欲主义，防止符号身体消费化的过度消费，阻止精神身体平庸化的"三俗"（"庸俗，低俗，媚俗"）时尚，努力提倡在休闲生活实践中全面发展人的身体，做到物质身体、符号身体、精神身体的整体平衡，和谐发展，自由展现。

关键词：身体美学　休闲美学　休闲　物质身体　符号身体　精神身体

　　随着全球化的发展趋势，由于社会生产力在高科技的推动下不断提高和社会生活产品的大大丰富化，人类对自身本身的审美关系和人类对自己的非实用性现实生活的审美关系，受到了空前的关注，因而身体美学和休闲美学就得到大力发展并被凸显出来，成为人们关注的焦点之一，并且直接影响到人们的现实生活和人的身体的存在和发展。在中国的现实生活中，休闲生活实践对人的身体的存在和发展，不仅有积极推进的作用，也有某些消极的方面存在。为了更好地面对人们的现实生活，促进人的身体的健康、文明、自由、全面的生存和发展，我们必须正确处理休闲和身体的关系，在身体美学和休闲美学的共同视野下，审视和研

　　作者简介：张玉能，男，1943 年 8 月出生于武汉市，祖籍江苏南京，华中师范大学文学院教授、博士生导师，主要从事美学、西方美学、西方文论、文艺学等方面研究。

究休闲和身体的关系。

一、身体美学与身体美

按照我们的观点，美学是以艺术为中心研究人对现实的审美关系的科学。所谓人对现实的审美关系是指在长期的人类社会实践中形成的，主体（人）要求客体（对象）能满足自己的审美需要，而客体也能够满足主体的审美需要的一种特殊关系。审美关系一般具有外观形象性、超越功利性、情感感染性的特征。[①] 根据这样的观点，身体美学是以艺术为中心研究人对自身的审美关系的科学，在审美关系中，人的身体应该具有三个层次：物质身体或者肉体身体、符号身体、精神身体，人的身体美应该也有这三个层次的内涵：物质身体美、符号身体美、精神身体美。最理想的身体美应该是三者统一的身体整体美。

所谓物质身体，也被称之为肉体身体，也就是身体的物质存在。它主要指的是，人的身体首先是作为一种人类物质生产的人的自身生产的产物，它首先是一个物质存在，也就是一个肉体存在的自然有机体。那么，身体美学当然首先就必须研究人对这种自然的肉体存在的审美关系。可是，肉体存在的物质身体毫无疑义地直接与人的实用需要（生理需要、安全需要、相属或爱的需要、尊重需要）密切相关，因此物质身体或肉体身体也就必然与食欲、性欲、自私欲、攻击欲等肉体欲望及其表现密不可分，然而，人的肉体身体或者物质身体并不是单纯的自然物质存在，而是具有社会性和文明性的独特的"人的存在"。英国利物浦大学心理学教授戴维·坎特在《受侵犯的身体》之中说道："我们每个人所持有的'自我'的认识不仅仅是肉体存在的一个结果，而是需要我们每个人超越我们身体经验并创建一种超越我们身体的自己的理念。"人的身体既是肉体的存在，又是扬弃或者超越了肉体存在的"人的存在"。他还说："即使在我们最返祖的时代，我们也认为我们是有一定的欲望、要求、需要和渴望的人。"换句话说，人离开了物质性的欲望、要求、需要和渴望就不可能生存下去。"但是它需要更多的发明程序，运用独一无二的人类的综合智慧：例如语言、社会交往和文化创造，来建立可以使我们每一个人坚定的信念，我们是拥有特殊身份的独特的人。"[②] 因此，人的身体的肉体存在是"人的存在"的前提或基础，没有了物质的肉体存在，人的存在也就没有了。那么与人的肉体存在不可分离的人的欲望、要求、需要和渴望及其表现，比如食欲、性欲、自私欲、攻击欲或者简而言之性和暴力，也就必然是人对

---

① 张玉能主编：《美学教程》，武汉：华中师范大学出版社，2008年，第12页。

② ［英］肖恩·斯威尼、伊恩·霍德编：《身体》，贾俐译，北京：华夏出版社，2006年，第62–63页。

身体的审美关系的最基础的部分，既不可忽视，也不可漠视。正因为如此，人体美及其审美始终摆脱不了性和暴力，"以裸露的身体进行美学表现被冠之以裸体之名，而以色情刺激为目的的性活动的暴露则是色情，这两者的界限从前就有激烈争论，现在在美国则已发展为法律和政治领域的斗争"①。真正的、彻底的唯物主义者是不会忽视和漠视人的身体的肉体存在及其密不可分的欲望、性和暴力。但是，身体美学研究的是人对自身身体的审美关系，而"审美关系"的基本特征在于：外观形象性、超越功利性、情感感染性。这就要求，即使是人对物质身体或者肉体身体的审美关系，人们关注的也不应该是身体的肉体存在物或物质存在物本身，而是人的肉体存在或者物质存在所构成的"身体"的外观形象；人们欣赏的不应该是直接实用的人的物质存在或者肉体存在的功利性状，而应该是扬弃和超越了直接实用功利性的那些肉体的外观形象的性状；人们的目的不应该是为了满足自己的实用需要（生理需要、安全需要、相属或爱的需要、尊重需要，如食、性、自我保存、相爱相属的群体关系、尊重自身和他人的肉体，等等）而激发出的感情（情绪），而应该是引发出以外观形象来满足审美需要的情感（审美情感），审美情感既不同于以概念体系来满足认知需要的理智情感，也不同于以行为活动来满足伦理需要的道德情感，尽管理智情感和道德情感与审美情感一样都是一种满足了精神需要所产生的情感，而不是满足物质需要所产生的情绪，可是理智情感和道德情感却离不开求取知识和仁义的精神性目的。因此，作为研究人对身体的审美关系的科学的身体美学，尽管必须关注人的肉体、肉体欲望、性和暴力等物质性方面，然而，身体美学，就其"审美关系"的研究而言，还应当提升和升华人的肉体、肉体欲望、性和暴力等与人的物质性关系，使这种物质性关系转化成为饱含情感的形象的自由显现的审美关系。从这样的角度来看，物质身体的美或者说肉体的美，主要是一种超越性的、天生的、依存于肉体存在的自然美，主要是人的物质身体的各部分所表现出来的美，如体态美，身材美，头型美，头发美（天生的发色、发型的美），面型美，脖颈美，肩甲美，器官美（眼、眉、耳、鼻、口、舌、手、腿、脚等的美），肤色美，胸（乳）美，臀美，等等。物质身体与人的欲望、实用需要，特别是性和暴力的联系比较紧密，也是人类永远不能脱掉的与动物性联系的脐带，也就是西方谚语中所谓"人，半是天使，半是魔鬼"的"魔鬼"部分，因此，物质身体美往往就处在天使和魔鬼、情感和情绪、力量和暴力、情和色、人和兽的交界点上，需要人们很好地把握分寸，划清界限，自觉扬弃，主动超越，以保持人对自身存在的审美关系，保证人的肉体存在的自由形象显现。否则就会出现物质身体的审美活动中美丑不分、美丑颠倒、美丑混乱的局面，直接影响到人的自身生产及其相关的一切社会现实活动，形成社会生活

① ［英］肖恩·斯威尼、伊恩·霍德编：《身体》，第94页。

的混乱和腐败，直接危害到人类本身及其社会的存在和发展。所谓"万恶淫为首"就是这种状况的概括和警示。这是值得注意的身体美学问题。

所谓符号身体是指，作为符号来表征、象征、揭示某种意义的身体；它是人们在物质身体或者肉体身体之上进行的一种审美创造，是人类的符号生产或者话语生产的一种特殊形式，作为其产品的符号身体可以用来表示一个人的种族、民族、地位、身份等差异，是人类身体的一个非常重要的方面。因此，身体符号或者符号身体的美和审美也是身体美学进一步研究的课题。这种研究主要就是从人在自身身体之上的符号生产或者话语生产的角度来研究人对身体的审美关系，把人的自身身体的妆饰和服饰作为"按照美的规律来构造"的人的自身生产，揭示其中的各种审美意义和价值。人类在自身身体上的符号生产或者话语生产，主要包括文身、刺面、发型、美容、美体、妆饰、服饰，等等。从人类社会的早期原始社会直到今天的后现代社会或者消费社会，这种符号身体的生产都是人们在自己的肉体身体或者物质身体之上进行某种修饰、打扮、造型，显示出某种符号象征意义的主要手段，这种具有一定符号象征意义的感性形象可以表现某种社会身份和社会价值，并提升和升华到满足人们的审美需要的高度。戴维·坎特在《受侵犯的身体》之中指出："对身体的修饰意味着身体所在的社会发展的一个结果。从文身在玻利西尼亚社会与萨摩亚群岛社会的作用的强烈对比中可以发现这一点。例如，在萨摩亚群岛的小岛——芒阿雷瓦岛上，社会结构就不明确。在那里，文身暗示一个人的特殊地位。盖尔认为对于这些更衰落并且天性好斗的社会来说，文身本身作为标记比它为被文身的人经历这个过程所提供的证据更重要。在这些社会差距拉大的高度紧张的社会里，文身是社会特殊阶层的标志。""毫无例外，文身属于一个特殊的年龄阶段：年轻人在确立塑造自己成人身份的时期。他们希望通过在自己身上留下永久的标记来诠释自我。"[①] 由此可见，文身原本是一种标记一个人特殊身份意义的在自身肉体之上进行的符号或者话语的生产，不过，随着社会的变迁，后来文身的社会身份的象征符号意义就被提升和升华为某种特殊的审美价值。这样具有社会象征意义的话语生产或符号生产，还包括人们对脸面和身体的修饰。戴维·坎特在《受侵犯的身体》中分析道："当两个陌生人在一个拥挤的公共场所不得不彼此挤在一起通过时，通常他们会采取背对背或者身体侧面相对来通过。他们往往要经受身体巨大的扭曲来确保他们没有脸贴脸。这说明我们的脸和我们身体的前面担负着很多社会的和相关的象征意义。"[②] 脸面由社会象征意义到"为悦己者容"的审美价值的转化，同样也是一个人们在脸面上进行符号生产或者话语生产的审美超越、审美提升、审美升华的过程。人们对美丽身材

①　［英］肖恩·斯威尼、伊恩·霍德编：《身体》，第65–66页。

②　同上书，第60页。

追求也是一个审美的超越过程。戴维·坎特的《受侵犯的身体》对此说道："对美丽身材的向往是身体中心点理论的一个有趣发展。这种需求的部分原因是寻求内在身体的更高质量，但是更多的原因是与健康的身体象征好人的观念有关。"① 这样一个身体的符号生产的超越、提升和升华过程实际上也就是这种由好的身材象征健康好人到对美丽身材本身的追求过程。陈丽菲的《妆饰：审美的流动》关于面妆如是说："如果我们追究面妆的起源，恐怕不能无视巫术与祭仪。……在最初的时候，原始人并不具备从审美的角度出发，采取以色彩来涂抹脸的某一部分，使之亮丽动人的方式的认知心理与能力。然而，当这种含有神秘意味的宗教性活动成为一种仪式，被不断地重复进行的时候，人们对这种涂抹的认识也随之不断深化，它包括：对涂料的种类（如石、土或植物汁液等）与颜色（如由红到黄或白、黑等）的认识；对涂料给予皮肤影响（如可以润滑、柔软皮肤或引起皮肤粗糙等）的认识；对其涂抹的方式（如红色可以涂颊亦可以抹唇）及各种方式所产生的视觉效果的认识，等等。由此，人们开始发现并发掘这种涂抹中美的意义，于是，产生了最早的美学意义上的面妆。"②

同样的道理，服饰也是身体美学所研究的符号身体的一个重要方面。服装是人的"第二层皮肤"，是人的种族、民族、身份、地位、品位等意义的表征和揭示。与服装一样，各种饰物也都是生成文化意义和审美价值的一种象征符号，与人的肉体身体一起组成一个人的身体。著名服装设计师王新元指出："第一层皮肤创造一个自然的人，第二层皮肤创造一个社会的人。"他认为"服装是人递给社会的第一张名片"③。研究服饰的学者包铭新在《时髦词典》的"美学"条目之中指出："服饰审美活动异于其他艺术审美活动的一个重要方面，是审美主体与审美对象常常合而为一，服饰本身常常不能单独地被当作审美对象，服饰常常是与人体有机地结合在一起而被人审视和欣赏。服饰的穿着者既与服饰一起组成审美对象，同时往往又成为第一个和最重要的审美主体。为了更清楚更完善地进行这种独特的审美活动，穿着者几乎总要借助镜子（或如镜的水面等）。这时，严格地说，审美对象已经不是真实的穿着者及其服饰，而是其镜中的映像。"④ 由此可见，人对自身身体的审美关系，不仅是指人的肉体身体或者物质身体对人的审美关系，还应该包含着人的自身生产所创造的符号身体对人的审美关系；符号身体是身体美学的重要研究方面，是人对自身身体的审美关系的社会文化象征符号的形象显现，也是人的身体美的发展和超越的象征符号的表现方式，是人的身体的符号生产或

① ［英］肖恩·斯威尼、伊恩·霍德编：《身体》，第67页。
② 陈丽菲：《妆饰：审美的流动》，上海：上海文化出版社，1997年，第1页。
③ 王新元、祁林：《把服装看了——王新元访谈录》，北京：中国纺织出版社，1999年，第1页。
④ 包铭新：《时髦词典》，上海：上海文化出版社，1999年，第7页。

者话语生产的"按照美的规律来构造"的审美创造实践活动。因此，符号身体美主要就是肢体语言美、行为美、服饰美、文身美、刺面美、发型美、整容美、整形美、妆饰美等具有符号象征意义的身体美。这种符号身体美，在后现代社会（后工业社会，消费社会）中被凸显出来，成为日常生活审美化的一个重要表现方面。人们在后现代社会语境下，往往就把身体美当作一种符号来显示出自己的种族、民族、身份、地位、职业、名声等的差异或者特点，甚至成为某些特殊的文化产业和文化消费的表征和象征，比如篮球、排球、足球等大型球类比赛中的所谓"篮球宝贝"、"排球宝贝"、"足球宝贝"，大型车展或者汽车展销会中的"车模"，某些服装博览会或者大型商业活动中的"内衣模特"、"彩绘模特"、"人体模特"、"服装模特"等所谓的"身体美"展示主要就是一种符号身体美。

所谓精神身体是指，人的身体所显现出来的内在意蕴，一般包括人的肉体身体和符号身体所显现出来的一个人的素质、气质、教养、风度、风格等内在的蕴含或者"精、气、神"。人身体的任何一个部分，不仅是一个有形的物质存在物，而且可以是一个具有某种象征意义或者指称意义的符号存在物或者话语存在物，还可以是一个具有内在蕴含或者"精、气、神"的精神存在物。比如，眼睛和眉毛，它们可以组成一个一定大小和形状的眼睛的物质身体形象，还可以成为象征"人类心灵的窗户"的符号身体图式，同时它们还可以具有一定的内在蕴含或者"精、气、神"，成为具有眉宇之气、某种眼神、智慧之精的精神身体场域。这种具有一定的内在蕴含或者"精、气、神"的精神身体场域，并不像物质身体形象和符号身体图式那样可以通过感性和知性的认识来把握，往往是只能由综合了感性和知性的理性认识来摄取，这种人的身体的内在蕴含或者"精、气、神"，既扬弃和超越了人的身体的感性现象和表象，也扬弃和超越了人的身体的知性抽象和概念，成为综合了感性表象和知性概念的更高程度的具体的整体形象的气场。这个整体形象的气场就可以形成人的精神身体美。这种人的精神身体美，也就是中国古代传统文化和美学思想所谓的"文质彬彬"，"浩然之气"，"神清气爽"，"高风亮节"，"风度翩翩"，"神风仙骨"等人类的气质、修养、风度、气节等的总和所显现出来的美。人的身体的美，除了外在的肉体和身体符号所形象显现出来的外在美（面貌美、形体美、器官美、肢体语言美、语言美、行为美、服饰美）以外，还有一个以精神意蕴的形象显现所体现出来的内在美（思想美、情操美、心灵美）。一方面，人的精神身体美不可能脱离人的物质身体美和符号身体美而存在，另一方面，物质身体美、符号身体美、精神身体美又是"三位一体"一起生成作为整体的"身体美"或者"人的美"。这个人的身体整体的"身体美"或者"人的美"与人对自身的认知关系和伦理关系息息相通，形成一个人对自身身体的认知关系、审美关系、伦理关系相统一的人的自我完善的整体，指归于人的全面自由的发展，在人的身体中实现真、善、美相统一的自由境界。正是在这个意义上，中国传统美学思想是一种人生论美学思想体系，是以人为本，以人的身体整体的自由发展为目标的美学体系。但是，中国传统美学思想的社会经济基础是相对封闭的小农经济或者自然经济，其上层建筑和意识形态的指导则是封建主义制度和封建思想意识，因此，面对西方资本主义国家的经济侵略、军事侵略、文化侵略，中国"向内求善"的伦理型传统美学思想及其话语体系，就逐渐衰落了。中国近代和现代的美学家们接纳和融汇了西方启蒙主义运动以来的，以康德、席勒、黑格尔等为代表的德国古典美学的人道主义美学体系、人性美学思想体系、伦理美学思想体系，逐步形成了以马克思主义美学中国化为指导思想的、有中国特色的人生论美学或者伦理美学思想体系，这就是新中国成立以后在中国当代美学中成为主导流派的实践美学和新实践美学。实践美学和新实践美学，经过了新中国 60 年，特别是改革开放的 30 年发展，不仅注意到实践概念的生产劳动的层面，同时也关注着后现代社会或者消费社会的某些方面对中国社会现实的渗透和影响所形成的，第三产业的大规模发展以及社会休闲生活的日益扩展，社会矛盾由一般的阶级矛盾和阶级斗争转向了社会生产力的发展与日益增长的人们物质需要和精神文化需要之间的矛盾和冲突，休闲美学也就成为人们关注的又一个焦点，新实践美学与中国化马克思主义美学理所当然应该有自己的休闲美学。

二、休闲美学与休闲美

我们认为，休闲美学是以艺术为中心研究人对非实用性现实生活的审美关系的科学，人对现实的审美关系的超越功利性、外观形象性、情感感染性规定了休闲美的功利性和非功利性相统一、合规律性和合目的性相统一、个体性和社会性相统一的自由创造性。

从字义的角度来看，"休"，甲骨文右边像一树，树的左下侧是人。连起来像人倚树休息。金文和小篆由甲骨文变化而来。《说文》："休，息止也；从人依木。""休"的本义为"休息"。"休息"、"歇息"。由"歇息"引申为"停止"。因"停止"含有"某事已经结束"意，由此引申为"完了"、"结束"。由"停止"又引申为"休弃"（封建社会丈夫凭借夫权离弃妻子）。由"休弃"引申为"不要"。因"休息"含有"不工作"意，由此引申为"退休""不再做官"。由"休息"又引申为"休假"。因人在树荫下歇息，有舒服的感觉，所以又引申为"善"、"美好"。由"美"、"善"引申为"吉祥"、"喜庆"、由"喜庆"引申为"喜悦"、"欢乐"。因人经过充分休息后，精神显得特别饱满、旺盛，所以引申为"盛壮"。"闲"，金文上部是两扇大门，下部门中是一木头，连起来表示用木头挡起来的栅栏，这里指马圈。养马的圈，栅栏。由"马圈"引申为"规范"（多指道德、法度）。由"规范"引申为"限制"、"防御"。借作"空闲"现如：闲话；闲职；闲暇；没有闲工夫。现引申为"放着"、"不使用"。① 在《辞海》中，"休闲"被解释为"无事而休息"的意思，还有一义是：农田在一定时期内不种作物，借以休养地力的措施。② 《新词语 10000 条》把"休闲"作为新词语，解释为：指过清闲生活以休息身心。还收录了"休闲服"（适合于人们休闲时穿的服装。也叫"休闲装"）、"休闲经济"（指购物、度假等休闲活动带动起来的经济）。"休闲业"（为人们提供各种休闲活动服务的行业）、"休闲一派"（指色彩丰富、款式宽松简洁、质地柔软的休闲服装；或身着此类服装、显得悠闲的一类人）、"休闲族"（酷爱休闲、娱乐的一类人），等等。③ 从"休闲"一词的词义组合上，"休闲"所指的文化内涵和审美蕴含是很明显的。因此，"休闲"并不是一般意义上的"闲暇"、"空闲"、"消闲"。 人倚木而休，这是个颇具哲学意味的形象显现或者象喻。它不仅表达了人类生存和发展过程中劳作与休憩的"劳逸结合"的辩证关系，还形象显现着物质性需要向精神性需要的演化发展，暗示着人类生活实践超越物质生命活动的精神生命活动高度，尤其是审美自由境界。"休闲"，既是物质身体的休憩，又是符号身体的调整，还是精神身体的愉悦；它是人的身体整体提升和升华为真、善、美相统一的生命体，是人与自然、他人和自身浑然一体的审美创造的生命存在实践活动。随着社会的发展和进步，"休闲"的价值和意义越来越显示出来，占据着人类生活实践的大部分社会自由时间和广阔的社会存在空间。因此，服务和研究"休闲"、"休闲文化"、"休闲美和审美"的"休闲业"、"休闲学"、"休闲美学"就应运而生，在传统社会少数人享受的狭窄范围中突显出来，成为社会"第三产业"、"文化产业"、"日常生活审美化"的重要课题，也是人类自由全面发展不可或缺的方面。同样，在英文词源学和词义学中，"休闲"也具有某种相似的内在蕴含和形象显现或者隐喻。英文"Leisure"（空闲时间；闲暇；悠闲；安逸；休闲）一词来源于法语，法语来源于希腊语和拉丁语。"休闲"，希腊语为"Skole"，拉丁语为"Scola"，意指休闲和教育，古希腊罗马的生命哲学提倡休憩娱乐，寓教于乐，快乐人生，有益身心，文明族类，优化个体。古希腊罗马的生命哲学和休闲理念，作为西方文明之源和西方文化精华，渗透浸淫于整个西方社会发展进步之中。因此，英文中"Leisure"的词源和语义主要不在"休息"、"消遣"，主要意指"必要劳动之余的自我发展"。这才是"休闲"一词所特有的文化价值和精神蕴涵。"休闲"与"劳作"是相反相成，相辅相成的。"在拉丁语中，我们同样能找到这种排斥关系，因为，Otium（休闲、闲逸）的反意为 Neg-otium（字面意为事务、商业、

---

① 王朝忠编著：《汉字形义演释字典》，郑州：中原农民出版社，2008 年，第 338–340、542 页。所引字义的例句从略。

② 《辞海》1999 年版缩印本（音序），上海：上海辞书出版社，2002 年，第 1913 页。

③ 《新词语 10000 条》，上海：上海辞书出版社，2012 年，第 364 页。

劳动)。"①

亚里士多德在他的《政治学》一书中曾提出这样一个命题："我们多次说过，人的本性谋求的不仅是能够胜任劳作，而且是能够安然享有闲暇。这里我们需要再次强调，闲暇是全部人生的唯一本原。假如两者都是必需的，那么闲暇也比劳作更为可取，并是后者的目的，于是需要思考，闲暇时人们应该做些什么。……然而闲暇自身能带来享受、幸福和极度的快活。"②亚里士多德在《政治学》中多次谈到"休闲"（"闲暇"）是劳作的目的，把休闲的地位突出出来，休闲可以给人带来享受、幸福、快活（快乐），成了人生的中心环节和"唯一本原"。这样就揭示了人生的真正意义和价值，不过，他强调人们的休闲不应该是一种无谓的"嬉戏"，而应该是一种高尚的活动，所以他把音乐作为休闲的教育手段，实际上也就是一种审美教育的休闲，而且他强调音乐作为一种让人快乐的消遣方式，可以使得人们的休闲达到一种较高的境界，却又是纯粹的休闲，而不是与必需之物和实用之物相关的事情。他接着说："幸福就是一个目标，所有人都认为与幸福相随的应该是快乐而不是痛苦。当然，对于快乐，根据每个人的不同品格，各人自有各人的主张。最善良的人的快乐最为纯粹，源自最高尚的事物。因而显然应该有一些着眼于消遣中的闲暇的教育课程，这些教育和学习只为了自身范围的事物，而那些必需的有关劳务方面的教育则以自身之外的其他事物为目的。因此以前人们把音乐归入教育，既不是作为必需之物——因为它不具备这样的性质，也不是作为实用之物——因为音乐不像读写，在理财、家政、求知和政治活动等方面有着广泛的用途；它既不像绘画，有助于更好地鉴别各种艺术作品；它也不像体育，有助于健康和强壮，因为我们看不到音乐能起这样的作用。于是，剩下的可能就是在闲暇时的消遣，显然这是设置音乐课程的初衷。音乐被认为是自由人的一种消遣方式。"③

马克思主义创始人主要是从历史唯物主义观点来看待"休闲"。马克思在人类的生产劳动的角度上分析休闲，在他看来，人的基本生存实践就是物质生产劳动，而休闲则是生产劳动之外的时间和活动，而这种休闲的时间和活动又可以分为两大类：一是指"用于娱乐和休息的余暇时间"；二是指"发展智力，在精神上掌握自由的时间"。"休闲"或"闲暇"是"非劳动时间"和"不被生产劳动所吸收的时间"，它包括"个人受教育的时间、发展智力的时间、履行社会职能的时间、进行社交活动的时间、自由运用体力和智力的时间。"④那么，在私有制条件下与公

---

① ［法］罗歇·苏：《休闲》，姜依群译，北京：商务印书馆，1996年，第18页
② 苗力田主编：《亚里士多德全集》第九卷，北京：中国人民大学出版社，1994年，第273页。
③ 同上书，第274页。
④ 《马克思恩格斯全集》第26卷，第3分册，北京：人民出版社，1975年，第287页。

有制条件下，休闲的时间和活动是有着不同意义的。在私有制条件下，休闲的时间和活动是为了保证剩余价值的生成，不至于使得劳动力拥有者的肉体存在受到影响而不能进行生产劳动，因此，剥削者才有真正意义上的"休闲"，而劳动者的"休闲"既是有限的，也是随时随地可能被剥夺的。只有在公有制条件下，人们的休闲才可能得到根本的保障，而且这种在高度发达的生产力水平和极度丰富的商品的情况下的休闲的时间和活动，才可能真正显示出"休闲"的意义：恢复人们的体力和精力，充实人们的生活，全面塑造人们的形象，满足人们的各种需要，让人们得到自由全面的发展。马克思说："自由地发展个性，从而不是为取得剩余劳动而压缩必要劳动时间，而是根本上要把社会的必要劳动压缩到最低限度，到那时候，才能利用为他们大家所解放出来的时间和创造出来的物质手段，使个人在艺术上，科学上和其他方面的造诣达到高度的水平。"[1]恩格斯说："只有通过大工业所达到的生产力的大大提高，才有可能把劳动无例外地分配于一切社会成员，从而把每个人的劳动时间大大缩短，使一切人都有足够的自由时间来参加社会的理论的和实际的公共事务。因此，只是在现在，任何统治阶级和剥削阶级才成为多余的，而且成为社会发展的障碍；也只是在现在，统治阶级和剥削阶级，无论拥有多少'直接的暴力'，都将被无情地消灭。"[2]

因此，休闲是人类生活的一个不可或缺的重要方面，它把人们从劳作状态和各种实用性活动中分离出来，使人们可以满足人的各种需要，成为一个完整的人，自由的人，全面发展的人，最大限度地实现自己的价值。从本质上来看，休闲既是人类生存的一部分，又是人对现实的审美关系的集中表现的一个重要方面。休闲，即是人类的基本需要得到最低限度满足以后，不得不进行或者刻意为之的非实用性的时间和活动，因而它必然是一种超越功利性的时间和活动，在休闲的时间和活动中，人们的生活进入了一种可以讲究自己身体的外观形象性和情感感染性的境地，不再是为稻粱谋，谋温饱或者求生存的时间和活动。这样，人们通过休闲来休养生息，逍遥自在，轻松愉快，可以放开眼界，深思熟虑，追问生命的价值，思索人生的意义，进行各种游戏，锻炼体魄，修身养性，养心益智，形成自己的成熟个性，促进每一个人的全面发展，让人们由必然王国走向自由王国。休闲的价值和作用不仅仅在于给人们的生存提供物质财富或实用工具与技术，而更是为人类的发展构建精神家园和审美世界，使得人类的物质身体更加健康美丽，使得人类的符号身体更加真实美好，使得人类的精神身体更加充实完整，让人类

---

① 马克思：《政治经济学批判大纲》（草稿）第3分册（1857—1858年），北京：人民出版社，1977年单行本，第357页。

② 恩格斯：《反杜林论》（1876年9月—1878年6月），载《马克思恩格斯选集》第3卷，北京：人民出版社，1995年，第525–526页。

的世界充满着真善美。休闲的时间和活动可以形成一种矫正、平衡、弥补人类社会发展进步的文化力量。这种休闲文化可以矫正异化劳动给人们带来的片面发展和社会分工造成的体力劳动和脑力劳动、城市和乡村、阶级和阶层的差别和对立，它还可以平衡人类生存和发展过程中必然产生的肉体和心灵、感性和理性、情感和意志、知识和行为、理论和实践、想象和知性等本质力量的矛盾和分离，它又可以弥补人类文明进程中的某些阶段的片面发展、某些方面的单面进步、真善美的脱节、手段和目的的背离、经济基础与意识形态的背反、科学与艺术的分离、实用与游戏的分立等必然矛盾和对立。

这样，休闲美学所研究的人对非实用性现实生活的审美关系的特征必然决定着休闲美的功利性和非功利性相统一、合规律性和合目的性相统一、个体性和社会性相统一的自由创造性。其一，休闲美是在功利性得到实现以后的超功利性的形象显现。人们的休闲的时间和活动必须在人的基本需要（生理需要、安全需要、相属或爱的需要、尊重需要）得到最低限度的满足或保证的基础上才可能产生出来。无论是体力和精力的恢复，还是人们的娱乐游戏，抑或是各门类艺术活动，都首先要保证人们的衣食无忧，不为生计所累，有空闲时间或自由支配时间。所以，休闲美是产生于人类的非工作时间或者自由时间的自由境界之中的一种超功利性的形象显现。正因为如此，在异化劳动的情况下，劳动人民是没有真正的休闲美可言的。劳动人民的劳动创造了美，却给自己生产了畸形；劳动人民创造了宫殿，却没有自己的栖身之所，而居住在棚户区的茅草屋中；劳动人民织出了绫罗绸缎，自己却衣不蔽体。即使在发达资本主义社会中，统治阶级调整了利润的积累和分配，劳动者不再处于绝对贫困之中，可是他们的休闲时间和活动也并不是自由的状态，而是在整个资本主义制度的控制之下，既不可能与剥削阶级相提并论，也不是完全非功利性的，而是为了资本的利润增值而进行的修正和调节，特别是法兰克福学派所说的"文化工业"的"规训"和"熏染"。因此，真正的休闲美应该是在没有了人剥削人和人压迫人的社会中才可能真正实现。其二，休闲美是合规律性和合目的性相统一的形象显现。也就是说，人们的休闲时间和活动应该是按照人的生理和心理的规律来安排休闲项目，一切危害人们身体健康和心理健康的娱乐项目都不是休闲美，而只能是丑恶行径，曾经流行于世的抽烟、酗酒、吸毒、嫖娼、赌博等，就是这样的丑恶行径，今天决不允许卷土重来或者改头换面危害人们的身心健康。其三，休闲美是个体性和社会性相统一的形象显现。人们的休闲时间和活动绝不能只图个人的痛快淋漓，而不顾及他人或群体的利益要求。因此，那些有损公众利益和他人权利的所谓"休闲"，诸如足球流氓的闹事、网络游戏的恶搞、影响邻里正常生活的聚众派对、毁害风景名胜景观的旅游恶习、超出自身能力和条件的盲目探险、破坏公共秩序的行为举止，都不能算是休闲美。因而休闲美的自由境界和自由创造应该是人对非实用性现实生活的审美关系的体现，也是塑造全面发展的人的审美教育的一个重要组成部分，不能纵容放肆，也不能置若罔闻，更不能把它视为食之无味、弃之可惜的"鸡肋"，而应该构建起休闲美学来进行研究，探寻休闲时间和活动的美和审美及其艺术的规律，指导和规范到位，让人们的休闲时间和活动能够健康美好的展开。

三、休闲生活实践与身体

在身体美学和休闲美学的共同视野下，休闲活动实践必须关注物质身体、符号身体、精神身体的整体全面发展，并且一定要遏制物质身体欲望化的纵欲主义，平衡物质身体、符号身体、精神身体在每一个人的身体发展中的分量和质量。一般来说，要做到休闲美学和身体美学共同发展人的身体整体美，应该主要注意两个方面的问题。一是以不同的休闲方式来分别生产和塑造物质身体美、符号身体美、精神身体美。二是综合运用各种休闲活动方式，全面塑造具有物质身体美、符号身体美、精神身体美的人的整体身体美。

以不同的休闲活动方式来处理人对物质身体、符号身体、精神身体的审美关系，创造出物质身体美，符号身体美，精神身体美。这是休闲美学和身体美学的交叉形成的跨学科的具体特征，也是不同的身体形态发展的客观规律所决定的休闲美和身体美的结合和统一。

体育运动、武术运动、健身活动、游山玩水、旅游名胜、野外踏青、攀登探险、养花莳草、饲鱼喂鸟、节庆交际、闲适垂钓、美容整形、养生保健、舍宾训练、沐浴濯足等体力娱乐消遣活动，比较适合于人的物质身体美的生产和塑造。这是因为，这些以体力的消耗和人体形态和形象的塑造为主要途径的娱乐消遣活动，主要就是在物质身体的基础上，针对物质身体或肉体身体的美化、修整、锻炼而进行的休闲实践活动，那么，这些休闲实践活动就主要是生产和塑造物质身体美。比如，旅游活动，人们在游山玩水之中，可以消耗大量的体力，就可以减肥，去掉全身的赘肉脂肪，在一定程度上也就可以减少血压高、血脂高、血糖高的"富贵病"的隐患和危险，从而促进人们身体健康，并且保证一定的形体美、器官美。

服饰设计制作、职业形象设计、古玩器物鉴赏、集邮器皿收藏、品茗茶艺茶道、修枝插花花道等符号象征活动，是比较适宜的生产和塑造符号身体美的休闲实践。这些以符号象征意义为主的休闲实践活动，可以设计出每一个人自己的形象、地位、品味、兴趣、名声等方面的意义和价值。人们往往可以很容易地从一个人的衣着打扮、佩戴饰物、兴趣爱好、闲情逸致等休闲时间和活动所透露的符号象征意义判断出这个人的身份、地位、品味。因此一个人的服饰打扮、职业形象、业余爱好、闲暇兴趣、闲情雅致等，就成了这个人的象征符号，也就成了一个人的符号身体美的主要标志。

琴棋书画、诗词歌赋、歌舞表演、戏剧欣赏、票友献艺、曲艺赏析等文学艺术活动，则是人的精神身体的主要外在表征。众所周知，诗歌、小说、散文、戏剧、绘画、雕塑、建筑、音乐、舞蹈、书法、摄影、电影、电视、曲艺等文学艺术创作和欣赏实践活动主要是通过人的感觉器官作用于人们的心灵，是一种怡情养性，塑造美的灵魂的休闲实践活动。文学艺术的创作和欣赏实践活动，不仅是人类的精神世界的反映和表现，也是人类的精神世界的生产者和塑造者，所以有"作家是人类灵魂的工程师"、"诗言志"、"文如其人"、"音乐是人类心灵的火花"、"歌为心声"、"书为心迹"、"戏剧是心灵的镜子"等格言警句，道出了文学艺术与人类精神世界的不可分割的关系。因此，休闲的时间和活动最终目的还是要生产和塑造精神身体美或者心灵美。

尽管不同的休闲方式可以分别生产和塑造物质身体美、符号身体美、精神身体美，但是，人的身体毕竟是一个完整的整体。因此，人们的休闲时间和活动还必须综合运用各种休闲活动方式，全面塑造具有物质身体美、符号身体美、精神身体美的人的整体身体美。只有这样，人在休闲时间和活动中才能成为一个完整的人，一个自由发展的人，一个全面发展的人，才能在自己的事业和现实生活中充分显示自己的才能和价值，成了一个马斯洛所谓的"自我实现者"或者"自我实现的人"。比如，旅游活动，在到达景点或景区开始游览时，行走或者攀登的过程就主要是物质身体和物质身体美的生产和塑造，而在长途行程的汽车或者火车、飞机之上就可以通过导游或者导游书、图，甚至自己平时积累的各方面知识来提升和升华自己的精神身体，生产和塑造精神身体美，而在一些具体的民俗、人文旅游活动中就可以有意进行一些符号身体美的创作和欣赏实践活动，诸如民族服饰、民俗风情的体验和表演以及地方风味饮食的品尝和体悟，例如新疆的抓饭和内蒙古烤全羊的民族符号身体的体悟，不同民族服装的角色体验，等等。这样就可以把整个旅游过程转化为一个生产和塑造人的整体身体美的综合性过程。

与此同时，人们的休闲时间和活动还必须防止物质身体的欲望化和符号身体消费化的过度消费，阻止精神身体平庸化的"三俗"（"庸俗，低俗，媚俗"）时尚，努力提倡在休闲生活实践中全面发展人的身体，做到物质身体、符号身体、精神身体的整体平衡，和谐发展，自由展现。随着后工业社会和消费社会的来临，人类社会生活被市场经济的那一只无形的手所控制，日益消费化、商品化、欲望化、娱乐化，人们的休闲时间和活动在市场化道路上越走越远。加上一般的观念中，休闲时间和活动是人们的私人的事情，是一个私密的事情，完全可以放松一点，随意一点，于是休闲的时间和活动就更加容易地流于"三俗"（"庸俗，低俗，媚俗"），一些不登大雅之堂的欲望化趣味，满足生理需要的某些服务，还有一些带有诱惑性的视觉图像，在阴暗的角落里蔓延流行，使得一部分人的休闲时间和活动变得乌烟瘴气，庸俗不堪。这样的休闲时间和活动实际上也就是对人们的整体身体健康和心理健康的污染和毒害。这样的状况如果在社会的休闲时间和活动中流行开来，泛滥成灾，那就不仅会使得人们的休闲时间和活动成为人欲横流的大市场，最终势必造成整个社会生活的道德沦丧，风气败坏。这是值得警惕的事情。

此外，在全球化时代和后现代时代以及中国的社会主义初级阶段的现实条件下，我们还应该全面促进休闲经济和休闲产业的发展，全面自由发展人本身。

休闲和劳作是人类生存的两大部分，休闲替代劳动，劳作替代休闲，形成了人类社会生活的节奏，劳逸结合是人类生活的必然规律，不可违背。休闲还是人类劳作的一个目的，又是人们乐意选择的一种生活方式，特别是在异化劳动的状态下，人们尤其追求休闲生活，希望逍遥自在。人类社会发展经历了狩猎时代、农耕时代、工业时代、信息时代或后工业时代，似乎更加重视消费和休闲。生产力水平高度发达的工业化社会，使得人类社会的社会形态、经济结构、生活方式都发生了极大变化，似乎在比较高的水平上进行了劳作和休闲的轮回，人们惊奇地发现，不仅劳作可以创造财富，与时俱增的休闲时间和活动也可以创造财富，休闲产业或者第三产业的迅猛发展孕育产生了"休闲经济"和休闲经济学。休闲经济学是研究休闲经济的一门人文社会科学，它考察人的休闲消费、休闲心理、休闲行为、休闲需求，探讨和研究人类休闲行为和经济现象之间的互动规律，在"生产系统"同"生活世界"之间寻求满足人的个性、多样性、多元性发展的休闲途径。休闲经济学侧重分析休闲时间和活动中人的体验、欣赏、情感表达等方式，及其传递出的消费需求信息，研究与休闲时间和活动相关的各类服务、市场、营销、企业策划、产品生产、社会组织的基本规律，促进休闲经济的健康发展。在最近一个多世纪以来，休闲经济不断发展，激活了休闲经济学，特别是20世纪70年代以后，后现代社会或者消费社会在全球化大趋势的触动下，休闲经济和休闲经济学注意到了文化艺术事业在休闲时间和活动中的重要地位，形成了所谓的"文化工业"或者"文化产业"，使得休闲经济和休闲经济学的视野不断开阔，水平不断提高。

两次世界大战结束以后，特别是"冷战时代"结束以后，物质生产迅速发展，各种商品极大丰富，促使许多人选择娱乐、享受的消费作为休闲时间和活动的主要方向。双休日的夜总会休闲活动和夜生活促进着娱乐业的繁荣，节假日的长短假期推动着旅游业、餐饮业、奢侈品零售业的火爆。休闲，在一定意义上，比起劳动更加有力地促进了发达资本主义制度和社会走向稳定和成熟，更加广泛地推进了中国大陆社会主义市场经济的成型和发展。休闲在消费社会和后工业社会的新的合理性凸显出来了。形形色色的休闲消费普遍广泛地催生了各种各样的休闲产业，随之而来的是文化产业的诞生和发展。休闲产业是工业化社会高度发达的必然结果，19世纪中叶在欧美发达资本主义国家初露端倪，20世纪70年代进入快速发展期。美国《时代》杂志1999年第12期的封面文章描画了新世纪初的社会形态：知识经济时代的来临，将使未来社会以史无前例的速度变化着。大约2015年前后，欧美发达资本主义国家将进入所谓的"休闲时代"，休闲成为人类生活不可或缺的重要组成部分。美国经济学界权威人士曾经预测，21世纪经济大潮的主潮将是休闲消费、娱乐活动、旅游业，这个经济大潮还将席卷世界各地。2015年主导世界劳务市场的将是专门提供休闲的产业，特别是其中的文化产业。专家预测，休闲产业将在美国的国民生产总值中占有一半的份额，随着高新技术的产业化，休闲时间和活动将占有人的生命中的一半时间和活动。近十几年来，发达国家的休闲产业发展更快。人们在追求一种新的生活方式，这种新的休闲生活方式将引导人们返回到健康和平衡的天性，返回到一种自然而和谐的状态。在这种天性和状态中，每个人将会成为真正的自我，从而赋予生活全新的意义。

现实生活昭示我们，人不能仅仅满足于物质生活，那样的人其实无异于动物的存在。人是世界的美，就人的身体而言，物质身体美、符号身体美、精神身体美的统一整体才是人的理想美。休闲，并不仅仅意味着人们自己支配的自由时间和空闲时间增加了，丰衣足食了。丰衣足食只是休闲的物质条件和生理需要基础，休闲更多地表示出人的一种身体存在状态和精神态度的变化。因此，休闲的生活方式是生产和塑造人的身体整体的必要的和主要的途径，因为在实用性的劳作过程中的身体是受某种功利目的性的支配和影响的，因而对劳动者的身体的作用一般不是以身体美为主，而是以某种功利目的性的要求为主，所以必然是片面利用和发展人的身体。因而，人类的休闲时间和活动在一定程度上是在调节、平衡、弥补人们的异化劳动所产生的人的片面发展和异化状态栏。这就是亚里士多德所说的"劳作的目的是休闲"和马克思、恩格斯所强调的自由时间对人类自由全面发展的重要作用。

那么，休闲的生活方式、休闲经济、休闲经济学应该引导人们的休闲走向健康、文明、全面发展。在社会主义市场经济条件下的休闲经济和休闲经济学，应该革除少数剥削阶级的骄奢淫逸、厚颜无耻、挥金如土、奢侈浪费的恶劣作风和习气。作为社会主义社会的主人翁，我们必须远离炫耀性的消费，鄙弃暴发户的畸形心态，鄙视一掷千金的挥霍浪费，抛弃割裂人与自然的消费观念和休闲理念。合理、科学、健康、文明地利用闲暇时间，倡导健康、文明、科学的休闲生活方式，不仅可以创造财富，使整个社会繁荣发达，而且也可以促使人的健康文明成长和每一个人的自由全面发展。这应该是身体美学和休闲美学的真义所在。

参考文献

［1］张玉能主编：《美学教程》，武汉：华中师范大学出版社，2008年。

［2］［英］肖恩·斯威尼、伊恩·霍德编：《（剑桥年度主题讲座）身体》，贾俐译，
    北京：华夏出版社，2006年。

［3］陈丽菲：《妆饰：审美的流动》，上海：上海文化出版社，1997年。

［4］王新元、祁林：《把服装看了——王新元访谈录》，北京：中国纺织出版社，
    1999年。

［5］包铭新：《时髦词典》，上海：上海文化出版社，1999年。

［6］［法］罗歇·苏：《休闲》，姜依群译，北京：商务印书馆，1996年。

［7］《马克思恩格斯全集》第26卷，第3分册，北京：人民出版社，1975年。

［8］王朝忠编著：《汉字形义演释字典》，郑州：中原农民出版社，2008年。

［9］《辞海1999年版缩印本（音序）》，上海：上海辞书出版社，2002年。

［10］《新词语10000条》，上海：上海辞书出版社，2012年。

［11］苗力田主编：《亚里士多德全集》第九卷，北京：中国人民大学出版社，
    1994年。

［12］马克思：《政治经济学批判大纲》（草稿）第3分册（1857—1858年），
    北京：人民出版社，1977年单行本。

［13］《马克思恩格斯选集》第3卷，北京：人民出版社，1995年。

身体美学与休闲

——舒斯特曼美学思想的理论与实践

潘海颖

（浙江工业大学经贸管理学院）

内容提要： 为了研究身体在休闲中的地位，研究身体美学与休闲的关系，文章进行了身体维度的历史反思。身—心问题是贯穿哲学史的核心问题。哲学的身体转向由来已久。从尼采到福柯，从梅洛－庞蒂到舒斯特曼，他们哲学的实质是对西方传统意识化美学的反正，是彻底地回归到感性的生活世界的"感性学"。我们遭遇的是不确定的身体，身体比以往任何时候都值得我们去探索。

舒斯特曼所建构的身体美学，对通俗艺术审美合法性的辩护，对艺术理论实践本质的高扬，其根基在于对"多元宽容的自由"的追求，在于对世界整体性的追求。由舒斯特曼美学思想可借鉴到的，就是首先确认身体在审美中的合法性，通过确认休闲之身体维度和大众性，将休闲建立在身心统一的一元论之内。其次，回归身体美学的实践本性，将休闲置于日常生活审美化的维度，其桥梁在于美学（艺术）与生活的整合。

休闲体验的主体意义在于身心合一论。身体体验的多元性与复杂性，仍然充满着不为人知的部分，休闲学的研究亦是如此。关注身体体验的出发点在于凸显，或者说重现身体本身所具有的哲学性，而休闲则需要重视那种导向身体、回归身体的自我关怀价值。休闲辐射到大众，但并不意味着休闲的表达和追求是同质化的；从某种程度上说，休闲对身体快感的追求恰是对消费主义的抵抗。需要从人之生存和发展的高度上去评估、认识和践行休闲：审美经验带来的不仅仅是身心的愉悦，更重要的是帮助人们见证日常生活，认同自身的存在价值，并为人类的发展和延续提供意义和保证。休闲是人们摆脱日常生活困境的自然选择，既担负了理论上的审美救赎和思想解放之功能，其价值也直接体现在大众参与的休闲活动之中。

因此，身体的践行体现了休闲体验的主体意识，休闲可以使身体达到更高的

作者简介：潘海颖（1971—　），女，浙江工业大学经贸管理学院副教授，硕士生导师，浙江大学亚太休闲教育研究中心首届休闲学博士。主要研究方向：旅游管理、休闲文化与产业。

审美体验的统一性。休闲既是生活美学，也是身体美学。休闲有望成为打破审美与实践之分隔的桥梁，成为日常生活与审美之间的桥梁。

关键词： 身体美学　休闲　日常生活审美化　舒斯特曼

不论在什么样的文化语境中，休闲首先意味着身体的休息和放松，休闲首先是身体的休闲。从心理学的角度看，身体所能获得的愉悦与休闲所能达到的畅爽都是一种高峰体验。从生活美学的角度看，休闲是面向生活，经由审美而提升的生存境界。

如何看待身体？时至今日，身体在审美中的地位仍然是争论的话题。与身体美学有关的健康养生、整形美容、健美瘦身等，意味着巨大的商业空间。身体受到赞美的同时又被过度关注和扭曲，甚至直接成为消费的对象。理论家们因此将身体驱逐出理论的视野。"西方哲学有一个强大的传统，它即使在赞美身体的时候也会拒斥身体反思，"舒斯特曼（Shusterman）评价说，"对于身体感性的精微之处和反思性身体意识普遍麻木，而这种麻木又导致了对于畸形快感的片面追求。"[①]尼采（Nietzsche）、梅洛－庞蒂（Merleau-Ponty）、德勒兹（Deleuze）、波伏娃（Beauvior）、福柯（Foucault）等，关注西方哲学中一贯被忽视的身体，关注哲学中的"身体"问题，"引领"了哲学的身体转向——"身体"成为当代西方哲学、美学研究的核心问题之一。

一、身体维度的历史反思

智慧、真理、理性、神性、灵魂——似乎只有远离身体，才能确保自身的圣洁、高尚与永恒。灵与肉的对立，在西方哲学中由来已久。身—心问题是贯穿哲学史的核心问题。

1. 从尼采到福柯

尼采吹响了身体解放的号角。对于尼采来说，身体就是权力意志的代名词。（艺术家）"同时是主体和对象，诗人、演员和观众"[②]。在尼采看来，身体／生物性才是生命的本质，身体蕴含着健全的生命本能，并要求生命的不断超越。对于他来说，美学意味着"从生命的观点去看艺术"[③]。审美是单纯而简单的事情，而

---

① ［美］理查德·舒斯特曼：《身体意识与身体美学》，程相占译，北京：商务印书馆，2011年，第22页。

② ［德］尼采：《悲剧的诞生》，刘岐译，北京：作家出版社，1986年，第34页。

③ 同上书，第4页。

身体本身就是原始美感的集中显现。

福柯是尼采的承继者，福柯自称其作品就是一部"身体史"。身体问题，对于尼采来说意味着起点——生命力张扬的起点，意味着对理性和上帝的反叛，悲剧中诞生的并不是悲剧，更多的是生命力的昂扬；对于福柯来说则意味着综合——悲剧的综合，意味着权力的追逐、干预和宰制，却难以逃脱历史的咒语。疯人院、监狱都源于社会对身体的贩卖和对性的宰制，最令人担忧的是生存的虚无。身体对于个体生命的意义，对于生命主体的意义，在福柯看来浓缩于"性"。尼采和福柯共同的批判指向是现代西方文明。福柯认为，性是人类行为和文化的一部分，提供了探索新生命的机缘，还提供了创造生命的可能性。不同形式的性爱（异性恋、同性恋等）应该受到尊重，并且还是探索新的生存方式、创造新的人际关系的途径。同时，福柯在其自身生活中积极进行身体和性的审美实践和探索。"进行必要的旅游和休闲活动，是改善和提升身体和性的审美能力的有效途径。"[1]身体既要沉着，也要灵活，这是精神与肉体获得一致和统一的前提。身体和性的审美具有崇高性，而且成就了人的最高自由。

2. 从梅洛 – 庞蒂到舒斯特曼

法国哲学家梅洛 – 庞蒂发展了现象学，并将现象学进行了存在主义哲学的还原。以往，存在要么作为"意识"存在，要么作为"物体"存在，人分裂为意识与物体。他认为，身体是主体在世界中存在的特定方式，并以此摆脱笛卡尔式的二元论困境。尽管身体有时是含糊和不确定的，但身体不能被分解和解构，而且始终是"我"之存在的自然主体，并反映着"我"的整体存在。身体不是知觉的对象，而是知觉者本身，是知觉活动的出发点。身体本身就是一种自然表达能力，身体不仅可以感知他物，也可以借此理解他人。"我们通过我们的身体在世界上存在，因为我们用我们的身体感知世界。"[2]"身体在退出客观世界时，拉动了把身体和它的周围环境联系在一起的意向之线，并最终将向我们揭示有感觉能力的主体和被感知的世界。"[3]通过身体体验，身体、世界和他人建立起一种内在的联系；身体的运动提供了进入世界和进入物体的方式。身体不是外在于生存的躯壳，生存就在身体中实现。

如果说身体在梅洛 – 庞蒂笔下具有了主体性，舒斯特曼则将梅洛 – 庞蒂的身体学说从"沉默"推向"活力"。[4]庞蒂曾说身体"不能在我的注视下展开"，"它和

---

① 高宣扬：《福柯的生存美学》，北京：中国人民大学出版社，2010 年，第 491 页。

② ［法］莫里斯·梅洛–庞蒂：《知觉现象学》，姜宇辉译，北京：商务印书馆，2001 年，第 265 页。

③ 同上书，第 105 页。

④ 舒斯特曼曾批评梅洛–庞蒂的身体哲学是"沉默跛脚的"，他自己的工作则是使活生生的身体得以恢复，从而使之成为哲学生活的一部分，使生活更加凝重。

我在一起"①。与梅洛－庞蒂的分歧在于，舒斯特曼认为身体是可以被自己观察的，可以被训练的，反思身体意识更有意义。从某种意义上说，舒斯特曼的身体美学更具实践意义和主动意识：不仅考察身体，也考察身体意识，两者的融合是为了创造更美好的体验。

"美学是作为有关肉体的话语而诞生的。"② 美学是感性之学，从诞生之日起，就意味着对形而上学的革命。美学，既是经验，更是体验。讨论身体美学与休闲，其哲学根基在于身心一元论。身体不仅是考量休闲的对象之一，而且是休闲的唯一载体，休闲首先意味着身体的重构。很久以来，身体湮没在各种理论当中，其实身体一直"缺席在场"。"现在我们具备了手段，能够对身体实施程度前所未有的控制，但我们同样生活在这样一个时代，我们有关身体是什么，应当如何去控制它们的知识，都遭到了彻底的质疑。"③ 我们遭遇的是不确定的身体，身体比以往任何时候都值得我们去探索。一方面回归身体美学指向的实践本性，另一方面须将休闲置于日常生活审美化的维度，其桥梁在于美学（艺术）与生活的整合。如果说舒斯特曼的实用主义哲学是为了"将艺术与生活更紧密地整合起来"，那么，其身体美学之实质是对西方传统意识化美学的反正，是彻底地回归到感性的生活世界的"感性学"。

二、身心合一论：休闲体验的主体意义

1. 身体的践行与体验

舒斯特曼强调身体美学，认为身体不仅是感官—审美欣赏的对象，还是创造性的自我塑造场所。④ 他所论述的身体之美，不是将身体作为美的对象的审美欣赏，而更多地在于通过身体的践行而获得自我完善之美，是"主格我"和"宾格我"的统一，这种美也恰是休闲的目的和意义所在。我们需要去重新认识身体践行对于休闲的意义，以及休闲对于身体美学的意义——休闲可以使身体达到更高的审美体验统一性。对身体，似乎需要一种矫枉过正的态度。身体往往被视作"外观"的，因而是肤浅的；"内在"的经验则似乎更有深度；身体往往只被视为通向"内在"的桥梁。作为实用主义美学家，舒斯特曼一直强调对身体的反思和践行。他继承了梅洛－庞蒂对未经反思的身体主体性价值的肯定，主张回到未经反思的知觉，肯定身体具有的生命力。如果说梅洛－庞蒂学说中的身体还仅仅是理论层

---

① ［法］莫里斯·梅洛－庞蒂：《知觉现象学》，第126页。
② ［英］伊格尔顿：《美学意识形态》，王杰等译，桂林：广西师范大学出版社，1997年，第1页。
③ ［英］克里斯·希林：《身体与社会理论》，李康译，北京：北京大学出版社，2010年，第3页。
④ ［美］理查德·舒斯特曼：《生活即审美：审美经验和生活艺术》，彭锋译，北京：北京大学出版社，2007年，第186页。

面的，身体的主体性仅仅是先验意义上的；那么，舒斯特曼学说中的身体凸显的不是先验而是体验，作为方法论的身体反思和内省，兼具理论和实践的双重价值。身体美学的真正意义不是来自超然静观的态度，而是体现在身体积极的、持续的塑造和重构之中。

身体的践行本身就蕴含着意志的力量，也能提供持久的态度。在他看来，身体实践就是肉身化的哲学，而这恰是哲学的重要目的——正确的行动，包括身体意识的觉醒，以及对身体的控制能力。基于舒斯特曼对中国哲学的认同和吸收，基于对杜威非二元论的自然主义的承继，他的身体美学理论，坚决反对身体的孤立化和碎片化，而坚持两个维度的一元论，两种指向上的整体性与和谐性。人，作为一个整体的人，身体与心灵不可分，身体美学与休闲都追求身心和谐；人，作为与他人、他物关系中的人，自我与他人不可分，身体美学追求美化自己、取悦他人。身体体验无疑是属于个人的、是私密的，但是，并不因其对主体性的凸显而忽视对他者的关注，事实上，身体愉悦和休闲境界不仅来自对自我高峰体验的敏锐捕捉，还在于对他者的体察；更多地感知世界，才能更敏锐地感知自己[①]；"正是这些他者界定了身体、维持着身体"[②]；也只有在这样的整体中，自我才能真正被凸显出来，自我的凸显恰恰意味着对他者的深刻尊重。从社会的角度分析，如同身心一元论并不等同于生物机体的简单联合，身心之动态协调和休闲也并不意味着社会的和谐与统一，而只是表明了个体的一种向善的、积极的世界观，只是为社会提供了一种前进的目标。从这个意义上说，身心的动态协调度和整合度，人们的休闲理念及休闲的践行程度，亦将成为衡量社会发展的尺度之一。

舒斯特曼引用费尔登克拉斯的主张："既然生活是运动，如果我们改善我们运动的品质和价值，那么我们就改善了我们生活的品质和价值。"[③] 运动，更宽泛意义上的运动——休闲生活的价值凸现出来。休闲不仅是对生命欲望的理论肯定，更重要的是以践行的方式对生命欲望的积极表达。舒斯特曼在访华时与张再林先生有一次对话，他曾总结道："实用主义美学注重人的生活实践，改善人的生活质量和提高人类的幸福。而身体是我们日常生活实践的真正载体，所以一种实用主义美学必然要回归身体自身，而美学研究只有从身体出发才能实至名归地回归到真正意义上的'感性学'。"[④] 舒斯特曼所倡导的身体美学和感性学并不是回归身体的原始本能，而是对失衡人性的纠偏，是升华的新感性。

世界在变得全球化的同时，也越来越分裂和支离破碎。人们在漂泊游走，越

---

① 这样的感知不仅仅是关于认识论的，更多的是从本体论的意义上去思考感知。正如同舒斯特曼所说，自我本身就是一个"关系性的、共生性"的概念。

② ［美］理查德·舒斯特曼：《身体意识与身体美学》，第298页。

③ ［美］理查德·舒斯特曼：《生活即审美：审美经验和生活艺术》，第224页。

④ 《东西美学的邂逅——中美学者对话身体美学》，载《光明日报》，2010年9月28日。

来越找不到人生的支点和归宿。人们需要娱乐，需要运动，需要旅游，需要……需要从中找到"畅"的感觉：身体的感觉是本能的，也是直接的，符合人们对当下的要求；心灵的投入，是休闲的先决条件，也是休闲的目的。如果说人正在被异化、所有活动的本质都是消费主义的，那么不禁要问：休闲活动的主宰是谁呢？是各种各样的大众传媒，还是各种各样的休闲机构？休闲需要身心的高度投入。至少，休闲通过身心的高度投入把真实的愉快和满足还原，身体的解放，带来了心灵的解放。人们在休闲中找回自我，休闲成为人们反抗异化的阵地，成为人类的精神家园。

2. 身体体验的多元性与复杂性

当今社会，人们生存的基本场域就是媒介化的世界，人们基本的交流方式正在发生质的改变，但这并不意味着人们基本情感需要的改变。"新型交流媒介将我们从肉体到场需要中解除得越多，我们的身体体验就显得更加重要。"[1] 显而易见的是，电子交流界面的友好程度，并不意味着人们可以放弃在场的体验。相反，却促使人们更为珍惜"在场"，以及在场的生命感受。身体，作为生命的当然主角的意义被凸显出来："身体所扮演的角色是一个主体，它是容纳美好个体体验的、充满生命力的场所。"[2]

身体的一元论并没有妨碍舒斯特曼的文化多元化指向。作为一名拥有双重国籍、有着多元文化成长背景、教育背景和家庭背景的哲学家，在谈及福柯所关注的激进的创新计划的时候，他以一种包容的态度，"期待并尊重身体审美方法和目标的某些多样性"[3]。他含蓄地预示着，身体美学需要以一种更为解放和更为颠覆的观点来实现自身的发展；也预示着，休闲，身心合一层面的获得，需要突破某些传统的禁忌。福柯采用的是自虐、暴力的方法，而舒斯特曼倡导的则是"通过更加宁静而稳定的身体审美反思方法来提高身体意识"[4]。"杜威强调经验的统一性，我则同时欣赏破碎的和不统一的经验。我写了一些关于说唱音乐（rap music）的文章，说唱音乐的乐音不是和谐的。我认为统一的经验有其价值，不和谐、不统一也有其价值。强烈的情感可以促进思考。不统一有助于表达社会情绪。"[5]

身体领域的复杂性，仍然充满着不为人知的部分，休闲及其休闲学的研究亦是如此。关注独特个性的真正意义在于归纳共性，关注身体体验的根本出发点在于凸显，或者说重现身体本身所具有的哲学性，而休闲则需要重视那种导向身体、

---

① ［美］理查德·舒斯特曼：《身体意识与身体美学》，25 页。

② 同上书，第 46 页。

③ 同上书，第 49 页。

④ 同上书，第 63 页。

⑤ 彭锋：《新实用主义美学的新视野：访舒斯特曼教授》，载《哲学动态》，2008 年第 1 期。

回归身体的自我关怀价值。

3. 休闲以个性化、多元化的方式圆满自我

出于对技术理性和物欲至上的反叛,人们比以往任何时代都更重视感性的体验,休闲活动比以往任何时候更重视感性体验带来的愉悦。"这种实践的美学(作者指舒斯特曼的身体美学)将直接惠及大众的日常生活,它使每一个普通个体都能掌握具体的实践技术,从而在自己日常的修持中实现审美化的生存。"① 应该说,这个目标与休闲的目标是一致的。休闲关注的既是人的精神层次和心灵世界,同时也是以欢乐的情怀、愉悦的态度、丰富多彩的姿态,追求身心的完善。休闲是人们从时间中解放出来,摆脱功利物欲的,能使身心得到完善的体验行为。它表达人们对多元化自由的追寻,满足人们当下的审美体验;它需要身心的高度投入,并以个性化的方式圆满自我。从本质上看,当代休闲是人本主义的。

三、通俗艺术合法化:休闲的大众维度

1. 娱乐有理与快乐生活

娱乐以及娱乐性,往往成为人们声讨通俗艺术的靶子;而舒斯特曼却要为娱乐"正名",为通俗艺术的合法化提供论据。通俗艺术的审美合法化,首先在于对艺术与生活分离观念的颠覆。舒斯特曼从儒家哲学的礼乐之谈中汲取营养,他试图挽救审美维度被终结的命运,试图在更超越,或者更形而下的尺度上对艺术和审美进行复兴,试图在分析与解构之间寻找一条中间道路,用有机统一和解释的方法来重新思考艺术和生活。事实上,他的论证并没有真正做到如他自己所说的"中间道路",反而更多的是在批判"精英立场"的基础上为通俗艺术的审美合法化提供明确的支持。他所说的"审美合法化"之"法则"就是自然主义法则,源自杜威的"自然主义"艺术观决定了舒斯特曼的立场。

自然主义将艺术定义为某种深深地扎根于人类本性之中的东西,在所有文化中都可以找到它的表现形式,无论是原始文化还是先进文化。艺术被视为产生于人的自然需要和本能冲动:一种寻求平衡、形式或有意义的表达的自然要求,一种追求增强的、审美的经验的渴望,这种经验给生物体的不仅是愉快,而且是一种更加充满生气的、提升的生存感。②

① 艾秀梅:《日常生活审美化研究》,南京:南京师范大学出版社,2010年,第300、272页。

② [美]理查德·舒斯特曼:《身体意识与身体美学》,第7页。

自然为艺术立法本没有错，问题在于艺术从来不能脱离具体的社会存在而存在。舒斯特曼一方面承认艺术自律是相对的自律，另一方面更多地强调自然主义。其目的恰是否定艺术脱离社会实践的"纯粹性"。艺术的实践性和开放性凸显出来。这也符合他一贯坚守的实用主义的、平民化的艺术观。

首先，娱乐是一个历史的概念，也就是说，娱乐的性质，或者说"高级"与否、"严肃"与否，在不同的历史时期具有不同的认定，娱乐背后所暗含的文化力量也是"在历史中变动的"。"在一个文化中流行的娱乐（如希腊或伊丽莎白时期的戏剧）常常成为其后面一个时代里的高级艺术的经典。"[①]"甚至就在同一个文化时期，一个被给予的作品是作为通俗的还是高级的艺术发挥作用，取决于它被公众怎样理解和利用。"[②]被看成为单纯追求娱乐的通俗艺术，因其提供"虚假审美满足"的短暂性和肤浅性，因其缺乏"审美的自律性和反抗性"和艺术的原创性，及其本质上的商业性而遭受一贯的指责。因此，对于娱乐的认定首先是在历史条件下的一个认识论问题。不同时代的人对娱乐的认识是不同的，是会发生改变的。而将娱乐放置于"历史的语境"中，"将会为娱乐带来更大的哲学上的认可"；在古希腊时代，包括娱乐在内的整个美的艺术都曾经被视作是低等的，而现在，我们仍然将"工作与娱乐区分"，把"为教益而读书与为休闲而读书分别开来"。[③]工作与休闲的区分是历史的产物。对于休闲，亦应采取历史的观点去认识。

其次，舒斯特曼确认娱乐的美学含义在于参与。娱乐和大众休闲既不会将艺术降格，也不会使休闲者降格。他引用蒙田（Montaigne）、席勒（Schiller）、康德（Kant）、尼采、艾略特（Eliot）、葛兰西（Gramsci）、巴赫金（Bakhtin）等人的观点，以此来强调娱乐可能具有的"高贵价值"，肯定娱乐提供的现实快乐。"我们不能小视艺术和娱乐的审美快感，因为它们在许多重要的方面有益于维护、充实生命并使之具有意义。"[④]娱乐使艺术走下神坛，而与日常生活紧密结合。娱乐的美学意义在于其实用主义，舒斯特曼并不避讳这一观点，而将其看作至关重要的价值。在他看来，哲学本身就是一种娱乐性的艺术。娱乐性艺术，作为审美经验的多种表达方式之一，能够帮助拓展我们的认识和视野，这也是他竭力为大众艺术的合法性辩护的出发点。娱乐的美学意义在于其主动的、积极的参与，并不像经常被误解的那样全然是被动的商业产物。"拉谱诗人强烈要求一种深入包含内容和形式的积极参与的审美，而不是距离化的、分离的、形式主义的判断的审美。"[⑤]审美从艺术的圣坛中走进生活，审美从理性的判断中走向感性的参与。

---

① ［美］理查德·舒斯特曼：《身体意识与身体美学》，第83页。
② 《东西美学的邂逅——中美学者对话身体美学》，载《光明日报》，2010年9月28日。
③ ［美］理查德·舒斯特曼：《身体意识与身体美学》，第82—84页。
④ 同上书，第99—100页。
⑤ 《东西美学的邂逅——中美学者对话身体美学》，载《光明日报》，2010年9月28日。

再次，"快乐"的多样性。因其对快乐的推崇，舒斯特曼常常被批判为"享乐主义者"。快乐本身并不存在"贵贱"之分。人们往往将感性的快乐视为微小、琐屑的，而事实上这些感性的快乐既具有丰富的性质，而且将人们导向快乐而充实的生活。快乐并不以其感性的微小来掩饰其自然属性，亦不以"永恒"的面目掩饰其短暂——快乐具有自然属性，快乐具有"易毁性"和"流变本性"。而且正因处于这样的自然维度之中，并将人回归于自然和社会的互动框架中去，才能摒弃人类中心主义的妄自尊大，才能认识快乐并体验快乐的审美意义。"独乐乐"不如"众乐乐"——快乐具有"辐射性"和"传染性"，大众艺术正因其直白性获得了"大众性"，因其"大众性"获得了存在的社会维度，休闲也从来都充满着感性的参与和多样的快乐。

2. 大众休闲对消费主义的反抗

对通俗艺术进行哲学解释的基础是对多元语境的充分体察、包容和尊重。乡村音乐的流行性和大众性不容忽视，休闲娱乐产业在美国意味着巨大的商业成就。舒斯特曼尤其关注爵士乐、乡村音乐和说唱音乐（拉谱），"它们在哲学上很有意趣并且涉及关于人性、情感、信念和真实性这类诱人学说"[①]。乡村音乐的通俗易懂，引起了广大群众的共鸣。音乐对生活场景的朴实描述，让人们不仅觉得乡村音乐就是他们日常生活的反映，也唱出了他们的所思所想。音乐的演唱者和听众其实是在分享彼此的感受，乡村音乐具有的真实感来自于对人们情感的确认。说唱，通过现代技术的剪切、精湛的口头表达、鼓点风格突出的节拍，由即兴创作和表演发展起来，突出的是表演者的个性。拉谱之类的通俗玩意儿，是否属于"艺术"都还处在争辩之中。也许文化精英主义者会耻笑舒斯特曼竟然肯定拉谱音乐的"取样"式创作是最根本的形式创新。拉谱更像是一种在互动过程中完成的艺术品。拉谱的艺术性恰恰体现在演艺和创作的过程中，尽管这种利用性的原创价值还不被大多数人所认同。情感的互动和分享，成为生活中的重要部分，体现了生命力。身体是欲望着的身体，舒斯特曼从肯定生命欲望的角度，去肯定通俗艺术带给大众的身体快乐。

从另一个角度来看，娱乐消费的大众化是对文化精英主义的反叛，直接导致了艺术的民主，或者至少产生了民主化的可能。通俗艺术，"对将我们的艺术概念和制度转变为更自由和更切近地整合与生活实践中来说，可以是一种有希望的力量。……通俗艺术的审美方向，在很大程度上朝向艺术和生活的重新整合"[②]。通俗艺术从生活实践中来，并朝着艺术和生活的整合方向而去——通俗艺术的价值正

---

① ［美］理查德·舒斯特曼：《生活即审美：审美经验和生活艺术》，第107页。
② 《东西美学的邂逅——中美学者对话身体美学》，载《光明日报》，2010年9月28日。

在于此。

虽然，舒斯特曼清醒地看到通俗艺术可能带给社会的媚俗和庸俗，也认识到通俗艺术受到市场逻辑和资本逻辑的禁锢和宰制，但更多时候，他批判贵族阶层在对待大众文化时所显现的"精英意识"和"话语霸权"，他以朴实、直面和乐观的态度看待通俗艺术。他赞赏拉谱歌曲致力于高扬黑人的政治意识、自豪和革命冲动。从这个意义上说，拉谱不仅是艺术，还是斗争。他将拉谱视作一种具有进步意义的社会实践行为，代表着某一种族、某一阶层的社会斗争。

在大众文化的背景下，几乎所有的文化现象都处在符号化和商品化的危险之中，"休闲物化"似乎亦无法避免。休闲需要物质基础，但休闲一直在试图摆脱物质主义的影响，摆脱物质主义的支撑。休闲辐射到大众，但并不意味着休闲的表达和追求是同质化的；相反，大众休闲虽然存在制度化的危险（通过国定假日等方式），但正因为休闲关注身体感觉和个性化体验，休闲的过程亦是与"同质"和"符号"挣扎的过程。因此，从某种程度上说，休闲对身体快感的追求恰是对消费主义的抵抗。

四、日常生活审美化：艺术与生活整合的双重需要

1. 休闲：日常生活审美化的维度

艺术与生活的界限被打破，日常生活以审美的方式呈现出来，休闲与生活美学相联姻。生活与艺术结成一体，日常生活的审美化成为超越美学、超越伦理学的基本哲学问题，是对抗社会分化的后现代命题。休闲，并不应拒斥感性的愉悦，但也绝不仅仅止步于感性的满足，而是通过感性的力量来战胜后现代可能的麻木和愚钝。

舒斯特曼所倡导的"身体美学"的领域，"将身体经验与艺术翻新重新置入哲学的核心，旨在使哲学重新成为生活的艺术"[①]。"杜威希望我们能够彻底扩大艺术领域并使之民主化，将其更充分地整合到真实世界之中，而对各种各样的生活艺术的追求将极大地改善真实世界。"[②] 也就是说，艺术与生活具有整合的双重需要，这样的整合是建立在审美经验的运用上的。如果艺术停留在孤芳自赏的精英文化的圈子内，艺术的命运将被终结；如果生活失去了审美，就会变成日复一日的"乏味流程"。整合的基础就在于凸显审美经验的作用：艺术需要生活来凸显其审美经验而获得复兴，生活需要艺术来凸显其审美经验而获得重生。日常生活审美化命题的提出，是基于现代社会审美与日常生活日益相区隔的现实；当代社会，

---

① ［美］理查德·舒斯特曼：《身体意识与身体美学》，第28页。
② ［美］理查德·舒斯特曼：《生活即审美：审美经验和生活艺术》，第28页。

作为生活方式的休闲为日常生活审美化提供了现实考量维度，为日常生活得以审美化提供了路径——为日常生活和审美架设了桥梁。艺术的民主化—生活的艺术化，互相需要，互相支撑，共同来完善真实的世界。如果说艺术的审美体验通向艺术创造，休闲的审美体验通向的则是生命的创造。

2. 休闲是践行中的审美经验

基于生活与艺术整合的需要，审美经验的重要性被凸显出来。舒斯特曼综合了当代分析美学、语义学和符号学的观点，在他看来，审美经验不应仅仅被局限在直接经验的范围内，审美经验不仅包含现象学意义上的"统一性"和"直接经验"，也必然涉及感知、直接感觉和情感，否则就会变成"电子人"，而且审美经验需要在更丰富的视野中才能去认识其全面意义和价值。他得出结论说："审美经验概念不是去定义艺术或是去证明批评判断的正确性，它是指导性的，提醒我们在艺术中和在生活的其他方面什么是值得追求的东西。"① 休闲是日常生活的一部分，日常生活与审美满足不可分，审美经验不会被终结。需要从人之生存和发展的高度上去评估、认识和践行休闲：审美经验带来的不仅仅是心理的愉悦，更重要的是帮助人们见证日常生活，认同自身的存在价值，并为人类的发展和延续提供意义和保证。

舒斯特曼以更为多元的理论根基、更乐观的态度、更为彻底的实践性来建构其实用主义美学，亦不避讳其哲学立场的工具理性。舒斯特曼实用主义美学的主张有两个特点，一是高扬的实践性，二是艺术的改造。在理论与经验的关系方面，他声称理论不仅不具有超越实践的特权，而且理论具有实践动机和实践本质，本身就是改造的力量。理论并不因其先验的、一成不变的形象而获得绝对的地位，恰相反，理论只有在坚持实践的首要地位的基础上，才能获得新生。休闲是人们摆脱日常生活困境的自然选择，既担负了理论上审美救赎和思想解放之功能，其价值直接体现在大众参与的休闲活动之中。

在审美意识形态方面，他旨在改变现有的艺术制度，并不是一味否定高级艺术，而是试图恢复高级艺术本来所有的调和性补偿和社会 – 伦理价值。用他自己的话来说，这样的改变"涉及一个双重的开放"，包括艺术概念的开放，伦理和社会（社会—政治）维度的开放。 表面上，"开放"是将原本"圈外"的通俗艺术划归艺术的圈子，事实上表明的是其平民化的意识形态，其目的同席勒一样，以更为开放和包容的姿态去迎接艺术的革新，以审美教育意识形态的革新，去推动社会伦理的进步。艺术不是象牙塔，审美更不是孤芳自赏。艺术的开放对于美学的价值在于革新，对于社会的价值在于解放。这样的美育理论本质上是政治性的。

---

① ［美］理查德·舒斯特曼：《生活即审美：审美经验和生活艺术》，第43页。

艺术和审美的终极价值在于成为社会变革的力量。借由对理论实践性的弘扬，理论获得新生；借由对艺术制度的改造，艺术获得新生。

美学的最高作用，是增进我们对艺术和美的经验，而不是制造关于这些概念的语言定义。而且，增进我们对艺术的经验，不只是意味着增加我们个人对艺术作品的享受和理解。因为艺术不仅是内在愉快的一个源泉（同样是一个重要的价值），而且也是赋予日常生活的社会运行以雅致和优美的一种实践方式。①

艺术与生活的关系究竟如何？当代中国，"日常生活成功地从政治的扭曲和控制下解脱出来，恢复了它琐碎、庸常而具有神奇性和哲理性的本来面目，并反过来成为一种批判和嘲讽的力量对政治形而上学的虚伪进行揭露，对政治意识形态的控制权力造成一定冲击。再次验证了反抗论学者对日常生活意义建构功能的确认。与此同时，文学和艺术通过媒介化、实用性、货币化等策略以大众消费文化的形式进入日常生活，构筑了审美化的生活空间"②。艾秀梅的总结无疑是鞭辟入里的。在西方，艺术（尤指高雅艺术，因为"只有"高雅艺术才具有艺术性）从本质上被看作是与生活和现实相反的东西。在舒斯特曼看来，艺术原本就是生活，就是生活的实践。"生活即审美"，审美在于践行生命。休闲、快乐、情感共同组成我们的生活，需要我们做的仅仅是去重新体味。休闲是一种践行中的审美经验，同时具有个体和社会的双重价值，生命个体在休闲（审美）过程中的动态完整性和实践意义则是首要的。从这个意义上说，休闲的人就是"审美人"，其本身就是艺术品。休闲，是探讨日常生活审美化的极佳维度，也是日常生活通向审美化的现实桥梁。

五、舒斯特曼身体美学对休闲的启示

无论是舒斯特曼所秉承的实用主义美学，还是他所建构的实践的身体美学；无论是他对通俗艺术合法性的辩护，还是生活即审美的断言；无论是他对艺术理论实践本质的高扬，还是革新艺术体制的政治理想，其哲学根基都在于对"多元宽容的自由"③的追求，在于对世界整体性的追求。而这种整体性的基础在于，既

---

① 《东西美学的邂逅——中美学者对话身体美学》，载《光明日报》，2010年9月28日。
② 艾秀梅：《日常生活审美化研究》，第272页。
③ 这是舒斯特曼对拉谱诗人的评价之词，并认为这是"美国社会最广泛地拥有和最深入地珍视的原则之一"。

尊重生活方式的差异性和价值观的差异性，又弘扬生活和艺术的多重价值。也许，我们不得不承认当今社会是一个最少共识的社会。为缺少共识而悲观还是为多元化摇旗呐喊？所有的争论源于出发点不同，即，是否能以多元包容的态度去看待新的艺术形式和艺术实践。他将哲学视为生活艺术的一个角色，由艺术的反抗性架起了艺术与政治的桥梁，并且看到了艺术与生活整合的必要性和可能性。他的哲学既是艺术哲学，也是生活哲学；而且，如果能在更宽泛意义上的哲学范畴内来阐述美，尤其是身体之美，他更愿意来"做哲学"而不是"说哲学"。身心和谐（这也正是休闲的旨归）不仅是个体发展的需要，也是社会发展的需要；多元的实践也当然更能体现出艺术的自觉。当代的审美不再仅仅表现为"看"，更多地在于"创造"。日常生活给予美学最为广阔的视野和平台；同时，美学给予日常生活最为美好的发展前景和探索方向。

> 人的身体及其活动，并不仅仅限定在肉体及其物质运动形式方面，而且也含有精神心灵创造活动的文化思想意义。身体、性和感官的快感，都不是单纯物质性或生物性的因素，而是紧密地同人的精神、思想和生活风格联系在一起，构成一种完整的生命体，构成审美生存美学的一个重要研究领域。[1]

由舒斯特曼的美学思想可借鉴到的，最直接的就是确认休闲之身体维度，确认休闲之大众性。这样的确认既是将休闲建立在生活美学、生存美学的范畴之内，也是将休闲建立在身心统一的一元论之内。"身体是感觉—审美欣赏和创造性自我塑造的场所"[2]；身体不仅是生命的表征，还是审美的基础和目的；身体不仅是休闲的载体，休闲实践的阈限，还是休闲的出发点和归宿。因此，如同舒斯特曼"桥梁性的工作"，如同身体美学既是艺术哲学，也是生活哲学；休闲既是生活美学，也是身体美学。身体不仅是人与外界互动沟通的点，更是不断地吐故纳新的动态系统，并且试图从动态交往中获得超越。沉思和体验（身体维度的快乐回归）对于休闲有着同样重要的哲学意义，休闲有望成为美学学科实践化的新领域，成为打破审美与实践之分隔的桥梁，成为日常生活与审美之间的桥梁。

---

① 高宣扬：《福柯的生存美学》，北京：中国人民大学出版社，2010年，第475页。
② 程相占：《身体美学与日常生活中的审美活动——从舒斯特曼的"身体美学"谈起》，载《文艺争鸣》，2010年第5期。

休闲的审美建构

张玉勤

（江苏师范大学文学院）

内容提要： 挖掘休闲的审美内蕴、以审美的眼光观照休闲、用审美化的标准来引领和建构当下的休闲，构成了休闲美学的三个基本问题域。以审美来建构休闲，首先要正视休闲的经济（商品）属性和文化（审美）属性，厘清休闲与经济、消费之间"剪不断，理还乱"的复杂关系；其次要提倡高质量和高品位的休闲，追求休闲的内涵、深度、情趣、体验和意蕴；再次要引入"休闲教育"的理念，在人与自然、世界的关系上倡导生态休闲，着眼于主体休闲和休闲主体的长远发展倡导休闲教育。对休闲进行审美建构，把休闲与提高人的生存质量、生活质量、生命质量联系在一起，对人们的休闲实践予以科学化和审美化的引领与指导，不仅是休闲美学实践性品格的表征和体现，也是确立科学的休闲导向、建立合理的休闲机制必不可少的关键环节。

关键词： 休闲　休闲美学　审美建构　生态休闲　休闲教育

"休闲"一语进入中国人的语境已有相当的时日了。无论是人们在生活中的各种休闲实践，还是学术界对休闲开展的学术化研究，似乎都在表明：当今时代需要关注的，已不是"人们要不要休闲"的问题，而是"人们如何更好地休闲"的问题。于是，休闲美学自然进入人们的视域。

事实上，"休闲美学"概念的提出，既是学术界意欲从"美学"这一学科视野关照"休闲"这一特殊现象的理论自觉，又是人们有意识地解决休闲实践中所存在的各种问题的一种策略尝试。然而，休闲美学所要解决的基本问题，恐怕包含着如下三个既相互勾连又相互承接的领域。

首先是要充分而深入地去挖掘休闲本身所存在的审美内蕴。也就是说，休闲不只是一个时间概念，我们不能把它简单地等同于"空闲时间"，甚或理解为无所

作者简介：张玉勤（1970—　），男，江苏徐州人，博士。现为江苏师范大学文学院教授、硕士生导师，主要从事美学和文艺理论研究。

基金项目：江苏省高校"青蓝工程"中青年学术带头人计划资助项目。

事事、游手好闲，相反应该视休闲为一种审美心态，一种审美状态，一种审美境界。事实上，无论是传统休闲还是现代休闲，无论是中国人的休闲还是西方人的休闲，其中都蕴含着丰富的美。像魏晋人的"濠上之乐"、许棠的"闲赏步易远、野吟声自高"、陶渊明的"北窗下卧"、郑板桥的"置榻竹林"等，分明就是一首首绝美的诗，典型地折射出休闲活动与审美情趣、审美体验的统一，像"中国传统文化中的许多精华，举世无双的品类，皆是休闲的产物，比如，赶集、庙会、放鹰、养鸟、观鱼、垂钓、猜谜、楹联、诗社、书院、风筝、踢毽、打拳、舞剑、啜茗、嚼蟹、书市、园林、流觞、国画、曲艺、管弦、戏曲、书法、金石……"[1]；生活于公元前 4 世纪的亚里士多德，较早地意识到了休闲能够带来美感："休闲可以使我们获得更多的幸福感，可以保持内心的安宁"；而当皮珀提出休闲是"一种理智的态度，是灵魂的一种状态"、"意味着一种静观的、内在平静的、安宁的状态"[2] 的时候，谁又能说他没有领悟到休闲中的美？在马克思那里，每个人"随自己的心愿，今天干这事，明天干那事，上午打猎，下午捕鱼，傍晚从事畜牧，晚饭后从事批判"[3]，同样是一种自由的诗意美。看来，休闲确乎蕴含着丰富的美。问题是，休闲究竟如何包蕴着美并体现着美？它的美学特质何在？这需要我们认真加以厘清和剖视。不仅休闲本身蕴含着丰富的审美因子，构成休闲之美的各种要件之间如何相互勾连，进而构成一个完整的休闲美系统，这个问题同样值得我们深究。

其次，要以审美化的眼光观照当下的休闲活动和休闲实践。"休闲美学"固然要把休闲视为一种审美现象，着意挖掘其内在的审美意蕴，因为只有这样方符合"休闲美学"哲性思辨的学科特点和休闲理论推进的客观需要，但仅仅停留于形而上的理论架构，只能把"休闲美学"导向一种审美乌托邦。正确的选择应该是，我们要具有实践关怀的胸襟和情怀，要给予休闲的现实品格以足够的重视，既要"上得去"（"站位高"）又要"下得来"（"接地气"）。所谓现实品格和实践关怀，强调的是以审美的眼光评判当下人们的休闲实践，对现实休闲给予审美观照、现实评判以及价值引领。这当是休闲美学的题中应有之义。的确，从精神、文化和意义的向度来衡量现实中的休闲，人们在现实中经历的、口头上常用的所谓"休闲"恐怕要大打折扣，因为我们的生活有时并不真正休闲，离"休闲时代"更是存在不小的距离。在对"休闲"概念的理解上，在对"休闲"动机的把握上，在对"休闲"方式的选择上，在对"休闲"发展的引导上，目前我们还存在这样或

---

① 舒展：《休闲——一门科学》，载《解放日报》，1999 年 6 月 25 日。

② Josef Pieper, *Leisure: The Basis of Culture*, New York: New American Library, 1963, p. 41.

③ 《马克思恩格斯选集》第 1 卷，北京：人民出版社，1995 年，第 85 页。

那样的问题。① 我们必须正视这些问题，以提高我们的休闲质量，使我们的休闲生活更有品位，更具科学性。

再次，用审美化的标准来引领和建构当下的休闲。休闲美学最终关注的，其实既不是纯粹的理论架构，也不是单纯的问题发现，而要落到如何规范和引导人们的休闲实践上。在此意义上，休闲问题就不仅仅是工作之余的身体放松和能量补偿的问题，而且是在身体得到足够放松的前提下如何追求休闲的质量和品位的问题。把休闲与提高人的生存质量、生活质量、生命质量联系到一起，对人们的休闲实践加以科学化和审美化引导，这不仅是休闲美学实践性品格的表征和体现，也是确立科学的休闲导向、建立合理的休闲机制必不可少的关键环节。如今，如何认识闲暇时间对人之全面发展的意义，如何引导人民大众健康、科学、积极地休闲度假，如何以正确的舆论导向、精美的文化陶冶人的情操，如何以人民大众喜闻乐见的传播形式充实公众的闲暇生活，的确已成为一个越来越引起普遍关注的社会问题。②

上述三个问题是环环相扣、紧密勾连的。如果说第一个问题域涉及的是理性意识，即关乎"休闲是什么"和"休闲美在何处"这样一个本体论问题；第二个问题域涉及的是反思意识，即关乎"休闲究竟怎么了"和"我们的休闲差距在哪里"这样一个认识论问题；那么第三个问题域涉及的便是"我们到底该如何休闲"这样一个方法论问题。本文拟就第三个问题域所涉及的诸问题，从审美建构的视角谈谈对休闲审美的认识。

一

如今，休闲与经济、消费之间总是有着千丝万缕的联系。特别是在当今时代，人们更无法离开"经济"、"市场"和"消费"这个大环境而孤立地谈论休闲。一来是没有一定的财力作基础和保障，享受休闲很可能是一种奢望和空想，正如马克思所说："人们首先必须吃、喝、住、穿，然后才能从事政治、科学、艺术、宗教等，所以，直接的物质的生活资料的生产，因而一个民族或一个时代的一定的

---

① 笔者曾撰文指出，以问题意识加以审视，当下的休闲还存在着诸多问题和误区，休闲异化现象不同程度地存在于人们的休闲活动中，如消费化、符号化、标准化、表层化、差异化等，甚至在休闲的背后还蕴藏着技术化、商品化理性以及意识形态逻辑等，其直接的后果是人们无法真正享受到闲暇时光所带来的快乐，更深层的后果则是自我实现的游离、批判能力的缺失，甚至休闲本身越来越游离"成为人"而成为一种社会控制形式。参见拙作：《休闲的异化与异化的后果：以问题意识观照当下休闲》，载《湖北理工学院学报（人文社会科学版）》，2013年第4期。

② 马惠娣：《闲暇时间：我们可以期待什么》，载《休闲：人类美丽的精神家园》，北京：中国经济出版社，2004年，第52页。

经济发展阶段，便构成为基础，人们的国家制度、法的观点、艺术以至宗教观念，就是从这个基础上发展起来的，因而，也必须由这个基础来解释，而不是像过去那样做得相反。"① 二来是现代社会的资本逻辑无时无刻不在到处渗透，休闲文化自然也逃脱不了它的影响。恰如杰姆逊所指出的那样："所谓后期资本主义的文化逻辑，实际就是资本运作和文化间的关系。"② 三来是经济发展为休闲和休闲中的消费提供了可能，休闲和休闲中的消费又在无形中拉动了经济，因此加速了休闲与经济联姻的合理化进程。

不过，我们还是要正确看待休闲中的消费。休闲离不开消费。休闲，特别是现代意义上的休闲，并不是要求人们过一种清教徒式、苦行僧般的生活。适当的消费对休闲来讲有时的确是必要的，因为追求享受毕竟包含物质和精神两个层面。

休闲需要消费，但休闲未必总要花很多钱，有钱的人也未必真正能享受休闲。林语堂就曾说过，休闲并非富人的专利，"这种消闲的浪漫崇尚（我们已说过它是空闲的产物），绝不是我们一般想象中的那些有产阶级者的享受"，"我以为根本是平民化的"。在他看来，休闲并不一定要花很多钱，关键是要有性情和乐趣，"享受悠闲生活当然比享受奢侈生活便宜得多。要享受悠闲的生活只要有一种艺术家的性情，在一种全然悠闲的情绪中，去消遣一个闲暇无事的下午……要享受悠闲的生活，所费是不多的"。③ 他认为，休闲与消费之间没有必然的关联，"没有金钱也能享受悠闲的生活。有钱的人不一定能真真领略悠闲生活的乐趣，那些轻视钱财的人才真真懂得此中的乐趣。他须有丰富的心灵，有俭朴生活的爱好，对于生财之道不大在心，这样的人，才有资格享受悠闲的生活"④。

休闲需要消费，关键是要适量适度。不能把休闲仅仅视为消费的变体，或完全迷失于功利化的社会消费系统之中，因此舍弃休闲的文化、精神和意义的向度，否则主体活动难免会成为"异化休闲"或"伪休闲"，休闲主体则会成为新的意义上的"单面人"。所以，当人们进入休闲场所时，不能一味地追求物质享受和经济消费，动辄挥霍无度，一掷千金，而要追求休闲的质量和品位，以质休闲，以趣休闲。休闲也并非如有些人所想象的那样，非要去一些高消费的休闲场所，我们的日常生活时时处处都可成为休闲。在游览观光、漂流探险、竞技博击中固然能够找到休闲感觉，但足不出户地听听音乐、读读小说、做做家务同样也充满诗意。"酣眠"（如前者）固不可少，"小睡"（如后者）亦别有风味。真正的休闲属于那些心灵丰富者。

① 《马克思恩格斯选集》第3卷，北京：人民出版社，1972年，第574页。
② ［美］弗雷德里克·詹姆逊：《快感：文化与政治》，王逢振等译，北京：中国社会科学出版社，1998年，第4页。
③ 林语堂：《生活的艺术》，北京：中国戏剧出版社，1991年，第146–147页。
④ 同上书，第148页。

休闲需要消费，但不能沦入"消费主义"。"消费"与"消费主义"是程度不同的两个概念。休闲中，适度消费是可以的，在当今的条件下甚至是值得鼓励的，但"消费主义"却完全不同，它是19世纪中叶随着近代工业经济的迅猛发展而应运而生的畸形的消费形式，它的准则是"追求体面的消费，渴望无节制的物质享受和消遣，试图以物欲的满足和占有来构筑其心理和精神的需求，把人的价值单一地定位于物质财富的享用和高消费的基础之上"①。这种"消费主义"的休闲规则是我们要明确反对的。

同样，我们还要正确看待休闲产业的经济属性和文化属性。从社会经济角度考察，休闲当然是一种产业，甚至休闲作为一种产业已成为当今十分重要的一支社会经济力量。据美国权威人士预测，休闲、娱乐活动、旅游业将成为下一个经济大潮，并席卷世界各地。专门提供休闲的产业在2015年将会主导劳务市场，在美国的国民生产总值中将占有一半的份额。②杰弗瑞·戈比预测，在稍后的几年，休闲的中心地位将会加强，人们的休闲概念将会发生本质的变化，在经济产业结构中休闲产业的从业人员将占整个社会劳动力的80%～85%。有的学者甚至提出："如果没有夜生活和周末，娱乐业将会崩溃，如果没有假期，旅游业将会衰落。实际上，是休闲而不是劳动使得工业资本主义走向成熟。"③也就是说，如今的休闲已很难是一个完全空泛的概念和一种纯粹意义的行为，由此"休闲经济"、"休闲产业"、"休闲服务"等便应运而生。

但毋庸置疑，作为人类生活方式之一的休闲，其内涵又不仅仅是为社会提供单纯的经济保障和物质支撑，而且具有特殊的人文精神内蕴。我们不反对社会的"休闲业"去追求一定的物质和经济利益，因为我们不得不承认，在今天的社会中，如果忽视商品经济和市场运作规律，任何人、任何组织都将寸步难行；但是对于那些提供休闲服务、从事休闲经营的部门和场所来说，在满足顾客感性欲求、考虑自身经济效益的同时，不能忽视文化氛围的营造和文化品位的兼顾。美国一位学者曾提出，休闲服务组织应当处理好自身实际利益与服务对象需要之间的关系，应当在引发休闲主体的"生命满足感"（promoting life satisfaction）方面承担如下一些角色功能：培养认知力；传播文化遗产；获取知识、增强技能；培养气质和塑造个性；讲求玩乐；使感官敏锐化或得到放松；提高社会能力，扩大社会

---

① 于光远、马惠娣：《关于消费在社会生活、经济运动中的地位和作用的对话》，载《自然辩证法研究》，2002年第9期。另可参见于光远：《论普遍有闲的社会》，北京：中国经济出版社，2004年，第108页。

② 马惠娣：《21世纪与休闲经济、休闲产业、休闲文化》，载《自然辩证法研究》，2001年第1期。另可参见马惠娣：《休闲：人类美丽的精神家园》，第142页。

③ ［美］托马斯·古德尔、杰弗瑞·戈比：《人类思想史中的休闲》，成素梅、马惠娣等译，昆明：云南人民出版社，2000年，第118–119页。

交往；强化生命快乐；促进心理健康；促发创造力；提供休闲娱乐的空间；提供休闲娱乐的设施等。[①] 于光远先生也曾就这一问题发表过看法："在市场经济条件下，休闲业当然要取得经济效益，否则休闲业就不可能扩展起来，但休闲业之所以能够取得经济效益，就是因为它能满足休闲、消遣这种社会需要。而要取得好的效益，就必须认真细致地研究这种需要。"[②] 因此，实现经济与文化的良性互动，才是我们对待休闲业的正确态度，也是休闲业自身选择的出发点。事实上，现代的不少娱乐设施已经为我们提供了经济与文化互动的成功范例。

二

休闲内容可谓丰富多彩："人莫乐与闲，非无所事事之谓也。闲则能读书，闲则能游名胜，闲则能交益友，闲则能饮酒，闲则能著书。天下之乐，孰大於是？"（张潮《幽梦影》）由于休闲是对闲暇时间的自由支配，因而在休闲动机、休闲方式、休闲类型等的确定上，休闲主体的"自主选择"所起的作用是非常大的。托马斯·古德尔就曾提出，许多调查表明，缺乏时间是我们追求各种娱乐的主要限制，可是大多数人所缺乏的似乎不是时间，而是缺乏作出选择的能力。[③] 吉恩·巴梅尔（Gene Bammel）也提出："当自由选择与你失之交臂，或当你不能够自我控制的时候，要拥有与休闲类似的感受便十分困难。若要过休闲生活或如哲学家们所称的美好人生，通常需要能够自我决定，也就是做个人行为的发起者。"[④] 约翰·凯利同样认为，"休闲是在摆脱义务责任的同时对具有自身意义和目的的活动的选择"[⑤]。可见，主体的"自主选择"至关重要。但由于休闲直接导向人的生活、生存、生命质量，为了使休闲更加丰满、充盈，为了使人生更加丰富、精彩，我们必须让这种"自主选择"更有内涵和意蕴，所选择的休闲必须更具质量、更有品位。

所谓"高质量"和"高品位"，其实是就休闲的等级、层次、类型而言的。休闲虽无优劣之分，却有高低之别。马克思认为人的自由时间的利用的确是有高低之分的，存在高级的享受和低级的享受。尽管对于休闲层次人们常常有着不同的

---

① Christopher R. Edginton, *Leisure and Life Satisfaction: Foundational Perspectives*, Madison: Brown & Benchmark, 1995, p.16.

② 于光远：《论普遍有闲的社会》，载《自然辩证法研究》，2002年第1期。另可参见于光远：《论普遍有闲的社会》，第7页。

③ ［美］托马斯·古德尔、杰弗瑞·戈比：《人类思想史中的休闲》，第9页。

④ Gene Bamme, *Leisure & Human Behavior*, Madison: Brown & Benchmark, 1996, p. 9.

⑤ ［美］约翰·凯利：《走向自由——休闲社会学新论》，赵冉译，昆明：云南人民出版社，2000年，第20页。

理解和把握，但有一点似乎可以明确，即从休闲价值观的角度看，精神文化层面的活动，当然要高于一般的打发时间的娱乐活动。诸如追求休闲的人文底蕴、精神内涵、审美情趣和内心体验等，都属于高质量、高品位的休闲。此外，像休闲中对休闲方式多样性、休闲选择丰富性、休闲风格个性化等的追求，亦可视为广义上的高质量和高品位休闲。

对于什么是高质量和高品位休闲，不少学者都开展过这方面的探索和研究。如 Joffre Dumazedier 曾对休闲作出"放松"（relaxation）、"娱乐"（entertainment）和"个性发展"（personal development）三个方面的区分。在他看来，"放松"乃休闲之始，"娱乐"使我们超然忘我，而"个性发展"才是休闲中最为持久的组成部分，因为"它使我们作为个体得以扩展，使生活更有意义"，"使人们摆脱功利或实用主义，通过阅读、旅行、接受教育培训、交谈，或仅仅是独处反思而获得信息，形成新的观点，深化并扩展情感，借此发现真我，或是认识理想与现实的差距，并为缩短这一差距而努力"。[1] 纳什在《娱乐和休闲的哲学》（Philosophy of Recreation and Leisure）一书中把人们对闲暇时间的利用形式分为以下几个层次：反社会的行动（负），伤害自我（0），消磨时间、摆脱单调、寻求刺激、娱乐（1），投入感情地参与（2），积极地参与（3），创造性地参与（4）。从中可以看出，随着个体参与程度和创造性的提高，人们通过休闲活动所体验到的自我实现与发展的满足感以及人对自身能力的开拓程度也同时提高。[2] 马惠娣也曾在多个场合提倡"以欣然之态做心爱之事"、"有思想的休闲"[3]，这些也都属于高质量和高品位的休闲。

高质量和高品位休闲追求的是一种深度休闲和高层休闲，它客观上要求休闲主体不能仅仅满足于浅层次的身体放松、体力恢复，而要追求休闲意蕴，提升休闲境界，提高休闲活动的"含金量"，由单纯对休闲时间数量的占有转向对休闲活动的质量、情趣和韵味的内在追求。在休闲时间已大大超出体力得以恢复范围的后工业时代，人们如果仍把休闲视为"补偿"、"给养"甚至是物欲的延伸，那未免是太没有生活情调了。在劳动或工作之余的休闲时空中，做一个有诗意的人、有思想的人、有情调的人，岂不是比做一个"单面人"更令人艳羡？难怪有人说，"情趣是休闲的灵魂"。

当然，高质量的休闲需要塑造富有意蕴的休闲主体，高品位的休闲需要富有

---

① 张广瑞、宋瑞：《关于休闲的研究》，载《社会科学家》，2001 年第 5 期。

② ［美］杰弗瑞·戈比：《你生命中的休闲》，康筝译，昆明：云南人民出版社，2000 年，第 103 页。

③ 马惠娣在《文化精神之域的休闲理论初探》（载《齐鲁学刊》，1998 年第 3 期）一文中提出，"有思想的休闲也许是疗治现代人精神疾患的最佳途径"；在《休闲———一个新的社会文化现象》（载《科学与社会》，2004 年第 3 期）一文中则提出，"高级的休闲在我看来是'淡泊明志、宁静致远'、'以欣然之态做心爱之事'"。

意蕴的休闲主体去创造和体验。同样是闲来无事，同处一个场景，面对同一种情境，有的人是顿生闲趣，倍觉其乐无穷，有的人则会无动于衷，深感平淡无奇；同样是处理和对待闲暇时光，有的人是休而不闲，闲而不俗，有的人却是万般无聊，寻求刺激。高质量和高品位的休闲要求休闲主体具备一定的文化涵养和内在素质。只有那些具备一定的休闲意识、休闲技巧和休闲素质的心灵丰富者、善于体验者，方能领略高质量休闲之妙趣。

不过，提高休闲的质量和品位是一个庞大的、系统的社会工程，需要社会成员和社会机构的共同建设和维护。休闲主体自身素质固然是其中一个十分重要的因素，但如果休闲服务业能够拥有一支整体素质较高的休闲管理和休闲服务队伍，善于创造人文气息浓郁、人际关系谐和的良好休闲氛围，能够不断提供高雅、优质的休闲服务，无疑会在更为广泛的意义上对形成高质量和高品位的休闲起到至关重要的作用。

三

杰弗瑞·戈比预测，在未来的社会中，休闲不仅越来越占据中心位置，而且将逐步转向可持续休闲。在他看来，休闲并不意味着大规模的消费，也并不意味着破坏生态。在下一个十年里，我们将越来越不能根据一个人是否喜欢来判断某一个休闲行为是否正当，否则我们的空气、水、土地和野生动物就会遭到根本的破坏。休闲必将接受税收、教育和休闲政策的改造。[①]

基于对休闲未来的各种预测和休闲发展趋势的推断，我们应该大力提倡"可持续休闲"一词。

其一是在人与世界的关系上，倡导生态休闲。

未来的"可持续休闲"首先是一种生态化休闲、自然式休闲。不难看出，现代的许多休闲方式是以牺牲自然、牺牲资源、牺牲生态为代价的。旅游业的过快发展和景区的人满为患，带给人类的不仅是经济发展的福音，还有环境恶化、水质污染、生态破坏等所产生的隐患和警示。因此，关注休闲生态，挽救休闲带来的生态危机，倡导可持续休闲，已成为人类无法回避的选择。越来越多的迹象表明，人与自然的关系已逐渐由对立（如对资源的过度消耗和对生态的严重破坏等）走向亲和、相融和契合，人类改造世界的实践活动也将逐渐由外在自然转向人自身。对于休闲，人们也将由追求眼前娱乐和当下满足，更多地转向人类在空间序列上的整体生存和时间序列上的持续生存。为了我们更好地生存，为了更多的人更好地生存，也为了我们的子孙后代能够更好地生存，"从前可以以自由或快乐的

---

① ［美］杰弗瑞·戈比：《你生命中的休闲》，第387–404页。

名义，乘摩托车或沙漠越野车穿过沙漠，从而对沙漠的动植物栖息地造成实际的破坏。今后，这样的事情将越来越少。在休闲中大量消耗地球上的不可再生资源，也将越来越找不到辩解的借口"①。从这个意义上来讲，"生态休闲"的旨归即在于期盼人们在追求享受和愉悦性满足的实际休闲活动中，要时刻保护我们的世界和生存的家园，恢复已遭不同程度破坏的世界的整一。

当然，由于生态休闲追求的是一种自然休闲、绿色休闲、原生态休闲，因而同时也是一种高质量休闲。杰弗瑞·戈比就认为，"从美学的角度上看，如果空气更加清新，树木不再被砍作木柴，机动车和大货车不再制造大量的噪音和尾气，环境不再因为人类的能源消费而发生大的变动，那么社会休闲活动的质量将在这种环境下得到很大的提高。"②如今的人们也越来越多地倾向于在回归自然、涵泳自然中体悟宇宙之道和人生至境。时下，充分依托自然资源开发的生态式旅游景点（如九寨沟、张家界、桂林山水等）以及近年来不断呈现的农家游、郊区游等生态休闲形式，日益受到人们的青睐。即便是一些现代人造新景观，也都在不同程度地着意营造人与自然相谐的环境和氛围。例如上海郊区最大的旅游度假区太阳岛，高尔夫球场、室外网球场、田园式度假村等一流的休闲娱乐设施，与鲜花、绿树、流水达到了完美的融合。岛上六十万棵花木，品种繁多，一年四季绿荫掩映，幽香飘荡。这里既有田园生活的情趣，也有现代娱乐的惊险，让喜静或好动的休闲者各得其所。③

生态式休闲同时关注休闲的人文生态，追求人与人之间关系的契合。与传统社会相比，现代社会的分工化、技术化、机械化程度很高，工具理性、技术理性逐渐被"合法化"，人们则生活于"铁的牢笼"（马克斯·韦伯语）中，受制于社会规定的等级、地位和各式各样的规则，受制于各种技术伦理、工作伦理，而缺少必要的沟通、交流。人与人之间往往是"熟悉的陌生人"，充满了隔阂、误解、竞争。生态式休闲旨在把人们从生活的"牢笼"、工作的"迷狂"、情感的"沙漠"和生存的"误区"中解放出来，恢复为人的本真和自由，增进人与人之间的沟通、交流和情谊，促进人际关系和社会关系的和谐。休闲既是一种主体性、个体性、独立性很强的行为，同时也是一种群体性、互动性、参与性很强的活动，这在家庭休闲、社区休闲、单位有组织的休闲和广场休闲、大型娱乐休闲、电视互动节目中都表现得特别明显。在这层意义上，生态式休闲便成了现代人文精神缺失的一种有效补偿形式。

---

① ［美］杰弗瑞·戈比：《你生命中的休闲》，第399页。

② ［美］杰弗瑞·戈比：《21世纪的休闲与休闲服务》，张春波、陈定家等译，昆明：云南人民出版社，2000年，第41页。

③ 龚斌：《中国人的休闲》，上海：上海古籍出版社，1998年，第21页。

生态式休闲同样关注精神生态，体现为人与自身关系的契合。当今形形色色的大众文化占据审美文化的主流，尽管可以为人们提供各式各样精美的文化大餐，但其固有的快乐性、瞬间性、当下性、表层性、快餐化、消费化、平面化、欲望化，以及对意义的消解、边界的淡化、感性的追逐，最终导致精神的荒芜、诗意的缺失和自我的分裂。人是"躯体之我"和"精神之我"的复合体，应当"诗意地栖居在大地上"。生态式休闲客观上要求人们在选择休闲活动的时候，不能仅仅把休闲定位于满足生理需求、缓解外在压力、恢复体力疲劳上，也不应把休闲仅仅看作是工作的附庸，而应追求诗意、审美的东西；休闲既不是纯粹的消费场所，也不是赤裸裸的欲望之域，而应是令人神往的精神家园。

其二，着眼于主体休闲和休闲主体的长远发展，倡导休闲教育[①]。

休闲是一个主体色彩较为浓厚的范畴。休闲的方式、类型、风格、质量等，均与休闲主体的素质、修养、阅历、积淀等"内生活"有关。因此，真正提高休闲的质量与品位，必须注重休闲主体的"内养"。而"休闲教育"正是这样一个隐形的"内养"过程，是保证主体休闲获得持续发展的重要因素。

休闲同时还是一个发展性、动态性的范畴。对于休闲主体而言，休闲知识和休闲技能的获得增长，休闲情趣和休闲愉悦的感知体验，都不是与生俱来、一蹴而就或一成不变的，而是有一个学习、教育的积累过程，是一段调整、提高的变化过程。人类的休闲历史已经表明并将继续表明：不同时期，人们对于休闲往往有着不同的理解和期待，人们也不可能固守某种单一的休闲模式。而其中，"休闲教育"无疑起着十分重要的作用。"休闲教育"潜在地、深刻地影响着人们的休闲理解、休闲选择和休闲效果，它是人们何以能够休闲及至何以能够更好地休闲的内在动因。

古希腊人常把休闲与教育结合起来，一来休闲能够提高人的素质，维护社会秩序，二来只有一定教育水平的人方能休闲。杰弗瑞·戈比意识到，休闲与发展人的智力息息相通，而且那些喜欢参与挑战性休闲活动的人所能得到的智力发展，是那些只把休闲当作休息的人所无法得到的。工作固然是智力发展的一个重要方式，休闲同样是塑造人类智力发展的一个重要领域。在工作中，"有技术的"人要比"没技术的"人有更好的发展前景，同样在休闲活动中，"有技术的人"更有希望感到快乐，并获得成长。换句话说，休闲是属于那些受过良好教育的人。休闲要有计划，要有技巧，要有发展性，这样的过程本身便是教育的过程。所以，C. K. 布赖特比尔（Charles K. Brightbill）说道："未来，不仅属于受过教育的人，更属于那些学过怎样聪明地利用休闲的人。"在他看来，如果我们不能学会以一种整

---

① "休闲教育"（education for leisure）作为休闲研究中一个深层次课题和亟待开发的领域，已引起了越来越多的休闲研究学者的注意。不过在国内，目前这方面的理论研究成果还相对较少。

体性的、脱离低级趣味的、文明的、有创造性的方式来享受新型的休闲，我们就根本不是在生活；如果我们想要休闲，就应当先接受休闲教育。①

值得注意的是，"休闲教育"的英文表述为"education for leisure"，意思是"为休闲而进行的教育"，它除了含有"以休闲为内容的教育"（education of leisure，即通过一定的教育方式让人们了解休闲知识，提高休闲技能等）的基本含义以外，还具有"以休闲为旨归的教育"（即通过教育使人们更加充分地体验休闲对于生命的意义，更加主动地参与休闲、享受休闲）的精华含义。在这方面，著名的休闲教育家 J. 曼迪和 L. 奥德姆（Jean Mundy & Linda Odum）对休闲教育的理解，值得关注。她们提出，休闲教育，是一场使人能够通过休闲来改善自己生活质量的全面运动；一个使人明确自己休闲价值观和休闲目的的过程；一种使人们能够在休闲中提高自己生活质量的方法；为了帮助人们自主地确定休闲在生活中的位置；为了从休闲的角度认识自己；一种贯穿于从入幼儿园以前到退休以后的终生教育；与人们休闲需求、休闲价值趋向和休闲能力有关的活动；一种通过扩大人们的选择范围，使他们获得令人满意的、高质量的休闲体验的活动；一个人们借此决定休闲行为的过程，根据其目标评判其行为的长期及短期结果的过程；一场需要多种管理机制和服务体系共同发挥作用承担责任的运动。②可以看出，两人心目中的休闲教育更加强调自我意识拓展（consciousness-expanding）和价值明晰（value-clarification）等方面。可见，从这一意义上看，"休闲教育"同样是内蕴丰厚。

"休闲教育"旨在尽早地让人参与家庭、学校和社区中的休闲活动，帮助他们培养休闲技巧和休闲鉴赏力，以使人们越来越多的自由时间得到充分的利用，更好地参与休闲行为的选择；旨在为生命中的休闲储备必要的心智，为休闲中的情趣和体验蓄足能量，以使人们更主动、有意识、高质量地参与和享受生命中的休闲，让我们的人生因休闲而更加精彩；旨在帮助人们更好地了解周围世界、保持身心健康、欣赏并表现美，提高生活、生存和生命质量，让休闲最终成为"成为人"的状态、行为和境界，成为人类美好的精神家园。

---

① ［美］杰弗瑞·戈比：《你生命中的休闲》，第 294–300 页。
② 同上书，第 301 页。

休闲与审美关系论、"休闲人格美"的提出及研究现状

章辉　方波

（玉溪师范学院文学院）

内容提要： 休闲学应当是审美之学。审美是休闲的最高层次和最主要方式。从美学的角度对休闲加以理论分析的学问即是"休闲美学"，它将有助于解决包括休闲异化在内的人性异化状况。而在休闲美学中，我们又创造性地提出"休闲人格美"这一新概念。它是对传统美学领域的拓展和深入，具有高度的理论意义，对于当前刚刚兴起的"休闲教育"，"休闲人格美"也是必不可少的探索方向，对于引导当代社会生活来说，具有重要的现实意义。目前，以玉溪师范学院为代表的科研团队，在"休闲人格美"的探索与研究方面，已经取得了一定的领先成果。

关键词： 休闲　审美　休闲人格美

一、休闲与审美之关系

尽管休闲学已经日益成为学术热点，但对于它的学科界定及切入角度，目前学界尚有不同程度的模糊认识。章辉曾撰文指出，"休闲学是最典型的交叉学科研究"，"在跨学科的宏大语境下，休闲学应当是政治之学、社会之学、经济之学、游戏之学、哲思之学、伦理之学、幸福之学和审美之学"。[①] 而在多学科的视角下，笔者最注重的是休闲学的美学属性。

李泽厚先生曾断言："中国智慧是审美型的。是审美而非宗教，成为中国哲学的最高境界。"[②] 皮朝纲先生也称"中国传统思想中人生哲学的最高境界便是一种

作者简介：章辉（1975—　），男，哲学博士，玉溪师范学院文学院讲师，云南省美学学会理事。主要研究方向：休闲美学。方波（1977—　），女，硕士，玉溪师范学院文学院讲师。主要研究方向：休闲美学。

基金项目：1. 云南省教育科学"十二·五"规划2013年度一般项目"传统休闲人格美与滇中休闲教育研究"（项目号 Y13036）。2. 玉溪师范学院高层次人才科研启动费资助项目。

①　章辉：《论休闲学的学科界定和使命》，载《中央民族大学学报（哲学社会科学版）》，2012年第2期。

②　李泽厚：《中国古代思想史论》，合肥：安徽文艺出版社，1994年，第10页。

超然宁静的审美态度"①。因此，不研究休闲中的审美内涵，就无法接触到休闲哲学的最高层面。

关于休闲与美学的关系，杜书瀛先生较早提出："正常的人的消闲，以人的方式进行的、充满着人的内涵、人的意味的消闲，那就是审美的消闲，或者天然含有审美的成分。……凡是以人的方式进行的、肯定着人的价值和人的本性的消闲，凡是蕴藏着人的内涵、体现着人的意味和人的生机的消闲，凡是流露着人的健康的生命意义的消闲，都自然而然地带有美的成分，都应该是一种审美活动，只是层次有高低、样式有分别而已。"② 叶朗先生后来也认为："休闲文化的核心是一个'玩'字。'玩'是自由的，是无功利、无目的的。……玩很容易过渡到审美的状态。所以休闲文化往往包含有审美意象的创造和欣赏，而且休闲文化所展现的意象世界，往往是社会美、自然美、艺术美的交叉和融合。"③

我们则这样理解从休闲到审美的过渡之发生：学界对休闲的界定总是离不开"自由"这个核心概念，而"自由"又恰恰是审美现象的核心特征。因此"在哲学自由观的奠基下，休闲的基本特征与审美活动最本质的规定性在'自由'的层面上翩然相遇，'玩'就这样顺理成章地过渡到了审美状态"④。而作为休闲活动主要方式之一的游戏，也具有审美属性。荷兰文化学家赫伊津哈（Johan Huizinga）早就指出："游戏往往带有明显的审美特征。欢乐和优雅一开始就和比较原始的游戏形式结合在一起。在游戏的时候，运动中的人体美达到巅峰状态。比较发达的游戏充满着节奏与和谐，这是人的审美体验中最高贵的天分。游戏与审美的纽带众多而紧密。"⑤

因此，潘立勇断言："可以说，审美是休闲的最高层次和最主要方式。"⑥ 张玉勤先生指出："休闲并不单纯是一个时间概念和简单的社会现象，更是一个意蕴深厚的文化范畴和美学命题"⑦，审美"无疑应成为观照和阐发休闲的重要理论视界"⑧。张法先生也提出："休闲就其本质来说……是一种与心理体验（超越为生存劳作的爽快）和人性本质（超越为生存而工作的自由）紧密相关的一种境界。而这一境界与美学超越具体事物的现实关联和具体时空关联的物我两忘和物我同一

---

① 皮朝纲：《中国美学沉思录》，成都：四川民族出版社，1997年，第17页。

② 杜书瀛：《消闲与文化和审美》，载《文艺争鸣》，1996年第3期。

③ 叶朗：《美学原理》，北京：北京大学出版社，2009年，229页。

④ 章辉：《休闲与审美的关系》，载《中国社会科学院研究生院学报》，2012年第1期。

⑤ ［荷兰］赫伊津哈：《游戏的人》，何道宽译，广州：花城出版社，2007年，第8页。

⑥ 潘立勇：《休闲与审美：自在生命的自由体验》，载《浙江大学学报（人文社会科学版）》，2005年第6期。

⑦ 张玉勤：《审美文化视野中的休闲》，载《自然辩证法研究》，2004年第10期。

⑧ 张玉勤：《审美文化：休闲研究新的理论视界》，载《淮阴师范学院学报》，2007年第5期。

的境界是相同的。在这一意义上，可以说休闲的最高境界就是一种审美境界。"①

因而，在美学研究繁荣的当代中国，越来越多的学者开始重视休闲现象中的美学意义。据我们的资料，庞耀辉的《谈闲暇时间观》（1985）、邹贤敏的《"闲暇"与"觉识"——亚里士多德美学思想拾遗》（1986），较早地发出了休闲美学理论之先声。而2001年吕尚彬等编著的《休闲美学》，则首次使用了"休闲美学"这一专有名词，并初步建立了一种研究框架。

目前，休闲美学已经成为国内美学界一个方兴未艾的学术新热点。关于近20年内我国休闲美学的整体发展特点，章辉曾有综述发表，此不赘述。②事实上，我国近现代学者如周作人、林语堂、梁实秋、丰子恺、王了一、钱歌川等，就已开始初步有意识地挖掘、梳理历代的休闲文化及其美学意义，倡导日常生活的诗意化、休闲化。例如林语堂曾提出"中国人是有名的伟大悠闲者"③的著名命题，王了一提出"中国的诗人，自古是爱闲的"（1944年4月9日昆明《中央日报·星期增刊》）之论断，亦涉及休闲与审美的关系。但由于他们所处的是激烈动荡、战火频仍的时代，研讨"闲情"不符当时国情，同时亦缺乏理论支撑，故未能在学术界形成气候。而欣逢太平盛世的今天，正是我们的休闲美学可以生根发芽，开花结果之时。

马克思指出："哲学家们只是用不同的方式解释世界，而问题在于改变世界。"④美学作为哲学的一个分支，应具有强烈的改变世界的实践性。作为一个自命的人本主义者，我们非常赞同法兰克福学派以审美来获取自由和人类的全面解放的主张。这虽然带有某种乌托邦的理想成分，但是审美对于拯救与超越确实具有价值与可行性。

张玉勤指出：关注形而上的传统美学"忽视了人的现世生存，并没有解决人的实际生存困惑，人的生存意义不但没有显明反而更加模糊"⑤。对此我们表示赞同。因此在休闲时代，我们应通过休闲美学把审美视角拉回现实，让审美立足于生命个体的生存实践，让人们在现实的审美中生存。

关于"休闲美学"的界定，章辉认为："旅行观光、美食养生、体育游艺、各种艺术活动等都更有可能成为休闲活动，我们可以寻找出其审美方面的内涵，对它从美学的角度来加以理论分析，这就是休闲美学。"⑥关于其学科使命，黄兴认

---

① 张法：《休闲与美学三题议》，载《甘肃社会科学》，2011年第4期。
② 详见章辉：《中国当代休闲美学研究综述》，载《美与时代》，2011年8月上旬刊。
③ 林语堂：《生活的艺术》，合肥：安徽文艺出版社，1988年，第130页。
④ ［德］马克思、恩格斯：《马克思恩格斯全集》第3卷，北京：人民出版社，1960年，第6页。
⑤ 张玉勤：《审美文化：休闲研究新的理论视界》，载《淮阴师范学院学报》，2007年第5期。
⑥ 章辉：《论休闲学的学科界定和使命》，载《中央民族大学学报（哲学社会科学版）》，2012年第2期。

为："休闲美学的旨归是通过审美的方式来揭示出休闲蕴含的人本意义和人的生命价值，赋予休闲真正的含义。"① 由此可见，将美学和休闲现象加以综合性、交叉性研究的休闲美学，具有高度人本主义精神，它将有助于解决包括休闲异化在内的人性异化状况，是建设和谐社会的一种有益探索。

二、"休闲人格美"的提出

从休闲美学角度切入休闲话题，将能挖掘休闲文化的审美意蕴。而在此过程中，我们又尤其看重阐释休闲文化中的"人格美"内涵，因为这对当代休闲民众的休闲生活会予以生存境界方面的高度启示。经过长期的研究和思考，章辉提出了"休闲人格美"这一新的美学概念。这绝非生造名词，而应是伴随着休闲美学研究的深入而应运而生的产物。

对于"人格美"，历来的美学研究多集中在助人为乐、舍己为人等方面，而忽视了休闲现象中亦存在着丰富而深刻的人格美内涵。苏状指出中国传统美学对人格美的重视："中国传统的美不是西方完全作为一种哲学存在上的美，注重在抽象形式中实现超功利的美，而是作为一种人格境界的美，注重在道德和自然中实现对现实功利超越的美。"② 徐春林更直接指出休闲与人格的关系："从终极意义上说，休闲的目的是获致人生的快乐与幸福。但这种快乐又不仅仅指一般的生活中的乐趣，更指一种人格实现与完善中获得的宁静、安详、怡然自得的人生快乐。"③ 本文认为，从休闲文化的实际情况来看，休闲人格不但是人格的一种，而且具有高度的美学意义。

这是因为，在高雅之士的休闲中，休闲者往往能抛弃（或至少是减少）功利之心，不像世俗之人那样蝇营狗苟，而是表现出闲雅的风度和超脱的人品。正如所言，"人与自然接触，铸造人的坚韧、豁达、开朗、坦荡、虚怀若谷的品格。人与人的交往会变得真诚、友善、和谐、美好"④。此外，吴树波博士指出："宗教休闲还能起到塑造人格美的作用。在宗教休闲过程中，休闲者受到宗教人物（或形象）高尚、圣洁的精神光辉和人格魅力的感染与熏陶，其自身的生活风格和人格气象可产生积极的改变，人生境界也能得到相应的提高。"⑤ 因此，从他们身上，我们可以发现超越性的休闲人格美。

---

① 黄兴：《论休闲美学的审美视角》，载《成都大学学报（社科版）》，2005 年第 1 期。
② 苏状：《"闲"与中国古代文人的审美人生——对"闲"范畴的文化美学研究》，复旦大学博士论文，2008 年。
③ 徐春林：《儒家休闲哲学初探》，载《江西师范大学学报（哲学社会科学版）》，2006 年第 3 期。
④ 马惠娣：《休闲：人类美丽的精神家园》，北京：中国经济出版社，2004 年，第 127 页。
⑤ 吴树波：《宗教休闲的审美分析》，载《社会科学辑刊》，2011 年第 4 期。

马惠娣曾这样指出休闲研究与人格塑造的关系：

> 休闲研究的一个重要特征是基于人的精神、情感、体悟等方面来把握它的研究对象，加深对人的本质、世界的意义、生活的目的的考察；注重对人的理想、情感、价值尺度做内心世界的主体建构；使用意义、价值、理想、意志、人性、人格、善恶、美丑等概念，去理解和体验人类的精神生活，唤起人类的良知，净化人的心灵。[1]

> 它的价值不在于提供物质财富或实用工具技术，而是为人类构建一个意义的世界，守护一个精神的家园，使人类的心灵有所安顿、有所归依。……形成真正的人格力量。[2]

> 她通过欣赏艺术、从事科学研究、享受大自然，不仅锻炼了体魄，激发创新的灵感，更重要的是丰富了人的感情世界，坚定了人追求真善美的信念，表达和体现了人的高尚与美好的气质。[3]

综上所述，"休闲人格美"之研究实属必要。作为一个新颖而富有意义的概念，它是对传统美学领域的拓展和深入，具有高度的理论意义。此外，本文认为，对于当前刚刚兴起的"休闲教育"领域，"休闲人格美"也是必不可少的探索方向。理由如下：

所谓"休闲教育"是指通过为人们树立科学的休闲观念，为人们传授利用休闲时间的技能、技巧，从而使其个性得以充分自由的发展，成为有理想、有道德、有文化、有纪律的、精力充沛、生活愉快的社会公民。"休闲教育"是一种新兴的教育形式。近年来，它在国外发达国家异军突起，目前国内也开始了研究与实践。如果说，西方世界的"休闲教育"常常为基督教伦理提供平台，那么在社会主义的中国，我们应理所当然地将"休闲教育"作为社会主义道德教育的阵地。

当前我国民众中，不少人热衷于钻营，汲汲于功利，终日惶惶奔走，不得休闲；而另一些人则沉溺于低俗休闲，导致电视选秀、麻将赌博、色情洗浴等庸俗休闲活动在城市中蔓延开来，甚至在一些地区，吃喝嫖赌风气盛行，严重污染了社会环境，毒化了人的心灵；青少年犯罪，吸烟、吸毒日盛。如果将"休闲人格美"作为"休闲教育"的重要内容之一对社会加以积极引导，将使我们当代人的休闲生活更加健康有序、积极向上。因此，"休闲人格美"之研究对于引导当代社会生活来说，具有重要的现实意义。

---

① 马惠娣：《休闲：人类美丽的精神家园》，第 85 页。
② 同上书，第 126 页。
③ 同上书，第 127 页。

三、"休闲人格美"的研究现状

对于"休闲"与"人格"、"人格美学"的关系，除了马惠娣的《休闲：人类美丽的精神家园》中多处涉及之外，尚有其他一些学术专著亦在不同程度上与此有关，例如，刘海春所著的《生命与休闲教育》（人民出版社，2008 年），刘月所著的《魏晋士人人格美学研究》（复旦大学出版社，2013 年），等等。国外的则有美国查尔斯·K.布赖特比尔所著的《休闲教育的当代价值》（中国经济出版社，2009 年），等等。以上成果都为"休闲人格美"之提出与进一步研究创造了条件。

而从目前的研究现状来看，"休闲人格美"之研究的进展是较快的，亦出现了不少学术成果。以下从科研项目、研究论文和研究团队等方面列举如下：

章辉在 2011 年承担了浙江大学人文学部自主科研项目"南宋休闲美学研究"，此研究的目标之一即在于探讨"休闲人格美"话题。时浙江大学亚太休闲教育研究中心的休闲学博士生吴树波亦作为课题组主要成员参与。该项目产生多篇论文作为结题成果。在《范成大的休闲美学》[①]一文中，章辉首次创造性地提出了"休闲人格美"概念。该论文随后不久即获得人大复印资料全文转载[②]，同时还被光明网、中国社会科学网全文转载，可谓在某种程度上得到了国内学术界的肯定。此后，章辉的《朱敦儒诗词中的休闲美学》[③]、《南宋禅法的休闲美学》[④]两篇文章进一步对"休闲人格美"概念进行了探讨，并结合南宋休闲文化的实际对一些南宋人士（如朱敦儒、宏智正觉、大慧宗杲等）的"休闲人格美"的具体形态进行了梳理和分析。

2013 年，章辉的博士论文《南宋休闲文化及其美学意义》，对"休闲人格美"有着更多的理论研讨。该博士论文于 2014 年获得首届"浙江大学人文社会科学研究优秀科研成果奖"二等奖。因此，"休闲人格美"的提出与研究可谓进一步得到了学术界的肯定。

近来，章辉又主持了云南省教育科学"十二·五"规划 2013 年度一般项目"传统休闲人格美与滇中休闲教育研究"。这是"休闲人格美"一词第一次出现在标题中而获得直接立项，因而此概念可谓已得到了教育界、学术界的重视。教育学研究者时遂营、文化学研究者朱红华、美学研究者方波等亦加入本研究团队中。目前，章辉、朱红华等已发表研究论文《传统休闲人格美初论——以南宋"闲"范畴

---

① 参见章辉：《范成大的休闲美学》，载《湖南城市学院学报》，2012 年第 2 期。
② 参见章辉：《范成大的休闲美学》，载《中国人民大学报刊复印资料（美学）》，2012 年第 7 期。
③ 参见章辉：《朱敦儒诗词中的休闲美学》，载《河北科技师范学院学报（社会科学版）》，2012 年第 2 期。
④ 参见章辉：《南宋禅法的休闲美学》，载《邯郸学院学报》，2012 年第 2 期。

为例》。①该文通过对古代文献的归纳，具体提出了南宋文士具有"燕闲"、"闲放"、"闲旷"、"闲淡"、"幽闲"等人格美范畴，并且认为，这些范畴的内涵可以对浮躁、功利的当今社会风气起着清凉剂的作用。

近日，在本课题组全体成果的参与下，我们以玉溪师范学院为对象，进行了"传统休闲人格美与滇中休闲教育研究"大型问卷调查。以此调查为依托，本课题组拟将于近期撰写《传统休闲人格美与当前滇中休闲教育研究报告》，并计划将其核心内容进行公开发表。

---

① 参见章辉、朱红华：《传统休闲人格美初论——以南宋"闲"范畴为例》，载《湖北理工学院学报（人文社会科学版）》，2013 年第 6 期。

休闲时代的审美契机："日常生活审美化"的启示与未来

于　云

（浙江科技学院中文系）

内容提要：从休闲学视阈来看，"日常生活审美化"既具有一定的合理性，又具有极大的盲目性。"日常生活审美化"的实质是日常生活休闲化。"日常生活审美化"问题之所以在当代中国文艺理论界、美学界以及整个文化界引起剧烈的争论，症结在于对审美概念的误用。审美是休闲的最高层次，日常生活休闲化是当下现实，而断言日常生活已经审美化为时尚早。坚持休闲的审美指向，不断把日常生活休闲化提升为日常生活审美化，是"日常生活审美化"论争在休闲学领域的意义所在。

关键词：休闲　日常生活审美化　审美

　　"日常生活审美化"是近年来学术界关注的热点和焦点话题。最激烈的也是最早的争论肇始于文艺学与美学界。对"日常生活审美化"的研究一开始就与文艺学的学科反思联结在一起，似乎对"日常生活审美化"展开研究就意味着文艺学的终结，这一吊诡的逻辑是引发文艺学与美学界激烈争论的伏线。概括起来看，争论主要围绕两大问题进行。一是日常生活审美化的主体范围和对文艺学学科建设的影响。争论的一方认为，日常生活审美化已经是当代中国的审美现实："与西方社会相似，当今中国的社会文化正在经历着一场深刻的生活革命：日常生活审美化以及审美活动日常生活化，对于传统文学艺术与审美活动最大的冲击是消解了审美／文艺活动与日常生活之间的界限，审美与艺术活动不再是少数精英阶层的专利，也不再局限在音乐厅、美术馆、博物馆等传统的审美活动场所，它借助现代传媒，特别是电视普及化、'民主化'了，走进了人们的日常生活空间。"[①]既然审美活动的对象发生了转移，那么文艺学的研究对象也应该进行扩容和转移，"面对这种现象，美学与文艺学工作者应该突破审美活动的自律性观念，打破美学

　　作者简介：于云（1976—　），女，山东禹城人，浙江科技学院中文系讲师。研究方向为美学、休闲学。
　　① 陶东风：《日常生活审美化及新文化媒介人的兴起》，载《文艺争鸣》，2003年第6期。

研究的传统对象，关注日常生活的审美化并寻找美学研究的新的生长点。"① 确切地说，文艺学的研究对象要从文学艺术向日常生活审美化转移。金元浦在几篇文章里也就"文艺学向文化研究转向"的必要性与合理性作了论说，指出"文学的'文化的转向'是又一次创新，是新时代文化发展的积极成果，是文学理论困境中的又一次突围"。争论的另一方认为，日常生活审美化是西方社会进入消费经济阶段的产物，目前中国仍然处于社会主义初级阶段，占人口绝大多数的农民和城市低收入者依然比较贫穷，其生活水平尚处在温饱阶段。日常生活审美化在中国是"部分城里人的美学……这不过是'食利者的美学'"②。

围绕争论的第二个问题也是争论双方最根本的分歧是如何对"日常生活审美化"定性。王德胜从"日常生活审美化"中概括出"新的美学原则"。他认为：视觉感受的扩张抹平了日常生活与审美/艺术的精神价值沟壑，"这样一种美学现实，极为突出地表现在人们对于日常生活的视觉性表达和享乐满足上。视像的生产与消费成为我们时代日常生活的美学核心"③。当代视像与快感之间的一致性关系正在确立起一种新的美学原则："视像的消费与生产在使精神的美学平面化的同时，也肯定了一种新的美学话语，即非超越的、消费性的日常生活活动的美学合法性。"④"新的美学原则"在文艺学与美学界引来几乎一致的反对声。鲁枢元认为，"日常生活审美化"是技术对审美的操纵，功利对情欲的利用，感官享乐对精神愉悦的替补，是精神生活对物质生活的依附，是人类价值的一次令人忧虑的颠覆。⑤ 更多的人认为"日常生活审美化"从根本上说是"非审美"甚至"反审美"的。"日常生活审美化"这种以"感官享乐"为指归的"审美价值观"是以"审美"为名的消费主义、享乐主义的理论变相。⑥ 也有人认为是"美的泛化"⑦、美的异化⑧。

至此，本文认为，我们也许更需要一种更广大的视野来看待"日常生活审美化"现象，从而更准确更全面地来看待它。本文作者虽涉猎休闲学领域不久，但因为休闲和审美的密切关联，颇感在休闲学视域中观察"日常生活审美化"论争

---

① 陶东风：《日常生活的审美化与文艺学的学科反思》，载《中南大学学报（社会科学版）》，2005 年第 3 期。

② 童庆炳：《"日常生活中审美化"与文艺学的"越界"》，载《人文杂志》，2004 年第 5 期。

③ 王德胜：《视像与快感——我们时代日常生活的美学现实》，载《文艺争鸣》，2003 年第 6 期。

④ 同上。

⑤ 鲁枢元：《评所谓"新的美学原则"的崛起——"审美日常生活化"的价值取向析疑》，载《文艺争鸣》，2004 年第 3 期。

⑥ 姜文振：《谁的"日常生活"？怎样的"审美化"？》，载《文艺报》，2004 年 2 月 5 日；人大复印资料《文艺理论》，2004 年第 2 期；《文学评论》，2005 年第 5 期。

⑦ 毛崇杰：《知识论与价值论上的"日常生活审美化"》，载《文学评论》，2005 年第 5 期。

⑧ 王焱：《"日常生活审美化"是美的"泛化"还是美的"异化"》，载《石油大学学报（社会科学版）》，2006 年第 2 期。

的必要性。因此，本文作者不揣浅陋，试图从休闲学视域对"日常生活审美化"现象和思潮作以一考察。

一、休闲、审美与日常生活审美化

从休闲学视域来关注日常生活审美化，会发现一个有趣的现象：休闲活动在国内的兴起与日常生活审美化逐渐进入人们的视野具有时空上的一致性。1980年以来，我国的社会生产力迅速发展，人们逐渐从繁重的体力劳动中解放出来，有了充裕的休闲时间。1995年我国开始实行每周五天工作制，1999年实施"三个黄金周"（春节、五一、十一实行七天长假），所有劳动工作者每年都有法定假日114天。2007形成了两天双休日、三天小长假、七天黄金周的科学合理、分布均衡的假日体系。从节假日的总天数115天看，已接近西方发达国家的水准。人们每年有1/3时间在节假日休闲中度过，而在工作的日子里，每天的业余时间也占了1/3左右。据统计，人们在1/3休假时间和1/3业余时间中的消费，已占到总消费的1/3左右。这三个1/3，说明中国已融入整个国际休闲文化的背景，步入休闲时代的门槛。

而日常生活审美化也是20世纪80年代以来中国社会生活中出现的一个极为重要的现象。30年来，我国城乡居民的日常生活发生了巨大变化，诚如"日常生活审美化"论者所指出的那样："不管我们是否承认，在今天，审美活动已经超出所谓纯艺术/文学的范围，渗透到大众的日常生活中。占据大众文化生活中心的已经不是小说、诗歌、散文、戏剧、绘画、雕塑等经典的艺术门类，而是一些新兴的泛审美/艺术门类或审美、艺术活动，如广告、流行歌曲、时装、电视连续剧乃至环境设计、城市规划、居室装修等。艺术活动的场所也已经远远逸出与大众的日常生活严重隔离的高雅艺术场馆（如北京的中国美术馆、北京音乐厅、首都剧场等），深入到大众的日常生活空间。可以说，今天的审美/艺术活动更多地发生在城市广场、购物中心、超级市场、街心花园等与其他社会活动没有严格界限的社会空间与生活场所。"①

休闲活动与日常生活审美化时空上的一致性说明，"日常生活审美化"思潮在中国的出现具有一定的合理性。"这是当代中国改革开放的结果，是当代中国人生活质量提高的具体表现。"② 既然如此，那么，为什么倡导对这种现象在文艺学与

---

① 陶东风：《日常生活的审美化与文化研究的兴起——兼论文艺学的学科反思》，载《浙江社会科学》，2002年第1期。

② 张天曦：《日常生活审美化：当代审美新景观》，载《山西师大学报（社会科学版）》，2004年第1期。

美学界进行大力研究却得不到大部分人的认同，甚至有人戏称其为"日常生活审丑化"？

从休闲学视域来考察"日常生活审美化"现象和思潮，理论上首先遇到的问题是：何谓休闲学？休闲和审美之间是怎样的关系？只有把这两个问题讲清楚，从休闲学视域来考察"日常生活审美化"问题才能获得它的合法性。但是，我们也注意到，无论是休闲还是审美，概念本身都是相当复杂的，它们都是在历史中生成的，从不同的角度考察会得出不同的定义。所以，我们在考察这些概念时就不是漫无目的的，而是把它们放在同一个关系场中、在它们的相互关系中来考察。

首先来看休闲学。休闲学是研究休闲的学问。大致看来，休闲学一是研究休闲的基本原理，研究休闲对生活、生命和社会的价值意义；二是研究人的休闲需求、休闲观念、休闲心理、休闲体验等内在精神层面的内容；三是研究人的休闲行为、休闲方式等外显活动层面的现象；四是研究休闲体验和活动的载体——休闲产业及其经济运作规律；五是研究休闲的社会指标、社会机制、社会现象、社会功能。因此，我们可以看到，作为交叉性学科的研究对象，休闲是一个具有多层面含义的意义综合体。从社会的横向层面来看，休闲包括的范围极其广泛，既包括人们的各种休闲活动和休闲方式，也包括已经几乎渗透到各行各业，如今正蓬勃发展的休闲产业，同时也包括研究休闲的各种社会指标、社会机制、社会现象、社会功能。

再从历史的纵向维度来看，国外对休闲的专题研究已有 100 多年，学者们尝试从多个角度来定义它。主要有以下几种：一是从时间角度，帕克（Parker）、基斯特（Gist）和弗瓦（Feva）等人认为，休闲是满足工作和生活等基本需要之外的剩余时间（residual time）。这种定义看似明了，事实上人们很难在必要时间和剩余时间之间划出界线，因为人们在工作和生活中也不乏休闲体验。倒是莫非（Murphy）对休闲的时间定义更准确，但是也更难量化。莫非认为，个人在自裁状态下（self-deterministic condition）可以随意利用的时间即为休闲。二是从思想、精神状态的角度。瑞典天主教哲学家皮普尔（Josef Pieper）在《休闲：文化的基础》一书中指出，休闲是人的一种思想和精神态度，不是外部因素作用的结果，也不由空闲时间所决定，更不是游手好闲的产物。休闲是一种精神的态度，它意味着人所保持的平和、宁静的状态；休闲又是一种为了使自己沉浸在"整个创造过程中"的机会和能力。三是从心理体验的角度。美国心理学家卡西克扎特米哈伊（M. Csikszentmihalyi）对休闲心理学产生深远影响的专著《畅：最佳体验的心理学》，从心理学的角度对休闲体验的性质作了深入的研究，提出了"畅"（flow）的概念。所谓"畅"即"具有适当的挑战性而能让一个人深深沉浸于其中，以至忘记了时间的流逝，意识不到自己的存在的体验"。四是从主体选择和内在动机的角度。美国马里兰州大学的教授依尔索－赫拉（Eilso-Ahola）的《休闲与娱乐的社会心理学》一书，提出根据主体自由选择的程度和内在动机的强弱来区分和确定是否属于休闲活动：自由选择程度较低、内在动机较弱的活动是"必需的工作活动"，有一定的自由选择和内在动机的活动是"自由时间的活动"，而具有高度的自由选择与很强的内在动机的活动，才是"休闲活动"。五是从人的生存和生活方式的角度。美国学者杰弗瑞·戈比认为："休闲是从文化环境和物质环境的外在压力中解脱出来的一种相对自由的生活，它使个体能够以自己所喜爱的、本能地感到有价值的方式，在内心之爱的驱动下行动，并为信仰提供一个基础。"戈比的这一定义为中国的大多数学者所接受。

不管从哪个角度来定义，我们都可以很清楚地看到休闲的根本特征。首先是它的自由性。莫非对个人自裁和随意利用的强调突出了休闲的自由性和自主性。休闲主体的自主和自由往往突破了工作、生活对人的束缚和限制，而不是等所有的需要被满足之后才进行。"自由王国只是在由必需和外在目的规定要做的劳动终止的地方才开始，因而按照事物的本性来讲，它存在于真正物质生产领域的彼岸。"[①]马克思虽然没有专门论述休闲的著作，但是马克思的"自由时间"（free-time）理论却揭示了休闲的真谛。马克思曾这样描绘未来的共产主义社会："由于给所有人腾出了时间和创造了手段，个人会在艺术、科学等等方面得到发展。"[②]其次是休闲的精神性。在各式各样、丰富多彩的休闲活动中，人们往往受到时间、空间、金钱、社会地位和受教育程度等多种物质因素的影响和制约，所以人们往往强调休闲的物质性。其实，休闲是人的活动，确切地说是为了人自身的快乐和幸福而自主、自由选择的活动，物质的享受、肉体的放松，最终都是指向精神的愉悦和满足。保罗·安·萨缪尔森（Paul A.Samuelson）著名的"幸福方程式"（即"幸福＝效用／欲望"），从经济学的角度揭示了这一原理：幸福与欲望成反比。在"效用"不变的情况下，"欲望"越大，幸福指数或幸福感就越低。非功利的休闲心态对于人的幸福是不可或缺的，应该成为休闲哲学重要的方法论原则。再次是休闲的审美性。休闲的自由性和精神性注定休闲具有审美特性。1970年《休闲宪章》指出："建立于闲暇时间基础上的行为情趣，或者是休息娱乐，或者是学习交往等，它们都有一个共同的特点，即获得一种愉快的心理体验与满足，产生一种美好感。"闲暇的时间，愉悦的心情，休闲的非功利性为审美的实现提供了重要途径与契机。而休闲活动也往往主要是一种审美活动。这种活动对于提升人的生命价值和生活质量有着无可替代的价值："休闲应被理解为一种'成为人'的过程，是人的一生中一个持久的、重要的发展舞台。"[③]

---

① ［德］马克思：《马克思恩格斯全集》第25卷下，北京：人民出版社，1979年，第261页。
② ［德］马克思：《马克思恩格斯全集》第46卷下，北京：人民出版社，1979年，第218页。
③ 马惠娣：《休闲：人类美丽的精神家园》，北京：中国经济出版社，2004年，第89页。

休闲与审美有着密切的和本质的关系，这在考察休闲概念时我们已有所体会。当我们把视线再转向审美的概念时，我们发现历史上有多少种美的概念，就有多少种关于审美的概念。而我们的考察不能无目的地乱跑，"日常生活审美化"论者声称"新的美学原则"与康德的美学原则相对，以对感性的张扬来克服康德理性主义美学原则的偏颇，那么我们不妨就从康德美学开始。而在康德之前，我们又不得不提起鲍姆加登，原因倒不在于他作为"美学之父"创立了美学学科，而在于说明康德美学所要解决的问题。作为一个德国启蒙主义者，鲍姆加登首先认识到了感性知识的重要，以至于他要为此专门建立一门独立的学科。"美学（美的艺术的理论，低级知识的理论，用美的方式去思维的艺术，类比推理的艺术）是研究感性知识的科学。"① 美就是感性认识的完善，而感性认识的核心是想象和情感。理论是枯燥的，在理论的背后却汹涌着强烈的生命激情，"不论我们在上帝之城中处于什么地位，我们必须用诗来证实凡是可以促进美德和宗教的东西"，诗"有助于恢复人类之真正完善性"。②

鲍姆加登通过建立学科和体系让人们看到了感性认识的重要，但是如何在理性的法庭上为审美直觉辩护，为生命的真正意义辩护，从理性上证明感性认识的合理和合法，这正是一百年后康德美学要解决的问题。康德美学是一种先验美学，遵循先验逻辑，抽去判断的内容即美的经验，按知性的形式判断中思维机能的质、量、关系、情状（或译形象、方式、模态）这样四个契机来分析美。从"质的契机"方面把审美（鉴赏）规定为"是通过不带任何利害的愉悦或不悦而对一个对象或一个表象方式作评判的能力"③。后人往往据此判断出"审美无利害"的结论，走向形式主义的迷途。其实，康德的"审美"概念有其内在结构，我们应该从整个康德美学体系来理解审美的内涵，而不是断章取义。审美的内在结构大致可以分为三个层面：首先，审美是感性的。在"美的分析"中，康德指出："为了分辨某物是美的还是不美的，我们不是把表象通过知性联系着客体来认识，而是通过想象力（也许是与知性结合着的）而与主体及其愉快或不愉快的情感相联系。"④这里，审美明确地和人的感性快感而不是和知性联系在一起。这一感性快感具有自身的特性，既不同于感官欲望的快适，也不同于对善的精神愉悦，显示出人本身存在的某种特异的方式，也显示出审美本身所面对的独特的领域。因此，鉴赏判断不涉及利害计较和利益兴趣，那种涉及对象的存在因而涉及利害关系的快感不是审美的快感；同样，涉及利益兴趣的快感也不是审美的快感。

---

① 北京大学哲学系美学教研室编：《西方美学家论美和美感》，北京：商务印书馆，1980年，第142页。
② 缪灵珠：《缪灵珠美学文集》（第2卷），北京：中国人民大学出版社，1998年，第109、110页。
③ ［德］康德：《判断力批判》，北京：人民出版社，2002年，第48页。
④ 同上书，第37页。

其次，审美是先验的。审美判断总是表现为单个判断，但又能够普遍传达，这就要求审美必须具有自己的先验原理，由此保证审美的普遍必然性。康德把这一先验可传达性归结为"共通感"："这种情感的这种普遍可传达性却是以一个共通感为前提的：那么这种共通感就将能够有理由被假定下来，就是说，既然如此，就无须立足于心理学的观察之上，而可以把这种共通感作为我们知识的普遍可传达性的必要条件来假定，这种普遍可传达性是在任何逻辑和任何并非怀疑论的认识原则中都必须预设的。"①共通感首先保证了审美的普遍传达性，使之能够以个体化的形式具有普遍必然性的特征，从而超越了单个个体的主观感受，显现出某种人类共通性。

再次，审美是超越的。这一层面集中体现在对崇高的分析中。康德认为，崇高的真正根源并不在自然界，而在人的内心。面对自然界体积的巨大或威力的强大，人们把注意力从外界转向自身，意识到自身作为本体性的存在的优越性，在自己的内心唤起超感性的使命，激起一种崇敬的道德情绪，以和自然相抗衡。超越使人的审美活动不断获得提升，指向人的精神层面，成为道德的象征。

至此，我们看到：康德的结构始于感性而终于超越，既确保了审美的感性品格，始终与人的直观感受相结合，又有超越特性。审美是一个由感性到理性、由现象到本体、由自然到自由的过程。可见，康德的审美观并不排斥感性，而是排斥欲望和利害关系介入审美过程。不只在审美判断中，就是在认识判断中，康德也非常强调感性的作用，强调时间、空间等先验感性图式在认识中先于知性的基础作用。

值得指出的是，康德的审美观并非形式主义美学，审美不是中立的，而是有着明显的价值取向，指向人的道德提升。长期以来，我国学界对于康德的审美理论多有曲解和误解，把他的"审美无利害"思想转换成"美在形式"，或者否定文艺作品的思想和意义，或者把审美和欲望对立起来。其实，排斥功利对审美过程的介入和康德的审美观具有价值取向是两回事。只有将二者区分清楚，才能正确理解和评价康德的审美理论，指责康德美学理性压抑感性，不符合康德美学的实情。康德的审美观富于浓厚的人文关怀，这不仅体现在康德的审美观以人的感性存在为前提，更体现在其并不停留在人的感性存在层面，而是要求精神上的超越，由感性通达理性，从而人摆脱了物质感性的束缚，到达理性的自由王国。"真正的德行只能植根于原则之上，这些原则越是普遍，则它们也就越崇高和越高贵"，但"这些原则不是思辨的规律而是一种感觉的意识，他就活在每个人的心中"，是属于"对人性之美和价值的感觉"。②康德从审美判断的关系契机把美规定为"没有

---

① ［德］康德：《判断力批判》，第75页。
② ［德］康德：《论优美感和崇高感》，北京：商务印书馆，2001年，第14页。

目的合目的性":"只有那在自身中拥有自己实存的目的的东西,即人,他通过理性自己规定自己的目的,或是当他必须从外部知觉中拿来这些目的时,却能把它们与本质的和普遍的目的放在一起加以对照,并因而也能审美地评判它们与那些目的的协调一致:因而只有这样的人,才能成为美的一个理想,正如唯有人类在其人格中,作为理智者,才能成为世间一切对象中的完善性的理想一样。"①

康德的审美观集中体现了他"人是目的"的思想,人是美的理想,人自己规定自己的目的。但是人必须超越个体的感性利益,"向我们展示出独立于动物性,甚至独立于整个感性世界的生命",从而"不受此生的条件和界限的限制,而趋于无限"。②所以,康德的审美观不是审美无利害,由审美境界通达道德境界,培养完善的道德人格,实现人的自由、使感性与理性、情感与理智完全统一是其最终目的。当然,康德的审美观并非毫无缺陷,康德的审美观的缺陷,也是西方古典美学的缺陷,那就是严守艺术和日常生活的界限,坚持艺术的精英化立场,造成艺术和生活的分裂。另外,康德的审美观的先验立场和思辨色彩也注定其无法担当沟通现象界与本体界、经验界与超验界的重任。

要求审美超越、坚守艺术与日常生活的截然划分,可以说是西方古典审美观的共同特点。现代美学要求打破艺术与日常生活的界限,要求审美走下神坛,以审美的超越性来拯救日常生活的庸俗和芜杂。到了后现代,前卫的艺术家们则直接将生活物品搬上艺术的舞台,消解了艺术作品的神圣性,主张审美和日常生活的双向扩张。"日常生活审美化"论者消弭日常生活和审美活动之间的界限,力举非超越的、消费性的"新的美学原则",的确带有后现代消费社会的特征。虽然不同时代人们对"审美"内涵的理解具有一定的真理性,但是真理的开启同时也是真理的遮蔽。而我们要建设当代审美文化,以人为本的基本内涵不能丢。③国人一提康德美学就是"审美无利害"、"审美非功利",从而把康德美学引向苍白无力的形式主义,这实际上是对康德美学的误读。

二、休闲时代的审美契机:日常生活审美化

综合以上我们对休闲和审美的考察,我们会发现休闲和审美之间的关系:两者既相互联系,又相互区别。首先,这是两个内涵和外延都不同的相互独立的概念。休闲不能涵盖审美,审美也不能涵盖休闲。其次,两个概念又有着共同的本

---

① [德]康德:《论优美感和崇高感》,第69页。
② [德]康德:《实践理性批判》,北京:商务印书馆,1999年,第177–178页。
③ 朱立元:《略谈当代审美文化的"审美"内涵》,载《沈阳工程学院学报(社会科学版)》,2008年第1期。

质，都是精神性高于物质性，自由性先于必然性，依于感性而力主超越，最终达到生命的自由和完满。"可以说，审美是休闲的最高层次和最主要方式。我们要深入把握休闲生活的本质特点，揭示休闲的内在境界，就必须从审美的角度进行思考；而要让审美活动更深层次地切入人的实际生存，充分显示审美的人本价值和现实价值，也必须从休闲的境界予以内在地把握。前者是生存境界的审美化，后者是审美境界的生活化。"[①]潘先生的概括一语中的。

因此，当从休闲和审美的关系来考察"日常生活审美化"思潮时，我们认为："日常生活审美化"思潮具有极大的盲目性。日常生活已经审美化的论断流于表象，而对"审美"的人本内涵缺乏深刻把握。断言日常生活已经审美化为时尚早。"日常生活审美化"的实质是日常生活休闲化。坚持休闲的审美指向，不断把日常生活休闲化提升为日常生活审美化，是"日常生活审美化"论争在休闲学领域的意义所在。

在当前的中国，人们对休闲倾注了高度的热情和关注，2009年拟将出台国民休闲计划引起的风波就是最好的说明。其实，休闲不仅是人们的一种生活态度和生活方式，而且正在成为一种朝阳产业。休闲产业中以旅游业、娱乐业、服务业和文化产业为龙头形成的经济形态和产业系统，不仅为人们提供了满足日益增长的文化精神需求的契机，而且它是一种能优化和美化生态环境的可持续发展产业。随着我国经济的快速发展，日渐富裕的人们也有了更多的时间和金钱来面对消费层次、生活品质和生命质量等问题。主客观两方面相互激发，近年来休闲经济呈现出方兴未艾、蓬勃发展的局面。以旅游业为例，中国国家旅游局最新统计数据显示，我国国际国内旅游总收入2007年达到创纪录的1500亿美元。即使在国际金融危机的影响下，中国居民仍有高达92%的受访者有意愿在2009年安排旅游活动。旅游已成为国人生活中不可或缺的内容，成为扩大内需的主要领域之一。目前，我国人均GDP已接近2000美元，预计2010年人均GDP将接近3000美元。这表明，我国人均GDP接近于旅游消费"爆发性增长"的底线已为期不远。根据世界旅游组织预测，到2015年，中国将成为世界上第一大旅游接待国、第四大旅游客源国和世界上最大的国内旅游市场。

休闲产业由于具有科技含量高、环境污染小、资源消耗少的特点，将成为不少地方经济可持续发展的重要支柱，并对相关产业发展起到重要的带动作用。虽然前景非常乐观，但是反观国人的休闲现状，却往往出现不尽如人意的情况。首先，国内休闲产业的发展基础较为薄弱，受到基础设施、地区经济、相关产业发展水平等各种因素的制约。在一些大中型城市，休闲产业初具规模，但在一些小

---

① 潘立勇：《休闲与审美：自在生命的自由体验》，载《浙江大学学报（人文社会科学版）》，2005年11期。

城市、农村及偏远地区发展速度较慢。其次，社会各阶层中都普遍存在着对休闲认识不清的问题，错误地把休闲理解为单纯的吃喝玩乐，出现了整日看电视、整夜泡网吧、成天打麻将的无聊景象，甚至把休闲产业与博彩业、色情业直接画上等号。社会生活中则普遍存在着浪费公共休闲资源、破坏生态环境，休闲服务缺乏诚信观念、经营者和消费者的利益纠纷不断、休闲文化唯商业化等非常严重的现象。

如何解决目前所存在的问题，进一步推动休闲事业的发展，本文认为，经济手段、行政手段、科技手段和法律手段等强制手段是解决社会问题的最有力手段，但还不能完全解决问题，尤其是对于和人本身的发展有着密切关系的休闲产业。它必须一切从人出发，为人本身着想，才能获得持续不断的发展。对休闲产业来说，除了上述硬性手段，更需要文化的引导和人文关怀的巨大力量。其中，坚持休闲的审美指向，把人的全面发展作为目的，是提升人的休闲水平和素质，抵制商业主义、消费主义、拜金主义腐蚀休闲事业发展的全局性关键问题。而审美是否能承担这样的重任？这在前文论述康德美学时已有所论证。需要补充的一点是，国内对康德美学的误读和错读贻害很深，不仅妨碍了对康德思想体系的正确理解，无法正确评价判断力批判在康德三大批判中的终极性意义，无法正确理解康德所说的"美是道德的象征"，更重要的是，中国美学走不出"审美乌托邦"情节的笼罩，使美在变幻多姿的现实面前显得孱弱无力。可喜的是，国内对康德美学也正在形成新的理解，我们对美之作为"无功利的功利"、无用之大用的社会功能也正在形成更深刻的理解，这对我们正确理解审美与休闲的关系将会起到基础性作用。当如火如荼的大众休闲运动的开展必将为审美的进一步普及创造契机，而人们也必将在对休闲的热爱中领悟到美的境界。当"日常生活审美化"成为一个问题的时候，休闲学领域应该汲取它的教训，既不能拔高当前国人的休闲状况，认为休闲已经上升到了审美的层面；也不能丧失休闲的理想维度，认为休闲和审美无关，陷入物质消费主义的旋涡。

论林语堂"优游人间"生活审美观的当下价值

叶设玲

（浙江大学亚太休闲教育研究中心）

内容提要："优游人间"是林语堂对"我们怎样地生活？"这一人生哲学之问的回答，它是一种情趣生活的智慧，是一种独具创造性的生活态度，是一种现实尘世的生活方式。优游人间之本质是非物质化、自由、乐活于尘世的生活审美观，它为因缺乏生活哲学而面临"异化"的人提供价值支持，教诲人们如何以乐活的人生态度、优游的姿态和任运的智慧，去实现最淳朴的幸福生活。
关键词：林语堂　生活审美　优游　价值

优游人间是中国哲学家对生活的感悟，是生命的智慧。中国的哲学，可说是更重人生而不重真理的智识。中国的哲学家们往往会撇开一切抽象的理论，他们把握人生，紧紧围绕一个最简单的问题："我们怎样地生活？"人生的艺术散落于琐碎的生活，更在于为衣食住行奔波以外的闲暇时间中体现。如何休闲，如何利用有限的、相对自由的闲暇时间以热切深刻的态度去领略人生的乐趣、发现生活之美，这才是符合中国人性情的生活哲学。林语堂所倡导的旷怀达观、优游人间的生活方式在物质文化当道的今天，可使奢靡风气返璞归真，可使生活回归自然，可使价值聚焦于人本身，其意义甚大。

一、非物质化：优游人间是情趣生活的智慧

"我们的尘世人生因为只有一个，所以我们必须趁人生还未消逝的时候，尽情地把它享受"[①]，林语堂对生活充满热爱和自信，他最懂得生活情趣，也最懂得享受生活。我们在听他讲述中国人如何品茗、如何行酒令、如何观山玩水、如何养花蓄鸟中无不透露出消闲的浪漫崇尚，亦可概括为优游于天地、人世、精神与肉

作者简介：叶设玲（1988—　），女，浙江温州人，浙江大学亚太休闲教育研究中心博士生。
①　林语堂：《优游人间》，西安：陕西师范大学出版社，2007年，第2页。

体的生活美学观。[①] 他不主张只图享受尤其只重物质享受的生活方式，也不主张只会工作尤其是"拼命"工作的人生态度，而是看重审美世界和人生，即用美的心灵与情怀去看取世界万物和人生世相，这就是他对生活哲学的独到理解。

然而，在经济利益主导的物欲时代，悠闲幸福的生活与物质、财富被画上了生硬的等号，"拼命"工作的人生态度被高度宣扬。物质主义倾向者则相信财物能带给他们快乐和幸福的生活，通过挥霍和消费财富能提高自己的社会地位。制度经济学家凡勃伦在《有闲阶级论》中指出，人类社会的历史就是在满足了最基本的生存本能后，人们互相攀比，不断追逐财富，进而炫耀财富，并由此赢得尊敬、荣誉和社会地位的进化史。但是，从物质性和炫耀性休闲生活中获得的快乐是短暂而虚浮的，随后世俗功名无限膨胀，终究陷入物质饥渴的怪圈循环，直到最后忘却了为人的"初始之心"——闲适幸福的生活感越走越远。反观苏东坡的"江上清风"、"山间明月"，陶渊明的"鸡鸣桑树颠"、"夕露沾我衣"，他们在最平凡的田野生活中得到了心灵的平和与寄托。可见，悠闲的生活并不是富有者或成功者独有的权力，更不是挥霍、奢侈的代名词，它源于宽大的内心对情趣生活的价值定位。

林语堂的"优游人间"也许在物质生活上显露着穷苦，但情感的丰富、生活的乐趣才是深切地爱好这美好人生的关键。现代人必须意识到消费主义式的休闲生活方式将会带来的精神荒漠化，消费主义在走向商业化的同时，也放弃了对终极问题的关心，更谈何富有情趣的幸福生活。从哲学的层次来讲，优游生活的重要目的之一，就是通过对时间的自由支配，培养兴趣、发展爱好，树立以人的价值为中心的乐活生活观，从而促进人的全面发展，避免人被商品异化的命运。

二、自由：优游人间是独具创造性的生活态度

优游人间是带有个性的、自由的、有追求的生活意境。林语堂直言他对人类尊严的信仰，实是在源于他相信人类是世界上最伟大的放浪者，他指出人类的尊严应该和放浪者的理想发生联系，而绝不是服从纪律、受统治奴驭的士兵的理想发生联系，放浪者才是人类中最显赫最伟大的典型。换言之，放浪者身上所透露出的创造性、自由、好奇、梦想等无法测度、无以机械化的特性才是人类应有的生活灵性。只有心念"优游人间"的自由情怀，才能有足够的空间让思想放飞，在自由的追求中发现人生志趣和活力，增长人的道德、智性，由此创造并繁荣科学、艺术、文学、诗歌、音乐等人类灿烂文明。

---

① 马金玲：《从〈生活的艺术〉浅谈林语堂的审美人生——乐生》，载《陕西青年管理干部学院学报》，2006年第1期。

现今，在工业化高度发展的社会中，多数人哀叹：人生是没有自由的一颗"螺丝钉"，机械化的生活日复一日。卢梭无奈地发出"人是生而自由的，却无时不在枷锁中"的呐喊。①处于"枷锁中的人"成了物欲的奴隶，丢弃了崇高的精神生活，丢弃了以个性化实现为前提的自由独立，丢弃了人类心灵的真正体验，更远离了这优游的生活意境。优游闲适生活的核心就是自由时间的创造性运用，在休闲中强调人的意义，强调劳动、休闲与自由、创造并重的价值观。

其实，对大多数人来说，缺乏的不是休闲时间，而是休闲文化和闲暇生活哲学的引导，例如突如其来的假期不知如何安排，盲目涌入旅游大军；零散地闲暇时间难以充分利用，靠打发时间晃晃度日。对时间的挥霍是最大的浪费与不负责任。瑞士哲学家皮普尔在其《休闲：文化的基础》中认为，休闲不是一个星期天下午的悠闲时光，而是对自由、教育和文化的维系，是对人性的维系。因此，人们须在闲暇之中，持优游乐活之心，紧紧围绕"培养自我的生命个性，追求自由的创造与想象，全面提升个人的修养品行与生活品位"的发展趋向，通过音乐、绘画、书法、阅读等文学艺术与生命运动相结合，去营造几分悠哉与个人特色情趣兼容的美好生活。

三、乐活：优游人间是现实尘世的生活方式

优游人间是一种生活在现实尘世中乐生、乐活的人生态度。优游存在于"人间"，是现实的尘世，是生老病死的现世，而非西方的天堂，中土的西天抑或是精神中的虚幻世界。林语堂"两脚踏中西文化，一心评宇宙文章"，对东西方文化均有相当通透的领悟与颇为独到的见解。他认为西洋哲学以论理或逻辑为基点，重研究智识方法的获得，以认识论为基础，提出知识的可能性问题，但最后却忘却了关于生活本身的智慧。②正如追求一场浪漫的恋情却不想为婚姻负责，难免有几分脱离尘世现实的味道。他不断提醒自己：我们不都是注定要遭遇死亡的凡人吗？我们是属于这个尘世的，而且和这尘世是一日不可分离的。

环顾周遭，地位卑微的在抱怨，权倾一方的在抱怨，在一片抱怨声中，尘世被冠以冷酷、灰暗、喧嚣、浮躁的形象。事实却是，"乐不在外而在心，心以为乐，则是境皆乐"③，尘世是人心的映照，是人们缺乏一颗从容、淳朴的内心去发现这美丽的尘世。"当一个人悠闲陶醉于土地时，他的心灵似乎那么轻松，好像是

---

① 于光远、马惠娣：《于光远马惠娣十年对话：关于休闲学研究的基本问题》，重庆：重庆大学出版，2011年，第23页。

② 林语堂：《优游人间》，第5页。

③ 李渔：《闲情偶寄》，济南：中国画报出版社，2013年，第45页。

在天堂一般"，林语堂赞美这一美丽、宽大的尘世，他甚至说道：活在这一孕育万物的天地中，假如还不能使生活美满，那就是忘恩负义了。

林语堂之所以能够在现代大都市中保持优游超脱的生活智慧，处处拾得生活之美，得益于自幼在山间田野中长大而形成的"高地人生观"。秀美的山陵、灵动的溪水，大自然的博大、神秘、圣洁陶冶着他的心灵，留下优游生活的印记。城市化推进下的现代人，更应在闲暇之余，最大限度地接近大自然，重新去寻觅"行到山穷处，坐看云起时"的况味，观察尘世中形象色色的事物。在这一过程之中，面对浩瀚的天地，人们易于发现淳朴生活的美，并自我净化、自我反思：应心怀优游于天地、人世、精神与肉体的生活美学观即用美的心灵与情怀去看取世界万物和人生世相，如此才能深切地爱好这尘世的美好人生。这与休闲学者马惠娣所描述的休闲人生不谋而合：闲庭赏月、倚木而休，持一份对自然的敬畏，存一份道德清正、思想纯洁的心灵。

可见，中国民族生活艺术思想上最恒久、最永存的叠句唱词无不是引导人们领略这尘世的美好与乐趣。"让我和草木为友，和土壤相亲，我便已觉得心满意足"，林语堂以乐活的人生态度、优游的姿态和任运的智慧，教诲人们如何在繁华紧张的尘世生活中，享有几分悠哉游哉的恬适，有意地进入到简朴的思想和生活里去。

老子的休闲与养生思想探析

梅良勇　慈秀秀

（江苏师范大学中国哲学与宗教研究所　法律与公共事务学部）

内容提要： 老子在休闲与养生方面的思想是中国思想史的一颗璀璨明珠。在中国传统文化中，人们积极有为的生活方式就是追求个体生命与自然社会的整体协调与共存，而老子的养生理论与休闲智慧正是以"体道"为理论宗旨，以"崇尚自然、返璞归真"为休闲核心的具有自然主义思想的哲学。老子主张人要长生久视，活的自然，那么身体就要健康，心性就要悠远闲淡。它主要包括："随化自然、少私寡欲、守静致虚"的养生原则；"自然无为、知足常乐、回归自然"的休闲境界。所以，老子的养生与休闲智慧对现代人仍具有一定的启示作用与借鉴意义。

关键词： 老子　养生　休闲　道

老子（约公元前571—前471年），是春秋时代杰出的思想家，道教的创始人，著有《老子》一书，亦称《道德经》、《老子五千言》。司马迁在《史记》中写道："老子以其修道而养寿也。"老子的道论是中国养生与休闲之道的学术渊源之一。

一、老子养生与休闲思想产生的原因

1. 老子养生与休闲思想产生的社会因缘

从社会根源上看，春秋后期，社会矛盾扩大，现实社会中的氏族制度已趋向没落，社会处于巨大的困境之中，加之统治者的贪婪无度，使民众流离失所，痛苦不堪，所以老子就论定当时的社会为"天下无道"。

首先是战争不断。其次各国内部频繁而残酷的斗争造成了复杂的政治斗争和社会矛盾。君主专制政体，执政者关系到国家的安危。所以老子以史官敏锐的眼光发现了这一切，他就想用道德说教去补救，但老子为了自保，认为"贵以身天

作者简介：梅良勇（1963—　），男，江苏师范大学教授，江苏师范大学中国哲学与宗教研究所所长，中国休闲哲学专业委员会常务理事。

下，若可寄天下；爱以身天下，若可托天下"（《老子》第十三章）。只有保全自己，才可以爱托天下。老子看到了种种矛盾的对立，这是灾祸的根源。故老子说想要解决矛盾，就要消除对立。"绝圣弃智，民利百倍；绝仁弃义，民复孝慈；绝巧弃利，盗贼无有。此三者，以为文不足。故令有所属：见素抱朴，少私寡欲。"（《老子》第十九章）这就是他消解对立的原则。

2. 文化背景及史官经历对老子养生与休闲思想的影响

老子把"道"作为自己的最高哲学概念。在老子那里，"道"的权威远远超过了上帝，这与中原文化的"天道观"有很大关系。因为从远古时代，人们就注意到了天象与人类活动的关系，一直延续到周。而老子作为史官，任务就是观察天象，所以他吸取了"天道"思想来作为自己的思想，认为应做到"天人合一"才能长寿。老子在《老子》中也明确承认自己思想与古代思想的继承关系。严复曾说："吾尝谓老为柱下吏，又享高年。故其得道，全由历史之本。读执古，御今二语，益信。"[①] 养生全身之道古既有之，如彭祖的养生之道。再者，老子有条件继承和改造发展《诗》、《书》、《易》中的思想并用于养生。《庄子·天下》说老子的学术思想是："以本为精，以物为粗，以有积为不足，瞻然独与神明居。古之道术有在于是者，关尹、老聃闻其风而悦之。"庄子称"古之道术"是老子思想的直接来源。那么《易经》、《诗》就是其思想的源头。[②] 老子在其著作书中也表达出了养生和休闲的思想。

二、休闲与养生思想的主要内容

1. 休闲观

（1）"自然无为"的休闲原则

老子哲学是以崇尚自然，返璞归真为其理论的一种具有自然主义思想的哲学，其哲学中心就是"道"。在道家休闲文化里，以求道作为最高宗旨，认为"道"是客观存在的最高的绝对的天地之大美。"道"是天地之根，万物之本，它展现在生活的各个方面，所以"道之尊，德之贵，夫莫之命而常自然"（《老子》第五十一章）。"道"的根本特性就是自然无为，天地万物都任其自然，从不违背它们的本性，天地无心于为而物自生，无意于成而事自成。人生于天地之中也应该效法天地自然无为，把自然看成自己的最高状态。这就是老子所说的"人法地，地法天，天法道，道法自然"（《老子》第二十五章）。落实到人自身，"自然"就是人本真

---

① 严复：《老子道德经评点》，上海：商务印书馆，1935年。
② 尹振华：《重视老子与〈老子〉——其人其书演变》，北京：商务印书馆，2008年，第127页。

的存在状态，也就是人的本性没被歪曲，能做到为而不争，这就达到了最高的精神快乐。

（2）"知足常乐"的休闲境界

人们都知道名利富贵是生不带来，死不带走的身外之物，而利益富贵可以给人以物质和精神带来满足和方便。而在老子看来，"持而盈之，不如其已。揣而锐之，不可常保。金玉满堂，莫之能守。富贵而骄，自遗其咎"（《老子》第九章）。追求财富不一定能得到，得到不一定能守得住，物质财富是永难满足的。

所以人的思想要纯净，减少私心，降低欲望，只要有维持自己生活的就够了，不要过多非分之想，要"去甚、去奢、去泰"，要"知足、知止"。老子认为"知足者富"，不单只物质上感到丰富，更指精神上富有。"祸莫过大于不知足，咎莫大于欲得。故，知足之足，常足矣。"（《老子》第四十六章）指的是：灾祸没有不知道满足的，罪过莫过于贪得无厌的，所以知道这样的满足永远是满足的。总之，老子告诫人们对一切要知时知量，自保自持，要有清醒的认识。只有做到"知足、知止"才能"常乐"，人才能自在安宁的生活，心平气和，达到休闲的崇高境界。

（3）"回归自然"的休闲归宿

休闲的最高境界无疑是返璞归真，回归自然。这里的"自然"是指事物的本真状态或事物本来的样子。"道"就是世界万物的本源，"道生一，一生二，二生三，三生万物"（《老子》第四十二章），但"道"能做到"生而不有，为而不恃，长而不宰"（《老子》第五十一章），对万物不去占有它们，不居功自傲，不做它们的主宰，只是遵循它们本来的生长规律，任其自由发展，少加干涉。这也就是老子所说的"道法自然"，正是"道"的无私无畏，"万物莫不遵道而贵德。道至尊，德之贵，夫莫之命而常自然"（《老子》第五十一章），所以把"尊道贵德"作为一种休闲方式，就自然而然地进入了生命的原本状态。

2. 养生观

养生观的宗旨是"体道养性"。"道"是天地万物的创生者，具有永恒的生命力，在老子看来，任何事物都不具有永恒性，只有侍奉"道"才能获得永恒的性质，即他所说"故从事者，同于道；同于道者，道亦乐得之"（《老子》第二十三章）。如此才能达到"根深蒂固，长生久视"的境地。所以老子毕生追求道，用"道"来滋养自身，接受道的庇护。因此，老子提出了"随化自然、少思寡欲、守静致虚"的养生原则。

（1）随化自然

养生，关键在于生死观。老子极力主张"人法地，地法天，天法道，道法自然"（《老子》第二十五章），因为自然是道的属性。老子已经明白，生死是自然的，排斥死来追求生是无用的。老子把死的原因归于"生生之厚"，就是不忘记自身的存在，把生命看得过重，这样反而会危及生命。老子这种死亡观是正确的。马克思说："死似乎是人类对特定的个体的残酷无情的胜利，并且似乎是同他们的统一是相矛盾的。"① 所以老子强调"不自生"，就是不自益其生，即"随化自然"、"忘身"，达到"和其锐，同其尘"（《老子》第五十六章）的境界，才能无生养生，忘生意达存身。

（2）少私寡欲

老子认为仅从形体方面养生是不够的，还必须从精神和情欲上修养，这就需要少私寡欲。他对社会的奢靡文风进行抨击，写道："朝甚除，田甚芜，仓甚虚。服文彩，带利剑，厌饮食，财货有余，是谓盗竽，非道也哉。"（《老子》第五十三章）同样，老子把对社会的理论用于个体养生上，认为纵欲对生命的危害。他指出："五色，令人目盲；五音，令人耳聋；五味，令人口爽；驰骋畋猎，令人心发狂；难得之货，令人行妨。"（《老子》第十二章）所以人不能落入感官混乱状态和享乐状态，要"见素抱朴，少私寡欲"，即外表单纯，内心质朴，少私心，寡思念，只要满足就可以了。老子多次指出"知足之足，常足矣"。并认为"知足者福"，若不知足，则"金玉满堂，莫之能守，富贵而骄，自遗其咎"（《老子》第九章）。可见，老子要求以自身为满足，正常的生活不是向外求索，把长寿视为人生的自我知足的结果，这也是我们常说的"知足常乐"。

（3）守静致虚

老子的守静理论作为人生哲学提出，其主旨是保持心灵自然纯真，在养生上则是"虚静"、"恬淡修养"。老子以守静为自己的宗旨，明确提出"静为躁君"、"清静为天下正"。（《老子》第二十六、四十五章）要以静制动，一切归于清静。《老子》指出："夫物芸芸，各复归其根，归根曰静，是谓复命。"（《老子》第十六章）把寂静不仅看成一种状态，还视为各种运动的共同趋势。《老子》指出："致虚极，守静笃，万物齐作，要以观复。"（《老子》第十六章）只有心灵静寂，才能洞察事物的本质规律，洞察到万物的生长和死亡这一生生不息的宇宙奥秘。用于养生，乃告诉我们要保持天性的守静，身心圆融于道境，就可以长生久视了。

3. 休闲与养生的关系

老子说：益生曰祥。我们知道，休闲是养生的重要方式，是必要的前提。只重养生而轻休闲，养生是很难如愿的。一个人的健康与长寿看似是养生的结果，其实与精神方面的修养即休闲不无关系。一个患得患失，忧心忡忡的人，即使天天养尊处优，保健有道，也难以长寿；而一个经常自省、心境平和、淡泊名利的人，自然会少招疾患。

---

① 《马克思恩格斯全集》第42卷，北京：人民出版社，1975年，第123页。

老子提倡的自然无为，就证明了这一点。人应回到自然中才能找到自我，即一种优雅恬淡的生活，这也是人的终极价值。所以选择正确的休闲方式，与自然和谐相处，尊道贵德，人自然就会延年益寿。

因为道家的自然自由的休闲观为人类构建的是一个有意义的精神世界，使人类的心灵有所安顿，并通过它特有的方式来安慰人疲惫的身躯，提升人的生活品味，净化人的心灵，用休闲哲学把人类拉到健康的知性上来。因此，老子的"回归自然、少私寡欲"等观点是相辅相成的，是要人与自然和谐相处。只有这样，人才能获得休闲的美好生活，健康的长寿。

三、休闲与养生对当代的启示

现代人要求休闲原因是 21 世纪是机遇与竞争并存、希望与痛苦并存、光荣与苦难并存的时代。人类将迎接来自许多方面的挑战。就人类自身而言，最大的挑战就是心理危机，紧张、焦虑、恐慌——这些心理亚健康因素在每个人身上多少都存在。心理疾病增多，自杀率升高已被高度重视。因而，人的思想观念要保持纯净，心底胸襟要原始朴素，不刻意做作，要尽量减少私心，降低欲望，才能找到自己的精神家园。两千多年前的老子给了我们一个重要启示：达到婴儿状态，抛弃名与利的诱惑，避开尔虞我诈，心平气和，宠辱不惊，才能真正回归到自我。

老子的养生观在今天不只是对"摄生"，而且对人的医疗保健及修身养性仍有重要的意义。老子提倡的少私寡欲，也是许多长寿者养生的秘诀。老子注重个体生命的保全，也注重道德与修养的关系。如对老子的不争思想，陈鼓应先生评价道："老子的不争，并不是一种自我放弃……乃是为了消除人类社会不平的争端提出的。……主要目的在于消除人类的占有冲动。"[①] 谦下宽容是维持人际关系和谐社会稳定的前提，是道德修养与教养的重要标志。

老子推崇人养生应合乎"自然"，当然要求人与自然环境融洽相处。而长期以来人是宇宙统治者的"人类中心主义"观念下，对大自然进行无情的掠夺和残酷的破坏，出现了生态危机和自然灾害。人怎样才能更好地生存，重读老子的养生理论也许对我们有重大启示。老子提出的人与自然统一的养生之道对生态自然保护有重要意义。

老子的休闲观同样也对当代社会起到了参考作用。中国社会从 20 世纪 80 年代中期以后，社会物质财富迅速积聚，人民生活水平极大地提高，而休闲也渐渐成了 90 年代之后中国文化的现象。"休闲"一词越来越多地出现在人们的日常生活中。世界上其他国家也在发生同样的变化，有报道称，在 1999 年第 12 期美国《未

---

① 陈鼓应：《老子注释及评价》，北京：中华书局，1984 年，第 42 页。

来学家》杂志上，封面文章描画的就是新世纪的社会形态。文中指出，随着知识经济时代的来临，将使未来社会以史无前例的速度变化着，2015 年之后，发达国家将进入休闲时代，休闲将成为人类生活的重要组成部分。[①] 在当今这个被称作即将到来的"休闲"时代里，休闲已经作为一个新的社会现象，一个新的社会经济形式，一种新的生活方式，一个新的进步观念走入了人们的生活里，是人类生活的重要组成部分。我们必须对休闲有正确的认识，普及健康的休闲文化。

总之，老子道出了人们养生处世的真谛，他信奉的是一种简单的生活哲学，是要人们以一种自然心态回到一种简单的生活中去，去掉烦恼，从而获得身心愉悦，所以，老子"随化自然、少私寡欲"的养生观；"自然无为、知足常乐"的休闲观等，这些大智慧至今仍具有很大的价值。

---

① 马慧娣：《走向人文关怀的休闲经济》，北京：中国经济出版社，2004 年，第 2 页。

论庄子的休闲观

孙敏明

（浙江万里学院）

内容提要： 本文认为休闲问题内含于庄子对生命意义、自由精神的追求中。结合现代休闲的几个特征考察庄子的休闲观，以揭示庄子休闲观的内涵。对于个体而言休闲首先是一种主观的心理体验，庄子是一个善于休闲的人，想要获得心闲的关键在于如何"用心"，以"乘物以游心"为代表分析庄子的游心法。其次休闲是一种当下的生活方式，庄子直面现实，倡导自然朴素的人生，为我们提供了不少日常生活中的休闲智慧，如"性体抱神"去除机心回复自然的本性，懂得生活中的"无用之用"，重复性的劳动或活动可以使人由"技"而"进于道"等。再次，休闲是分层次的，休闲所追求的人生理想，生命意义具有超越性。庄子休闲观的核心是游心于天地之间，而其最高境界则是与道合一，体验道的境界。

关键词： 心闲　休闲智慧　游心

庄子的哲学是关于人生的哲学，它关注个体生命的生存状态，养生修性，在纷繁复杂的人间世界保持冷静的思考、理性的批判，在现实和超越现实之间徘徊悠游，飞扬的精神可以超出尘外，与天地大道同化衍流。而"休闲研究的核心观点是，休闲是人的生命的一种状态，是一种'成为人'（Becoming）的过程，是一个人完成个人与社会发展任务的主要存在空间；休闲不仅是寻找快乐，也是在寻找生命的意义"[①]。休闲问题内含于庄子对生命意义的追索中，对自由精神的追求中。正是在共同关注人生，关注个体生存状态、精神状态的问题上，两千多年前的庄子思想依然成为我们今天休闲哲学思想可以不断借鉴和挖掘的宝库。

一、休闲即"心闲"

对个人而言，是否处于一种休闲状态，关键在于个人的感受，从这个意义上

作者简介：孙敏明，女，博士，浙江万里学院讲师。
① 马惠娣：《休闲：人类美丽的精神家园》，北京：中国经济出版社，2004年，第76页。

来说，"心闲"才是真正意义上个人的休闲状态。

> 庄子与惠子游于濠梁之上。庄子曰："鰷鱼出游从容，是鱼之乐也。"惠子曰："子非鱼，安知鱼之乐？"庄子曰："子非我，安知我不知鱼之乐？"惠子曰，"我非子，固不知子矣；子固非鱼也，子之不知鱼之乐，全矣。"庄子曰："请循其本。子曰'汝安知鱼乐'云者，既已知吾知之而问我，我知之濠上也。"——《庄子·秋水》

这则著名的庄子与惠子争论"鱼之乐"的故事，充分体现了个体对于休闲感受的主体差异性。故事里的庄子在濠上观鱼，满心喜悦，把这种悠然自得的心情投射到鱼上，自然就感受到鱼之乐，是鱼之乐更是人之乐；而惠子古板，偏偏认为人与人、人与物难以在情感上认同沟通。可见庄子是个懂得休闲的人，而惠子却是个缺乏情趣的人。

休闲是不能依靠时间上的闲暇来界定的，"休闲和空闲时间是两个截然不同的概念……空闲时间只是计算时间的一种方式，而休闲则涉及存在状态和人类生存的环境。"[1] 同样，休闲也不能通过空间上对日常生活环境的疏离来界定，因为特定时空是外在的，而只有此时此刻的心境对于个体来说才是最真实的。外出游玩观景，庄子也曾遭遇本想休闲结果却几天不愉快的事，如庄子有在雕陵之樊观"螳螂捕蝉黄雀在后"的故事。

对于个体而言能否休闲，关键在于心的活动，学会真正的休闲，让心灵有感受闲适的能力，有自由飞翔的能力，这就需要解放身心，去除累患。庄子珍视个体生命的存在，在庄子看来，做人千万不要被各种"身外物"，例如权势地位、名誉财富、仁义道德等所役使。

> 一受其成形，不忘以待尽。与物相刃相靡，其行尽如驰，而莫之能止，不亦悲乎！终身役役而不见其成功，苶然疲役而不知其所归，可不哀邪！人谓之不死，奚益！其形化，其心与之然，可不谓大哀乎？人之生也，固若是芒乎？其我独芒，而人亦有不芒者乎？——《齐物论》

人从降生到世起就不可避免的投入到了外物的包围中，与外物相磨相擦，一辈子忙忙碌碌，驰骋追逐于外物之中终生疲惫困苦而人生的意义又究竟何在呢。如果终日沦陷于外物中，受外物的纷扰，那么心境是无法真正进入安适状态的。

---

① ［美］托马斯·古德尔、杰弗瑞·戈比：《人类思想史中的休闲》，成素梅等译，昆明：云南人民出版社，2000年，第1页。

"山林与！皋壤与！使我欣欣然而乐与！乐未毕也，哀又继之。哀乐之来，吾不能御，其去弗能止。悲夫，世人直为物逆旅耳！"（《知北游》）游观玩赏山林、皋壤的景观，游观者欣然快乐，然而快乐还没有结束，悲伤又继之而来，快乐与悲伤的情感随着外物的变化而变化，它们的来去也不受自我的控制，这样游观者成了喜怒哀乐情绪的寄生场所，又何谈心灵的真正自由与解放。

个体休闲与否在于"心闲"，即主体感受体验到的内心的愉悦感和自由感，那么关键就在于如何"用心"。庄子提出了一系列的用心法或说游心法，如"外化而内不化"、"逍遥游"、"入游其樊而无感其名"、"乘物以游心"、"虚己以游世"，等等。我们以"乘物以游心"为代表来具体讨论如何游心。

"乘物以游心"是一种用心法，也是一种游心法。语出《人间世》篇，它的语境是叶公子高受楚王的命令出使齐国，叶子高受命后忧心忡忡以致内伤身体，又担心如果完不成任务还会受到楚王严厉的刑法，于是无可奈何向已成为庄子代言人的孔子请教，孔子在对他进行了一番谆谆教导后，告诉他总而言之解决的妙法就是："且夫乘物以游心，托不得已以养中，至矣。"

要解说"乘物以游心"的含义，先要弄清"不得已以养中"。关于"不得已"的含义，一般解释成"理之必然"，如郭象注："理之必然者。"关于"养中"，成玄英疏："养中和之心。"陈鼓应解说："老、孔都重视守'中道'，但儒、道二家观点不同。孔儒的'中道'，指不偏不倚，不走极端而采调和的态度，取两极的折中点。庄子的'养中'，则顺着老子'守中'之义而发展，老子形容天地之间犹如风箱，'虚而不屈，动而愈出'，接着说：'多言数穷，不如守中。''守中'即指中空、中虚而言。庄子于此，将'中'、'虚'用以表达心理状态。所谓'养中'，即主体通过修养的工夫，除排名位的拘锁而使心灵达到于空明灵觉之境界。"

那么再来看"乘物以游心"的含义。要达到游心就要通过养心，即养成空虚澄明的心境。那么所乘之"物"又为何物，郭象在另一处有注："时变则俗情亦变，乘物以游心，岂异于俗哉！"可见所乘之"物"，就是世间的俗情俗物，而且是与时俱化的世情俗物。那么"乘物以游心"就是任世间事物事情的自然变化而悠游自适。陈鼓应说："乘物以游心即心神顺任外物的变化而遨游。游心即心灵的自由活动，——即精神从物物相逐、名利相争的现实桎梏中提升出来，使心灵在自由自适的状态下以美感距离来观照外物。"[①] 只有如此"用心"，才是庄子所倡导的，也是达于高层次休闲的用心所在。在纷繁复杂、风云变幻中，不管外物外境如何都不能干扰和影响主体本心，本我之心映照天地万物，心悠游于天地万物之间。

---

① 陈鼓应：《老庄新论》（修订版），北京：商务印书馆，2008年，第235、235、209页。

二、休闲方式——"无江海而闲"

休闲是一种生活方式，体现在日常生活之中，庄子所倡导的日常生活，不是"江海避世而闲"的隐士生活，而是"无江海而闲"，不刻意而为的生活。

庄子以其自身的为人处世告诉我们休闲和一个人的社会地位、财富、权利等东西无关。在《秋水》篇和《列御寇》篇都记载有庄子辞却楚王礼聘，不愿为相的故事。尽管现实生活中随着对千金重利卿相尊位的拒绝而来的只有贫穷困顿的生活，如《列御寇》篇载庄子"处穷闾厄巷，困窘织屦，槁项黄馘"；《外物》篇载"庄周家贫，故往贷粟于监河侯"。《山木》篇载"庄子衣大布而补之，正緳系履而过魏王"。但是在庄子看来与财富、地位相比，一个人的精神自由才是最重要的，"我宁游戏污渎之中自快，无为有国者所羁，终身不仕，以快吾志焉"。庄子正是坚持并实现了"独与天地精神往来而不敖倪于万物，不谴是非，以与世俗处"的理想人生与现实人生的完美结合。

庄子倡导自然、素朴的人生，为我们提供了不少日常生活中的休闲智慧，如"性体抱神"去除机心回复自然的本性，懂得生活中的"无用之用"，重复性的劳动或活动可以使人由"技"而"进于道"等。

对于自然无为的生活态度的倡导，我们以抱瓮老人的故事为例来看。

> 子贡南游于楚，反于晋，过汉阴，见一丈人方将为圃畦，凿隧而入井，抱瓮而出灌，搰搰然用力甚多而见功寡。子贡曰："有械于此，一日浸百畦，用力甚寡而见功多，夫子不欲乎？"为圃者卬而视之曰："奈何？"曰："凿木为机，后重前轻，挈水若抽，数如泆汤，其名为槔。"为圃者忿然作色而笑曰："吾闻之吾师，有机械者必有机事，有机事者必有机心。机心存于胸中，则纯白不备；纯白不备，则神生不定；神生不定者，道之所不载也。吾非不知，羞而不为也。"——《庄子·天地》

抱瓮老人宁可亲力亲为灌溉田地，不是不知道桔槔之类的机械化工具更为省力，而是羞于为之，因为"有机械者必有机事，有机事者必有机心"，机心就是功利机巧的心，只有弃绝这样的心，进行自我修养，才能养成"明白入素，无为复朴，体性抱神"的"载道之心"，对此成玄英疏："夫心智明白，会于质素之本；无为虚淡，复于淳朴之原。"抛开功利机巧的算计，回归朴素的本心，以自然无为的态度悠游于世俗人生。

对于大多数人认同的社会价值观需要反思或重估，需要用开放的心灵去看待问题。庄子曾经非常感慨："人皆知有用之用，而莫知无用之用也。"庄子关于"无用之用"或"无用而有大用"的话有好几处，我们以《逍遥游》篇记载的惠庄辩论"有用""无用"为例来看。

> 惠子谓庄子曰:"吾有大树,人谓之樗。其大本臃肿而不中绳墨,其小枝卷曲而不中规矩。立之涂,匠者不顾。今子之言,大而无用,众所同去也。"庄子曰:"子独不见狸狌乎?卑身而伏,以候敖者;东西跳梁,不避高下;中于机辟,死于罔罟。今夫斄牛,其大若垂天之云。此能为大矣,而不能执鼠。今子有大树,患其无用,何不树之于无何有之乡,广莫之野,彷徨乎无为其侧,逍遥乎寝卧其下。不夭斤斧,物无害者,无所可用,安所困苦哉!"

在这里,庄子对于传统所谓"有用""无用"的价值观念进行了重新诠释,陈鼓应对此作过很好的解说:"庄子借此对俗众所汲汲于所追求的社会价值提出了反省性的批评,指出它不仅束缚精神发展,使自己的心灵矮小化,亦容易在这种追逐中,戕害了自己的性命。世间多少智巧的狸狌,奔走活动,卑身诏求以取功利,结果'中于机辟,死于网罟'。我们读任何一代的历史,都是令人惊心动魄的。多少聪明才智的人,一个个被统治者谋害,一群群被权者屠杀,只是为着求名争利,为着求功争位。庄子慧眼独识,一眼透破世情,所谓'有用',无非是被役用,被奴用,不是被治者所役,便是为功名、利禄所奴,身心不得自主,精神不得独立。庄子彻底扬弃市场价值,另辟一番新天地。'无何有之乡,广莫之野,彷徨乎无为其侧,逍遥乎寝卧其下。不夭斤斧,物无害者,无所可用,安所困苦哉!'庄子热爱生命,不肯把它耗费在立功立名的市场价值上。他高情远趣,创造一个辽阔的心灵世界……"

在日常生活中人们往往重复同一种劳动或活动,而由此产生的恶果就是使生命机械化,而对此庄子却为我们提供了另一条提升自我达于大道的途径。庄子讲过很多"技进于道"的故事,如轮扁斫轮、佝偻者承蜩、梓庆削木为镶、吕梁大夫蹈水等,而最为著名的莫过于"庖丁解牛"。我们就再来解读一下"庖丁解牛"。

庖丁解牛用刀"十九年而刀刃若新发于硎",这其实是长期的解牛劳动的产物。庖丁达到"游刃有余"的解牛境界,经历了三个阶段:初始阶段完全是盲目的,根本不认识牛理,用刀砍断骨头,刀很费,每月换刀。"三年之后"是第二阶段,对于牛理略有认识,用刀割肉,刀也很费,每年换刀。"方今之时"也就是完成对牛理的认识阶段,这是"技进于道",也就是从必然王国进入到了自由王国的阶段,处在这个阶段的庖丁,解牛"以神遇而不以目视,官知止而神欲行","依乎天理、因其固然",合规律性与合目的性达到了高度的统一,以至呈现出完全自由的"神与物游"的境界状态。这个例子给了我们很好的休闲启示,哪怕是如宰牛这样看似无趣而艰苦的劳动,只要肯如庖丁般用心就可以让人从力的必然王国达到审美的自由王国的飞跃,重复性的劳动并不是使人机械化,而可以从合乎规律性达到对自由的体验，对道的体验。

庄子不肯出仕也没有隐退山林，而是在"天下无道"的"人间世"中，用他"游"的方式，如"逍遥游"，"乘物以游心"，"虚己以游世"，"乘道德而浮游"等最终达到了对现实人生的超越。休闲的真正境界也在与此，在个人不可改变的现实境遇中，坚持自己的人生原则，使自己的内心足够强大，让内在精神去驾驭外在环境，并由此获得精神的自由。

三、休闲至境——"无待逍遥游"

休闲是有层次的，借用李泽厚的美感三层次论，悦耳悦目更多是感官层面的愉悦，悦心悦意更侧重精神层面的愉悦，而悦志悦神则进一步达到了最高的体道境界。休闲所追求的人生理想，生命意义超越了当下而指向理想。休闲的超越性，也就是休闲的最高层次或境界，其内涵与个体的人生观、价值观紧密相连。儒道两家都以圣人为他们最高的理想人物，但儒家的圣人是规范化的道德人，而道家的圣人是体任自然，扬弃一切外在束缚的自由人。

庄子对于感官的快乐是很警惕的，这个认识继承老子而来，老子曾说："五色令人目盲，五音令人耳聋，五味令人口爽，驰骋田猎令人心发狂。"（《老子·十二章》）庄子及其后学同样也反对过分的耳聪目明，如批判离朱"乱五色，淫文章"，批判师旷"乱五声，淫六律"，是因为他们超出了人的自然的本性。庄子休闲观的核心是"游心"，即让心灵悠游与天地万物之间。如果要细分，那么又可以分为"游心于物"与"游心于道"两个层面。

"游心与物"的代表可谓是上文分析的"乘物以游心"，在构成心物关系的时候，心澄明空虚恬淡宁静，犹如明镜一般可以映照天地万物，照出来的天地万物也即是它们的本来面目，心与物不离也不即，于是达到心与物游的境界，也可以说是一种审美性的畅神境界。

"游心"的终极境界是"游心于道"，休闲境界也就升华为"体道"的境界，这也正是庄子追求的最高的人生境界。游道的例子颇多，如《逍遥游》篇"乘天地之正，而御六气之辩，以游无穷者"、"乘云气，御飞龙，而游乎四海之外"；《齐物论》篇"游乎尘垢之外"；《人间世》篇"游心乎德之和"；《大宗师》"而游乎天地之一气"；《应帝王》篇"游心于淡，合气于漠"等。我们以老聃"游心于物之初"而得"至美至乐"的故事为代表来分析。

孔子见老聃，老聃新沐，方将被发而干，熟然似非人。孔子便而待之。少焉见，曰："丘也眩与？其信然与？向者先生形体掘若槁木，似遗物离人而立于独也。"老聃曰："吾游心于物之初。"孔子曰："何谓邪？"曰："心困焉而不能知，口辟焉而不能言。尝为汝议乎其将：至阴肃肃，至阳赫赫。肃肃出乎天，赫赫发乎地。两者交通成和而物生焉，或为之纪而莫见其形。消息满虚，一晦一明，日改月化，日有所为而莫见其功。生有所乎萌，死有所乎归，始终相反乎无端，而莫知乎其所穷。非是也，且孰为之宗！"孔子曰："请问游是。"老聃曰："夫得是至美至乐也。得至美而游乎至乐，谓之至人。"——《庄子·田子方》

老聃"形体掘若槁木，似遗物离人而立于独"是沉浸在了"游心于物之初"即"道"的境界里。游道境界的特点很难用语言来表达，如果勉强要描述出来，就是感受到肃肃与赫赫的阴阳两气，两气冲和而化生天地万物。道是万物的法则，人世间的阴消阳息，春夏秋冬，日月变迁，昼夜更替，万物生生不已都是道的作用，然而道无形无迹，无终无始。观照道，游于道，就是体验道的整体性、无限性、普遍性和自由性等特征。游心于道就能得到"至美至乐"，得到"至美至乐"的人就是"至人"。

至人、神人、真人、圣人，在庄子的用语里就是"宗大道为师"的人，庄子用雄奇浪漫的笔法描绘了这些"至游者"的形象，最著名的当然是《逍遥游》篇的"逍遥者"："藐姑射之山，有神人居焉，肌肤若冰雪，绰约若处子。不食五谷，吸风饮露。乘云气，御飞龙，而游乎四海之外。……之人也，之德也，将磅礴万物以为一，世蕲乎乱，孰弊弊焉以天下为事！之人也，物莫之伤，大浸稽天而不溺，大旱金石流、山土焦而不热。"第一句描写了逍遥游者柔嫩莹洁的容貌；第二句象征性地写出了逍遥游者超越物质的局限和心灵的飞扬；第三句描绘了逍遥游者突破自我中心的局限，以开放的心灵，与天地万物和谐交感而冥合一体；第四句象征性地写出了逍遥游者对于自然灾害已经有了自由自觉的意识，在观念里有了防御自然灾害的能力。如郭庆藩《庄子集释》引家世父郭嵩焘对这句的解释是："能不以物为事，而天地造化自存于吾心，则外境不足以相累。"

这就是庄子的"无待逍遥游"，无所依傍的绝对的精神自由。"至人无己，神人无功，圣人无名。"成玄英疏："无待圣人，虚怀体道，故能乘两仪之正理，顺万物之自然，御六气以逍遥，混群灵以变化，苟无物而不顺，亦何往而不通哉！明彻于无穷，将于何而有待者也！"关于这种心理体验，庄学研究者作过猜测，如刘笑敢分析逍遥游时说："庄子所游之处仅仅是个人的精神世界。思想在头脑中飞翔，'逍遥游'是纯精神的享受，是没有任何现实内容的玄想式的自由。这种自由同思想的虚静是没有什么区别的。同样道理，庄子的'得道'或'与天地万物为一'的神秘体验，也是在思想上荡静一切现实映象之后的玄想，是内心的宁静与和谐。总之，不管庄子怎样描写他的精神自由，其实都离不开内心的虚静安宁，即绝对的无为。"[1] 这种自由并不存在于现实，只能存在于虚幻的精神世界中，但这种自由千百年来成了中国古人心灵的慰藉，精神的家园，也为现代人的精神自由提供了一种可供借鉴的模式。

---

[1] 刘笑敢：《两种自由的追求：庄子与沙特》，台北：正中书局，1983年，第70页。

庄子哲学对于现代休闲困境的启示

来晓维

（浙江大学亚太休闲教育研究中心）

内容提要：从哲学层面出发，休闲应被理解为一种"成为人"的过程，它关乎的是个体的生命状态。然而现代社会中的休闲却偏离其原来的发展轨迹而沦为社会的工具，人的意义进一步缺失。现代休闲急需摆脱这一困境，回归到对人的生命的关注中去。而中国先秦哲人庄子对个体生命的关注，和对"自然"、"个体性"、"自由"、"超越"等根本价值的追求正是现代休闲所缺乏的。本文意在通过对庄子哲学休闲价值的挖掘，以期对现代休闲所面临的异化困境有所启示。

关键词：庄子　休闲异化　自然　个体性　自由　超越

一、什么是休闲

渴望生存的愉悦，追求生命的快乐，是人的天性，也是人的权利。但在现代生活中，人们却承受着经济胁迫、生存竞争、观念冲突、社会变动等各种因素所造成的压力，精神极度紧张，备受苦闷折磨。从中能看出，在飞速发展的现代社会当中，人们虽然拥有了物质和闲暇，却无法从中寻找自身存在的意义，无法解除精神上的苦闷。为了获取精神的幸福和心灵的安宁，为了重新思考和寻找人的基点，人们开始将目光投向"休闲"。那么，什么是休闲，休闲对于我们来说意味着什么？

近代以来，随着人们对休闲越来越重视，休闲学科体系建设不断完善，学者们从各个学科角度给出了休闲的定义，而休闲内在的、形而上学层面的含义是关乎人的一种存在方式、一种人生境界，它的核心是"闲"。这种"闲"是对世界和自我的理解所能达到一种自由、逍遥的精神状态。[①] 美国伊利伊诺大学休闲研究系教授约翰·凯利就提出："休闲应被理解为一种'成为人的过程'，而'成为人'意

作者简介：来晓维，女，浙江杭州人，浙江大学亚太休闲教育研究中心博士生。

① 程勇：《休闲与日常生活审美化的关联性分析》，载《2012 中国（杭州）休闲发展国际论坛学术手册》，第 39 页。

味着摆脱'必需'后的自由；探索和谐与美的原则；承认生活理性和感性、物质和精神层面的统一；与他人一起行动，使生活充满朝气并促进自由和自我创造。"①英国学者威尔逊从活动角度定义了休闲，认为"休闲能够休息、恢复、娱乐、自我实现、精神上的重生、提高知识、开发技术、参与社会活动的机会；是为了追求个人生活质量而自由选择的活动"②。从活动角度可以看到，在我们所处的社会当中，休闲之于人类的意义是逐层递进的。在初始阶段，休闲是人们在紧张的工作之余得到休息、恢复体力的方法；之后，休闲逐渐演变为人们寻求快乐的手段；最后，休闲升华为人们追寻生活意义的一种状态。在休闲的这种演化过程中我们看到，它"是一种自我超越的状态，因为正是在休闲中，人性在潜在的转变中体现出对人的自我完善的引导"③。瑞典天主教哲学家皮普尔也提出："休闲是身体、心理、灵魂的自我开发机会，它不是外部因素作用的结果，也不是空闲时间和游手好闲的必然产物，是一种思想和精神态度，即人们以一种平和宁静的态度，去感受生命快乐、幸福和价值。"④历史地来看，休闲的含义应该是宁静、平和和永恒，人们在休闲中追寻的是生活的意义、生命的自由，是人成为人的过程。

二、现代休闲困境

然而，休闲的这些特征"在当今时代不仅已经丧失，而且与休闲现在的特征正好相反。"⑤这是因为，休闲的主体，也就是人，在其所处的社会背景之下，受到政治意识形态、商品意识形态等的控制，进行着被符号化了的休闲活动。而人们对于休闲的理解也发生了偏差，将它等同于无所事事、游手好闲，或者认为它离不开金钱的支出和物质的消耗。这使得休闲越来越背离其原本的目的，逐渐形成了一种"异化的休闲"。"异化休闲剥夺了人们在这个相对开放的空间里自我实现的可能性，休闲变成了社会工具而不是真正的人类活动，休闲退化为经济系统的附属品。"⑥

休闲的主体为人，因此休闲异化根源在于人的异化，涉及的其实是现代人的生存困境。马尔库塞认为，现代资本主义文明在政治、经济、文化、自然等各个

---

① ［美］约翰·凯利：《走向自由——休闲社会学新论》，昆明：云南人民出版社，2000年，编者的话，第5页。

② Anthony Wylson, *Design for Leisure Entertainment*, Boston: Butter Worth Inc, 1980, p.1; 中文转引自：李仲广、卢昌崇：《基础休闲学》，北京：社会科学文献出版社，2004年，第90–91页。

③ ［美］托马斯·古德尔、杰弗瑞·戈比：《人类思想史中的休闲》，昆明：云南人民出版社，2000年，导言，第1页。

④ 转引自李仲广、卢昌崇：《基础休闲学》，第90–91页。

⑤ ［美］托马斯·古德尔、杰弗瑞·戈比：《人类思想史中的休闲》，第146页。

⑥ ［美］约翰·凯利：《走向自由——休闲社会学新论》，编者的话，第5页。

方面造成对人的过度压抑，导致人的全面异化。在资本主义大生产体系的背景下，科学技术不断发展，并逐步取代了人的体力和智能，使得人作为主体存在的创造性和能动性丧失。人被物所规定、制约和支配，成了生产工具的某个部分，沦为科技的奴隶。"在借助于物而存活的时代，精神不过是物的暴虐统治的见证"[①]，"在技术的控制下，欲望主义、虚无主义到处蔓延；人们看不到存在的意义，感到无家可归"[②]。在这样的境况下，人的价值迷失了，人们眼中只能看到金钱和利益，因为借由这两者，人们才能稍稍感受到自己的存在。于是"人们为了一己的私利，将原来相安无事的世界变成空前激烈的战场，人人都怀着损人利己之心，在社会这个战场中相互竞争、相互倾轧"[③]，而人与人之间的情感也日益淡漠。罗素也曾说："现代文明所造就的人类之心，很容易倾向仇恨，而不是倾向友谊。人心之所以倾向仇恨，是因为它深深地，或下意识地觉得错失了许多人生的意义。"[④] 人们忧惧于生死、受制于物，为自己的欲望所掌控，而迷失了自己存在的意义。处于如此困境中的休闲主体，显然不能从休闲活动中获得休闲的真谛。

然而，要消除物对人的压迫并不是在短期内能够完成的，因为我们很难舍弃物品带给我们的具有积极意义的东西。因此要回归人性，不在于将物的世界一举消灭，而要重新审视能够使人的生存更富有意义的重要条件。这种条件并非是毫无节制地去生产被认为是必需的物，而是人对自身命运的深思。[⑤] 如果缺乏这种深思，那么人的存在本身就会变成物品，那将是无限悲哀的。休闲本是克服异化的一种途径，而如上所述，现在休闲的发展却在背离这条道路，加剧了异化的盛行。因此，现代休闲需要回归到对人的生命的沉思中去，是对意义世界的创造和追求。

三、庄子哲学的主要内涵

而在遥远的中国先秦时期，自由的哲人庄子也观察到了他那个时代人的生存境遇，他不仅具体描述了当时人们所处的自然和生活环境及其生活境况，也深刻觉察到了人所难以逾越的界限，这些界限制约着人的存在和自由，使人在现实生活中逐渐失去了"真我"，而成为社会、政治的附庸。这与现代人的生存困境无疑

---

① 季斌：《休闲：洞察人的生存意义》，载《自然辩证法研究》，2001 年第 5 期。
② 伍永忠：《劳动异化与技术异化——马克思与海德格尔关于人的异化理论比较》，载《衡阳师范学院学报》，2008 年第 2 期。
③ ［法］卢梭：《论人类不平等的起源》，北京：生活·读书·新知三联书店，2009 年，第 59 页。注：卢梭认为私有制出现和不平等发展的必然结果一方面导致竞争和对抗，另一方面导致人们之间的利益冲突，人人暗藏损人利己之心。
④ ［英］伯兰特·罗素：《快乐哲学》，北京：中国工人出版社，1993 年，第 59 页。
⑤ 季斌：《休闲：洞察人的生存意义》，载《自然辩证法研究》，2001 年第 5 期。

有相通之处，只不过庄子笔下的生存困境是以"生死"、"时命"、"情欲"之限展现在我们眼前。针对当时人们的生存困境，《庄子》通篇展现了庄子对于个体生命的终极关怀和深刻思考。他从老子继承而来的"无为"思想和其独特的"逍遥"理念，或许能够对化解现代休闲所面临的异化困境给出独特的启示。所谓"无为"，是对人自身欲望的限制，在分科日益精细、节奏日益加快、竞争日益激烈的现代社会中，庄子对"无为"的推崇，这种更强调退让、克制，减少对外物的征服心、使役心、斗争心的主张，对于现代人的内心生活有着某种补充和平衡的意义，而这也是获得真正休闲的内在心理基础。而"逍遥"，是"无为"之后的潇洒生存状态，主要是人的内心精神自由的实现，超脱于现实烦扰，在心中修篱种菊。庄子的逍遥，更是一种悠闲自得的人生状态，是"心闲"。方东美曾论断："'逍遥游于无限之中，遍历层层生命境界'之旨，乃是庄子主张于现实生活中求精神上彻底解脱之人生哲学全部精义之所在。"① 庄子的"逍遥"，是对主客观束缚和限制的挣脱，去追求实现真正的精神自由。因此，对庄子哲学进行解读，或许有利于我们找寻现代休闲回归的路径。

四、庄子哲学的价值追求

1. 自然

庄子思想对于现代休闲的启示首先体现在他对"回归自然"的推崇。人与外在的自然环境有着密不可分的联系，"人是在自然中生成的，并且仍然属于自然界，这是人的生存以及与生存相关的一切感受之成为可能的前提"②。因此，人要在现实生活中获得真正的休闲、追寻生命的意义，就必然要与自然相融，与万物和谐相处。正如美国哲学家理查德·泰勒所说："当人还作为自然物生活在自然中的时候，他既无快乐，也无痛苦，因为一切都是自然而然的；当人走出自然，发现了自然的时候，快乐和痛苦便一起来了。且人离开自然越远，人的快乐和痛苦越激烈，因为离开了自然的人注定是孤独的，寂寞的。人为了解脱这种痛苦，获得真正的快乐，就必须返回自然，与自然融为一体。"③ 以老子和庄子为代表的道家，非常崇尚自然而然的原始状态。老子曾曰"人法地，地法天，天法道，道法自然"（《老子》第二十五章），在他看来，万物的生存都离不开自然，天地都尊崇自然，而人作为万物中的一员，也应该遵循自然之道。

---

① 转引自陈鼓应：《庄子今注今译》，北京：中华书局，1983年，第4页。
② 阎国忠：《人与自然的统一——关于美学的基本问题》，载《浙江师范大学学报（社会科学版）》，2001年第3期。
③ 理查德·泰勒：《形而上学》，上海：上海译文出版社，1984年，第2—3页。

庄子继承了老子的思想，将朴素自然看作是他所追寻的"道"的本质，并提倡"无为于道"，即顺乎道而不对事务的发展过程作人为的干预。所谓"无为"，可以说是顺应自然而超越个人意欲的形式，而通常个人意欲是有目的性的，因此庄子的"无为"主张其实表现了疏离目的的倾向。在谈到"天"的内在含义时，庄子曾指出："无为为之之谓天。"此处的"无为为之"是与个人意欲所带有的目的性相反的，带有非有意而为的特点；而"天"指的是理想的行为方式，以"无为为之"为"天"的内涵，即是要将对个人意欲的扬弃作为理想的行为方式。而在对圣人品格的描述中，庄子认为："圣人不从事于务，不就利，不违害，不喜求，不缘道。"（《庄子·齐物论》）"不从事于务"代表着自然而无为；"不就利，不违害，不喜求"，主要表现为对有意而为之或有目的而为之的疏离；而"不缘道"指的是不要刻意地为实现某种目的而去追求道，而应该超越这种有意为之的取向。以抛开个人的意欲为前提，"无为"与自然才能够相通相融。可见，庄子试图从"道法自然"的角度寻求超越"物为人役"的灰暗人生，复归人类失落的自然本性，找回心灵的自主和完整[①]，时刻体现着人如何以"自然"为本体的思想。

2. 个体性

由于休闲主体并不注重发掘和维护自己喜爱的休闲方式，而更倾向于盲从社会大流，人们在现代休闲中很难做到以"自己"喜爱的方式去进行休闲活动。所以休闲异化问题的缓解，也缺少不了对个体性的关注。庄子哲学虽然强调"回归自然"、"自然无为"，却并非是要消除自我的个体性。相反的，自我是"逍遥"的主体，因而它具有不可消逝性。"出入六合，游乎九州，独往独来，是谓独有，独有之人，是之谓至贵。"（《庄子·在宥》）"出入六合，游乎九州"是对逍遥游于天地间的描述，而这种逍遥之游，同时又表现为个体的"独来独往"。庄子将逍遥于天地间的"独有之人"视为"至贵"，无疑从精神层面赋予个体性以相当高的价值意义。[②] 所以在庄子看来，顺应自然的同时不可抹杀个体存在的意义，反而要追求个体的独立性。因为个体的独立是精神的独立，而精神的独立是个体达到道的前提，个体保持内在精神的独立，才可能实现对自由的逍遥之境的追求，获得终极的休闲体验。

庄子对个体性的追求一方面体现为"万物殊理"，他认为事物的存在形态具有特殊性，这种特殊性的具体体现就是"个体性"，这是抽象层面的阐述。在现实层面，个体性表现为人的个性。在与人共处方面，庄子提出了"顺人不失己"的理

---

① 孙月冬：《试论心灵和谐与大学生的全面发展——兼论庄子心灵和谐思想的德育价值》，载《黑龙江高教研究》，2010 年第 5 期。

② 杨国荣：《庄子的思想世界》，北京：北京大学出版社，2006 年，第 233–234 页。

念，"不失己"即意味着自我在与他人相处之时应保持自己的个性。就庄子来说，他并不以得到群体的认同为指向，而更尊重人的个体性，也并非要引向个体与社会的对立，相反的，他指出个体是无法脱离社会而存在的："有人之形，无人之情。有人之形，故群于人，无人之情，故是非不得于身。"（《庄子·德充符》）个体与社会是统一的。"这与逍遥的意旨相关：逍遥不是外在的离世隐居，而是在人之'在'世的意义上达到个体内在的精神世界的独立与自由。"[1]刻意的离群索居、逃避人世，不是庄子所提倡的逍遥之道，反而是他所鄙夷的。庄子笔下的逍遥，追求对自然的顺化，而不是刻意改变自己的本心。"若夫不刻意而高，无仁义而修，无功名而治，无江海而闲，不导引而寿，无不忘也，无不有也，澹然无极而众美从之。此天地之道，圣人之德也。"（《庄子·刻意》）可见庄子对个体性的追求也并非是极端而盲目的，是在顺从自然之道、与人共处的前提之下对自身个性的秉持。

3. 自由

休闲与自由也是密不可分的。从时间角度出发，休闲是扣除工作时间和生活必须时间之外的自由支配时间；从活动角度出发，休闲是一种具有高度自由选择的活动；而从我们所关注的心理状态角度出发，休闲涉及的是人类的精神自由，可见"自由"也是休闲实现的一个要素。庄子对"逍遥"的向往其实是他对于人生自由的追逐，如前所述，这种"逍遥"并不是简单的离世隐居，而是要达到个体内在精神世界的独立与自由。就"逍遥"与现实的关系来说，是要游于尘世之外、无何有之乡，是对现实精神束缚的摆脱，追求精神的超越。刘笑敢先生认为："庄子的逍遥，是承认和接受现实中未尽如人意的既定境遇以后的回应方式，是一种纯精神的满足，是一种高于常人的思想境界和人生境界。但在某种程度上，它也涉及必然的现实与个体自由之间的关系。庄子认为，在接受无奈的既定境遇的同时是可以实现逍遥或自由的，即实现自由与必然的某种统一。"[2]就如《庄子·逍遥游》开篇就描绘了的"鲲鹏"意象，其"背若泰山，翼若垂天之云，抟扶摇羊角而上者九万里"[3]，气势庞大；又如宋荣子"举世而誉之而不加劝，举世而非之而不加沮，定乎内外之分，辨乎荣辱之境，斯已矣。彼其于世未数数然也"。（《庄子·逍遥游》）再如列子"御风而行，泠然善也。旬有五日而后反，彼于致福者，未数数然也"（《庄子·逍遥游》）。鲲鹏志向高远，而超越了蜩鸠以翔于蓬蒿之间为"飞之至"的自我限定；宋荣子不在意外界对自身的评价，不汲汲追求功名利禄，因而嗤笑那些"知效一官，行比一乡，德合一君而征一国者"；列子乘风漫

① 彭晓坤：《论〈庄子〉之"独"》，华东师范大学硕士学位论文，2009年，第29页。
② 刘笑敢：《庄子哲学及其演变》，北京：中国人民大学出版社，2010年，第349页。
③ 杨国荣：《逍遥与庄子哲学》，载《云南大学学报（社会科学版）》，2006年第8期。

游，不求福报而能自在自乐。相比世俗之人，三者都已经超越了自身而获得了相对的人生自由。当然，这种自由并不涉及对现实的改造或者对直接现实目的的实现，而是个体在面对现实生活时的一种精神超越，帮助个体在既定的境遇中获得心灵的片刻安宁。

就"逍遥"本身的境界来说，是要获得与宇宙万物融为一体的感受，达到一种"无我"的体验，以此来实现个人精神境界的提升。然而，鲲鹏展翅而飞直上九万里有赖于"大风"、"长翼"；宋荣子对外界评价不以为意也是以意识到有外在的评价为前提；列子"御风而行"更是需要有"风"才能实现。一旦离开这些客观的条件，逍遥或是自由就无从说起。因此，"无待之逍遥"的精神自由才是庄子追求的理想的自由。当人处在"无待"的状态之下时，主观情感就不会因外界的变化而波动，达到"其神无隙，物奚自入"的精神境界。而庄子之所以向往和追求此种境界，主要是因为他想要破除"形为物役"的异化现象。正如李泽厚先生所讲的："人在日益被'物'统治，被自己所造成的财富、权势、野心、贪欲所统治，它们已经成为巨大的异己力量，主宰、支配、控制着人们的身心。于是，庄子发出了强烈的抗议！他反对'人为物役'，他要求'不物于物'，要求恢复和回到人的本性。这很可能是世界思想史上最早的反异化的呼声，它产生在文明的发轫期。"[1] 而庄子的无待之逍遥，正是要"使被动的'形为物役'的人成为主动的'物物而不物于物'的人，善于以'游'的态度处世"[2]。这与休闲对人的异化困境的化解有异曲同工之妙。

4. 超越

庄子对前面所述的自然、个体性和自由的追求，最终都是为了超越人生在世所面临的生存困境，是为了超越生死、时命和情欲。人好生恶死的一个关键原因，就是看到了生与死的不同。自古以来，人们就常将"死"与"鬼"等超验的存在相联系，因而步向死亡就似乎意味着远离现实存在而走向另一个世界。而庄子认为："人之生，气之聚也。聚则为生，散则为死。若死生为徒，吾又何患？故万物一也。是其所以美者为神奇，其所恶者为臭腐，臭腐复化为神奇，神奇复化为臭腐，故曰：通天下一气耳。"（《庄子·知北游》）"气"是天地万物的本原，人的生死也同样可用"气"的聚散来解释。因此，生死不过是宇宙循环过程中的现象，是天地演化过程中前后相继的两个环节，二者可以混同为一。也就是说，当人把对死生的观察点从人本身转移到超越人的个体之上的另一个更高、更普遍的

---

[1] 李泽厚：《中国古代思想史论》，北京：人民出版社，1986年，第179页。
[2] 孙敏明：《庄子"游"的人生哲学研究》，浙江大学博士学位论文，2011年，第122页。

存在——庄子认为是"气"时，死生的界限就消失了。①西方学者也有类似的观点，海德格尔说："在固执己见的人心目中生只是生。他们认为死就是死而且只是死。但是生之在同时是死，每一出生的东西，始于生也始入死，趋于死亡，而死同时生。"②生与死是相互渗透的，生中有死，死中有生。这与庄子"方生方死，方死方生"的论断相类似。生与死既然是相互渗透互为一体的，人们就无须对生有所执着留恋，也不必对死有所忧惧恐慌。死生无变乎己，才能形成一种安宁、恬静的心境，才更能达到心灵的自由。

而对时命的超越，主要体现在庄子的"游世"态度上。"自夫乘物以游心，托不得已以养中，至矣。何为报也！莫若为致命，此其难者。"庄子此句表达的是要人以出世的心态完成入世的使命，隐约有点大隐隐于朝的意思。人的处境各异，可以脱离世俗世界而自寻一方桃源隐居的人毕竟是少数，因此如何处世就变得尤为重要。在庄子看来，处世最重要的原则就是要时刻保持清醒和冷静，不使自己陷入患得患失的状态。即使在公务是非种种不得已之中，也还要维持自身的超脱和逍遥。更能在关键时刻急流勇退，放弃是非纷扰，留住内心的宁静。这就要求一个人既能入世也要能出世，但是入世之心不可太甚，不要求权求名求利求官职求封号求待遇，而是随时准备退隐山林，乘樽江湖，逍遥彷徨，进退咸宜，不累心、不伤神、不争执、不大患若身，顺应时命的变化。

对个人情欲的超越，就是要达到"哀乐不入于胸次"的境界。在庄子看来，生与死既是自然变化的过程，又是不以人的意志为转移的必然，那么与其为之恐惧悲伤，不如安顺于这种必然性，顺其天成而免于求人。庄子甚至将安命守分，不为无法避免的遭遇表现出情绪变化的态度视为是极高的道德修养，认为："哀乐不易施乎前，知其不可奈何而安之若命，德之至也。"（《庄子·人间世》）"知其不可奈何而安之若命，唯有德者能之。"但是，庄子对"哀乐不入于胸次"的提倡，并非是想说明人完全不应该有喜怒哀乐之情，以一种麻木的状态去面对生活中的一切，而是认为人的喜怒哀乐之情应该顺于自然、通于大道。庄子在与惠施的对话中对这一点进行了说明："吾所谓无情者，言人之不以好恶内伤其身，常因自然而不益生也。"（《庄子·德充符》）

综上，庄子所追求的精神超越是一种心灵的安宁，他提倡"在理智和理性的基础上，通过精神修养实现对死亡恐惧的克服、世事纷扰的超脱、哀乐之情的消融，从而形成的安宁恬静的心理环境"③，以挣脱主客观束缚和限制，去追求和实

---

① 崔大华：《庄学研究》，北京：人民出版社，1992年，第156页。
② 海德格尔：《形而上学导论》，北京：商务印书馆，1996年，第132页。
③ 刁生虎：《生命的困境与心灵的自由——庄子的人生哲学》，载《南都学刊（人文社会科学学刊）》，2002年第2期。

现真正的精神自由。

当然，庄子对"自然"、"个体性"、"自由"和"超越"的追求，能否化解现代休闲所面临的困境，能否使休闲引领人们寻找到真实的自己，最终还是需要在实践中慢慢摸索。本文所论，是通过庄子哲学和现代休闲两者所共同追求的"个体生命意义的实现"这一点，来寻找突破现代休闲异化困境的可能性。所论不足，还望能在以后的研究中进行进一步拓展。

无法挣脱的尘网：陶渊明的休闲实践

程细权

（湖北理工学院师范学院）

内容提要： 彭泽辞官开启了陶渊明新的人生，他也因之被奉为"不为五斗米折腰"的傲骨人士。陶氏的归隐田园躬身实践，影响了许多中国士人的价值追求。陶渊明的人生选择，彰显了当下中国文化的某种缺失。透过历史的迷雾，仔细研读陶潜作品，发现陶渊明彭泽辞官后并未真正做到了无牵挂。他质朴率真近乎自然的日常生活中，还有对权力、对功名、对生死的丝丝牵挂。基本物质保障的缺失，晋升通道的受阻，价值取向的游离，使陶渊明的休闲实践显得桃花源般虚无缥缈。

关键词： 陶渊明　休闲实践　文化过滤

"尘网"、"樊笼"是陶渊明对俗世的指称，为了摆脱这种羁绊，他毅然辞去了仅做了八十多天的彭泽县令，重返"自然"，并从此彻底告别仕途。陶渊明的不合常人之举，为他赢得了流芳千古的美誉。傲视权贵，保持人格独立，过怡然自得的田园生活，是陶渊明留给许多人的印象。李白、杜甫、白居易、苏轼、辛弃疾等大家对此赞赏有加。即使到今天，他依旧是观照当今现实生活逃避不了的参照。他被称为是"生态文学家"的楷模，是"解救消费主义引发的整个人类文明的悲剧"的担当者[1]，是"自然休闲境界的典型代表"[2]。他的诗句"采菊东篱下，悠然见南山"写出了休闲的最高境界，体悟到了精神世界与客观世界的和谐统一。[3] 众人之所以如此推举陶渊明，个中的重要原因是认为陶渊明彭泽辞官后挣脱了尘网的束缚，过的是诗意般的休闲生活。皮普尔的《休闲：文化的基础》被誉为西方休闲学研究的经典之作，他指出休闲是一种精神态度，意味着人所保持的平和、宁静状态，使自己感到生命的快乐。[4] 休闲就是"人的自在生命及其自由体验状态，

---

① 鲁枢元：《素心清谣：清贫自守与消费社会》，载《中州大学学报》，2012 年第 3 期。
② 潘立勇、陆庆祥：《中国传统休闲审美哲学的现代解读》，载《社会科学辑刊》，2011 年第 4 期。
③ 马惠娣：《休闲问题的理论探究》，载《清华大学学报（哲学社会科学版）》，2001 年第 6 期。
④ 马惠娣：《人类文化思想史中的休闲》，载《自然辩证法研究》，2003 年第 1 期。

自在、自由、自得是其最基本的特征"①，即"以欣然之态，做心爱之事"。由此观之，陶渊明彭泽辞官后果真过的是潇洒飘逸、怡然自得的休闲生活吗？细读《陶渊明集》，笔者认为，这里面恐怕还有不少人为的理想化成分。

一、辞官原因扑朔迷离

纵观陶渊明一生，彭泽辞官是一个重要节点。这一节点改变了陶渊明一生的人生走向，成就了陶渊明的人生功绩。从某种程度上，彭泽辞官也是中国文化史的一个很有意义的事件，是陶渊明留给中国文化的珍贵礼物。许多中国人都受其影响，李白"安能摧眉折腰事权贵"，高适无法容忍"拜迎官长心欲碎，鞭挞黎庶令人悲"的现实，"转忆陶潜归去来"，他们的傲骨性格与陶渊明是一脉相承的。

关于陶渊明辞官的说法，历来众说纷纭，归结起来有这样几种：一是"不堪吏职"，如《宋书》本传和《晋书》本传；二是忠于晋室，耻屈身于刘宋，如《南史》本传、萧统《陶渊明传》及葛立方《韵语阳秋》与陶澍《陶靖节先生集》相关记载；三是陶渊明有箕山之志，如颜延之、洪迈等；四是认为陶氏性情所致，如苏轼；五是认为陶渊明有感于时局险恶，见微知著，及早退隐，如韩驹。② 此外，还有的人认为对陶渊明的归隐起决定作用的，是"两晋兴起的逍遥自足的思想意识和遁世隐逸的文化风尚"③。这些说法都有一定的道理，并有史实材料作为依据。不能忽视的是，陶渊明的辞官与其门第身份也有一定关联。东晋是一个最为典型的门阀政治社会。门阀氏族垄断了高官要职，出身寒门子弟备受压制。东晋门阀氏族主要有琅琊王氏、太原王氏、谯国恒氏、陈郡谢氏和颍川庾澄氏，前三者是旧有士族，后二者是魏晋新士族。陶渊明最引以为自豪的门第就是曾祖父陶侃，他是东晋的开国元勋，但由于陶侃出身于南方未入士大夫之流的边鄙豪族，被视为武夫之辈。关于陶渊明与陶侃的关系，朱光潜提出了陶渊明"是否是陶侃的后人固有问题"的疑问，但肯定他是陶侃的"近房裔孙"。④ 近来有学者考证，证实陶渊明这支陶氏不是陶侃的正统，陶侃的长沙公爵位并没有被陶渊明的祖父陶茂继承，而是由陶茂的兄弟陶范继承。对此，陶渊明深有感慨，发出"昭穆既远，以为路人"（《赠长沙公族孙一首》诗序）的叹息。陶侃在东晋时被讥为"小人"、"溪狗"，更何况旁系的陶渊明。陶氏家族到陶渊明这辈家道更为衰落，在社会政治地位上他越发得不到重视，"最多只能算是寒素士人，而且与庶人阶层很接

① 潘立勇：《休闲与审美：自在生命的自由体验》，载《浙江大学学报（人文社会科学版）》，2005 年第 6 期。
② 陈冬根：《陶渊明彭泽辞官别解》，载《江西社会科学》，2010 年第 2 期。
③ 曹胜高：《陶渊明与东晋玄学之新变》，载《中国文学研究》，2012 年第 1 期。
④ 朱光潜：《诗论·陶渊明》，北京：北京出版社，2005 年，第 310 页。

近"①。陶渊明的家世出身和所处的时代环境，决定了他的政治抱负不可能有所作为，只能将"猛志逸四海"停留在心灵深处。这对陶渊明来说，的确是一个残酷的现实，但又不得不接受，"日月掷人去，有志不获骋"（《杂诗·其二》）。

虽说历史的尘埃，很难拨开云雾见日明，陶渊明为何彭泽辞官后不再涉入仕途，恐怕只有当事人最为清楚。彭泽辞官作为一个重要的人生抉择，陶渊明不可能不慎重。从他的人生经历看，在彭泽辞官之前，他有几次降志辱身与官场人物周旋的当官经过，但皆因"心为行役"、"志意多所耻"、"违己交病"而辞官。即使在彭泽辞官之后，他也有继续从政的机会。晚年刘裕征他做著作郎，他不就；江州刺史檀道济带着礼物劝他做官，他退回礼物主动放弃。显然，彭泽辞官是陶渊明经过深思熟虑综合权衡后的结果，促使他下定决心的绝非单个原因。以上因素对陶渊明彭泽辞官都有影响，它们交织在一起，构成了陶渊明丰富而复杂的内心世界。所谓"我岂能为五斗米，折腰向乡里小儿"，只不过是借口而已。陶渊明辞官原因的复杂性，决定了他辞官后心路历程和生活状态。"不堪史职"、忠于晋室、鉴于时局的险恶、门第身份，促使他不断反思自己，努力忘记功名利禄的诱惑；箕山之志、性情所致、玄学新风，导致他在自然生活中，触目成趣，物我相忘。

二、隐居后的生活

陶渊明隐居后的生活与他的思想密切相关。陶渊明思想是一个颇有争议的话题，认为"无论是主张陶渊明儒释道三家思想哪一家最主要，都很难得到普遍认同"②，但可以肯定的是陶渊明的思想中有儒家、佛家、道家的因素，它们共同构成陶渊明思想的复杂性。陶渊明辞官后的生活较为简单，农耕为主，闲时饮酒作诗，寄情自然之物。

1. 躬耕劳动：艰难

陶渊明不仅是诗人，也是哲学家。他的哲学思想不是停留在理论层面，而是带有很强的实践性，崇尚自然，躬耕田园。他认为自食其力的劳动生活最符合自然的之义。"衣食当须纪，力耕不吾欺"（《移居·其二》），"人生归有道，衣食固其端。孰是都不营，而以求自安"（《庚戌岁九月中于西田获早稻》），人生归向有道，但首在衣食。本着这种认识，他归隐后一直以种田为生。"代耕本非望，所业在田桑"（《杂诗·其八》），"晨兴理荒秽，带月荷锄归"（《归园田居·其三》），"开荒南

---

① 钱志熙：《寒素诗人陶渊明》，http://www.gmw.cn/01gmrb/2009-10/22/content_997096.htm。
② 刘浩：《陶渊明思想研究述评》，载《中国诗歌研究动态》，2011年第2期。

野际，守拙归园田"（《归园田居·其一》），他在农耕中守拙，寻找人生价值。他的这种思想在当时来说，是了不起的进步。樊迟问学稼，被孔子视为小人。孟子对劳动似乎也较为鄙视，"劳心者治人，劳力者治于人。治于人者食人，治人者食于人：天下之通义也"（《孟子·滕文公上》）。两晋南北朝时士族更是看不起劳动。颜之推《颜氏家训》说，"多见士大夫耻涉农务"。陶渊明冲破了狭隘的阶级意识，表明自己要做一个自食其力的人："先师有遗训，忧道不忧贫。瞻望邈难逮，转欲志长勤。""长吟掩柴门，聊为陇亩民"（《癸卯岁始春怀古田舍·其二》）。

然而，躬耕田园并非当初想象的那样简单，在他那个生产力极端低下的年代，完全靠自耕是不能自养的，甚至有时温饱都成问题。刚归田园时，陶渊明有"方宅十余亩，草屋八九间"，还有仆人，但不久他就和普通农民一样陷入生活困境："躬亲未曾替，寒馁常糟糠。岂其过满腹，但愿饱粳粮。御冬足大布，粗绤以应阳。正尔不能得，哀哉亦可伤！"（《杂诗·其八》）"夏日长抱饥，寒夜无被眠。造夕思鸡鸣，及晨愿乌迁。"（《怨诗楚调示庞主簿邓治中》）"凄凄岁暮风，翳翳经日雪。倾耳无希声，在目皓已洁。劲气侵襟袖，箪瓢谢屡设。萧索空宇中，了无一可悦！"（《癸卯岁十二月中作与从弟敬远》）寒冬腊月，寒气侵人，衣食不足，屋宇萧然，毫无可悦。晚年陶渊明生活更为贫困，若遇灾荒，日子更为艰难，有时不得不去乞食："弱年逢家乏，老至更长饥。菽麦实所羡，孰敢慕甘肥。惄如亚九饭，当暑厌寒衣。岁月将欲暮，如何辛苦悲。"（《有会而作》）

2. 农闲时间："休闲"

虽然农耕生活艰难，但陶渊明依然在其中体会到了生活的乐趣。"田园诗人"的称号就与之密切相关，他被人称道的绝大多数诗歌都是写田园风光及劳动实践感悟，《归园田居》、《归去来兮辞》、《饮酒》等诗，洋溢着扑面而来的闲情逸致，清新自然，很是惬意。饮酒、菊花、村舍、鸡犬、豆苗等意象，组成了一组组田园生活画卷，充满生态主义的健康情趣。

首先，他亲近自然，感受到了自然的旨趣。居住的环境绿色生态，"荣荣窗下兰，密密堂前柳"（《拟古·其一》），"日没星与昂，势翳西山巅"（《杂诗·其一》），"猛夏草木长，绕屋树扶疏"（《读山海经·其一》），"梅柳夹门植，一条有佳花"（《腊日》）。田野生活淳朴自然，"榆柳荫后檐，桃李罗堂前。暖暖远人村，依依墟里烟。狗吠深巷中，鸡鸣桑树颠。户庭无尘杂，虚室有余闲"（《归园田居·其一》），"春燕应节起，高飞拂尘梁"（《杂诗·其三》）。农耕生活生机盎然，"迈迈时运，穆穆良朝。袭我春服，薄言东郊。山涤余霭，宇暖微霄。有风自南，翼彼新苗"（《时运·其一》），"仲春遘时雨，始雷发东隅。众蛰各潜骇，草木纵横舒。翩翩新来燕，双双入我庐。先巢故尚在，相将还旧居"（《拟古·其三》）。农耕生活自成天趣，"种豆南山下，草盛豆苗稀。晨兴理荒秽，带月荷锄归。道狭草木长，夕露沾我衣"（《归园田居·其三》）。闲时流连自然，"山涧清且浅，遇以濯吾足"（《归园田居·其五》），这里没有官场的虚伪、欺诈，没有车马的喧扰，有的是自然的宁静，心境自由恬静。"结庐在人境，而无车马喧。""山气日夕佳，飞鸟相与还。此中有真意，欲辨已忘言。"（《饮酒·其五》）

　　其次，他不避俗，享受到了人伦之乐。隐士为了"达道"，一般归隐后尽可能避俗，和世俗保持一段距离。但陶渊明本着人性应有的至性深情应世接物，不避俗，真正地"达道"。平常和陶渊明往来的人主要有三种：一是官场上的人物，如刘牢之、王宏、刘敬宣、颜延之、庞参军、丁柴桑等；二是志趣相投的友人，如莲社高僧慧远及居士弟子周继之、刘遗民；三是乡邻中的田夫野老。在这三种人中，田夫野老和陶渊明相知最深，"时复墟曲中，披草共来往。相见无杂言，但道桑麻长"（《归园田居·其二》），"农务各自归，闲暇辄相思。相思则披衣，言笑无厌时"（《移居·其二》），"漉我新熟酒，只鸡招近局"（《归园田居·其五》）。他们对陶渊明也关爱有加，"壶浆远见候"（《饮酒·其九》）。在享受天伦之乐方面，陶渊明既写了亲人间的温暖，"僮仆欢迎，稚子候门"，"携幼入室，有酒盈樽"，"悦亲戚之情话"（《归去来兮辞》）；也写了他们共享自然之乐，"久去山泽游，浪莽林野娱。试携子侄辈，披榛步荒墟"（《归园田居·其四》）；还写了他内心的愧疚，因弃官隐居使儿子们"幼而饥寒"，倍感"良独内愧"（《与子俨等疏》）。

　　再次，他生活安静，志趣高雅。读书、饮酒、赏花、著文，是陶渊明农闲生活的主要爱好。书籍是他重要的闲暇消遣方式，"好读书，不求甚解，每有会意，便欣然忘食"（《五柳先生传》），"少学琴书，偶爱闲静，开卷有得，便欣然忘食"（《与子俨等疏》），"少年罕人事，游好在六经"（《饮酒·十六》），"言谈无俗调，所说圣人篇"（《答庞参军》）。饮酒是陶渊明隐居生活的另一个体现。"在诗集中写饮酒，以致形成一种文学的主题，应当说是自陶渊明始。酒，已成为陶渊明的生活和文学标志。"[1] "有客常同止，取舍邈异境。一士常独醉，一夫终年醒。醒醉还相笑，发言各不领。规规一何愚，兀傲差若颖。寄言酣中客，日没烛当秉。"（《饮酒·十三》）"亲旧知其如此，或置酒而招之；造饮辄尽，期在必醉。既醉而退，曾不吝情去留。"（《五柳先生传》）"或有数斗酒，闲饮自欢然。"（《答庞参军》）陶渊明心性高洁，他喜欢赏花，兰、松、竹、柳、菊等花木经常入诗，但他最爱的还是菊花。"余闲居，爱重九之名，秋菊盈园，而持醪靡由，空服九华，寄怀于言。"（《九日闲居》）有时他甚至拿菊花入酒，"秋菊有佳色，裛露掇其英"（《饮酒·其五》）。《宋书·隐逸传》记载了陶渊明菊丛中"即便就酌，醉而后归"的逸闻。龚自珍曾经这样写道："陶潜酷似卧龙豪，万古浔阳松菊高。"（《己亥杂诗》）著文是陶渊明面对田园生活陶冶性情的另一个重要表达，他在《饮酒》、《答庞参军》、

---

① 袁行霈：《陶渊明研究》，北京：北京大学出版社，1998年，第113页。

《有会而作》等序文中对此作了交代，在《归去来兮辞》、《五柳先生传》等文中也有记载："常著文章自娱"。

三、并非真正休闲

农耕赋予了陶渊明大量的空闲时间，他也加以了充分利用，并留下大量脍炙人口的诗文，其中有不少看似悠闲自在，但他辞官后的真实生活并非真正意义上的休闲。休闲的本质在于思想的纯洁与宁静，并轻松自如地淡然处事。陶渊明虽然归隐田园，但他内心并非不关心世事，不管是功名还是生死他都念念不忘。

1. 功名之念从未忘记

田园与政治，在陶渊明的人生经历中交织在一起，他先后几次出来为官，最终躬身田园劳动终其一生。作为一介穷困书生，进不足以谋国，退不足以谋生，陶渊明的苦闷也就可想而知。他将壮志不能伸展的苦闷转移到田园，以自然作为旗帜，有时甚至用酒来麻醉自己，试图摆脱名利的束缚，然而他"并没有完全摆脱名教的束缚，立善求名对他还有诱惑的力量。崇尚自然和顺从名教两种思想常常在他心中交战，使他不能安宁"，"自然与名教的交战，集中表现为归隐与出仕的矛盾"。①

一方面，他希望在政治上有所作为。他虽然说"性本爱丘山"、"园林无世情"，但没有做到甘于寂寞。他从小身受儒家思想熏陶，有强烈的建功立业思想，"忆我少壮时，无乐自欣豫。猛志逸四海，骞翮思远翥"（《杂诗·其五》）。即使退隐之后，内心也时常斗争，"贫富常交战，道胜无戚颜"（《咏贫士·其五》），"此事真复乐，聊用忘华簪"（《和郭主簿·其一》）。"华簪"常指代显贵的官职，陶渊明之所以说要忘记"华簪"，就是因为他实际上并没有忘怀。他热情歌颂荆轲，"其人虽已没，千载有余情"（《咏荆轲》）。他称赞精卫和刑天，"精卫衔微木，将以填沧海。刑天舞干戚，猛志固常在。同物既无虑，化去不复悔。徒设在昔心，良辰讵可待"（《读山海经·其十》）。他关心收复中原，"九域甫已一，逝将理舟舆"（《赠羊长史》）。正是在这个意义上，他不认为出仕为耻隐士为高，"良才不隐世，江湖多贱贫"（《与殷晋安别》）。他看到木槿花朝生暮落，想到自己"总角闻道，白首无成"，他写到"先师遗训，余岂云坠。四十无闻，斯不足畏。脂我名车，策我名骥。千里虽遥，孰敢不至"（《荣木·其四》）。他没有忘记名利，"心知去不归，且有后世名"（《咏荆轲》）。

另一方面，他对隐居田园后的生活颇感失落。官场生活的繁缛礼节，尔虞我

---

① 袁行霈：《中国诗歌艺术研究（增订本）》，北京：北京大学出版社，1996年，第148页。

诈，与他希望保持本真性情的愿望相距甚远。归隐前，他在田园与政治间的选择斗争就非常激烈，"目倦川途异，心念山泽居。望云惭高鸟，临水愧游鱼。真想初在襟，谁谓形迹拘。聊且凭化迁，终返班生庐"（《始作镇军参军经曲阿作》）。归隐后，虽然自我安慰"羁鸟恋旧林，池鱼思故渊"，"久在樊笼里，复得返自然"（《归园田居·其一》），但由于田园生活无法施展他的政治抱负，壮志未遂的苦闷不时流露，《读山海经》、《止酒》等诗体现得很明显。当他生活都成问题时，内心更是不得安宁，"人皆尽获宜，拙生失其方"（《杂诗·其八》）。陶渊明希望进入庙堂，主要是基于两点考虑，一来可以成就功名，二来可以改善家庭物质条件。对此，《归去来兮辞》序文有所交代，但他做官的主要目的是为了成就功名。他想留名后世："闻有田子泰，节义为士雄。斯人久已死，乡里习其风。生有高世名，既没传无穷。不学狂驰子，直在百年中。"（《拟古·其二》）他不断思考名利问题，为此而纠结，"百年归丘垄，用此空名道"（《杂诗·其四》），"吁嗟身后名，於我若浮烟"（《怨诗楚调示庞主簿邓治中》）。朱熹眼光如炬，曾经在《朱子语类》中直言不讳地指出陶渊明"好名"，可谓一语中的。但由于门第身份限制，决定了陶渊明政治通途上的受阻，他退避田园撰写的《桃花源记》寄托着他的政治理想。

2. 生死之虑分外强烈

生死问题是魏晋南北朝文学创作的主题之一，陶渊明也不例外。有人认为，陶渊明选择的是顺应自然的人生态度，对待生死坦然。[①] 袁行霈也认为："从陶诗看来，他不再是一个自叹生命短促的渺小的生灵，而是具有与'大化'合一的身份、超越生死的眼光。"[②] 但也有学者提出不同看法，认为"陶渊明对死亡的深深恐惧"几乎无所不在。[③] 为何同样是一个人，不同学者却得出如此决然不同的意见呢？这源于陶渊明"并不是一个很简单的人"，他思想中"有许多矛盾和冲突"。[④]

一方面，他试图摆脱生死恐惧，超越生死，渴望"大化。陶渊明主张"纵浪大化"，以"化"解脱人们惜生的痛苦，"贵贱贤愚，莫不营营以惜生，斯甚惑焉；故极陈形影之苦言，神辨自然以释之"（《形影神·序》）。他认为生老病死是自然规律，无法抗拒，生前荣辱得失死后毫无意义，"有生必有死，早终非命促。昨暮同为人，今旦在鬼录。魂气散何之？枯形寄空木。娇儿索父啼，良友抚我哭。得失不复知，是非安能觉？千秋万岁后，谁知荣与辱"（《拟挽歌辞·其一》）。他对生死看得淡定，"我无腾化术，必尔不复疑"（《形赠神》），"纵浪大化中，不喜亦

---

① 张治国：《陶渊明的精神生态景观》，载《中南民族大学学报（人文社会科学版）》，2011年第2期。

② 袁行霈：《中国诗歌艺术研究（增订本）》，第120页。

③ 邵明珍：《重读陶渊明》，载《文艺理论研究》，2010年第3期。

④ 朱光潜：《诗论·陶渊明》，第319页。

不惧。应尽便须尽，无复独多虑"(《神释》)。即使社会贤达也无法抗拒死亡威胁，死后同常人一样回归自然。"千年不复朝，贤达无奈何"，"死去何所道，托体同山阿"(《拟挽歌辞·其三》)，"去去欲何之？南山有旧宅"(《杂诗·其七》)。

另一方面，他希望生命能够留下一点痕迹，忧虑生死。陶渊明一生贫穷，而且多病，"他的诗集满纸都是忧生之嗟"①。他感叹光阴的流逝，"宇宙一何悠，人生少至百。岁月相催逼，鬓边早已白。若不委穷达，素抱深可惜"(《饮酒·十五》)，"市朝凄旧人，骤骥感悲泉。明旦非今日，岁暮余何言！素颜敛光润，白发一已繁"，"民生鲜长在，矧伊愁苦缠"(《岁暮和张常侍》)，"盛年不重来，一日难再晨。及时当勉励，岁月不待人"(《杂诗·其一》)。陶渊明对死亡的关切，主要是源于对功业无成的忧虑，"前途当几许，未知止泊处。古人惜寸阴，念此使人惧"(《杂诗·其五》)。心中的焦虑无法排解，借酒消愁，"从古皆有没，念之中心焦。何以称我情，浊酒且自陶"《己酉岁九月九日》，"泛此忘忧物，远我遗世情"(《饮酒·其七》)。他的固守隐逸身份，某种程度也是一种保留功名的不得已选择。

3. 误读原因：人为过滤

从以上分析可以看出，陶渊明彭泽辞官后，除开刚辞官时过了一段短暂的稍微舒畅的生活外，其余大多数时间生活较为贫穷，还不时生病，饥饿是常态，甚至有时不得不外出乞食。基本生活条件的缺失，导致他内心时常处在焦灼的矛盾冲突痛苦之中。他没有摆脱俗世的牵绊，无论是身心均不休闲。从休闲伦理来看，休闲应是社会维度、自然维度、个体维度的和谐统一。社会维度要求法纪约束，确保公平正义；自然维度要求敬重自然，心怀敬畏之心；个体维度强调自然自在，宁静致远。无论是陶渊明所处的时代环境，还是他隐居田舍后的生活，陶渊明都不具备休闲的要件，没有实现休闲伦理三个维度的有效统一。遗憾的是，长期以来人们习惯认为陶渊明不慕荣利、安贫乐道、悠然旷达。这其中的主要原因在于人们对陶渊明形象的接受经过了有意识的加工改造。接受理论认为作品文本的接受是一种阐释活动。作品的意义是读者从文本中发掘出来的。陶渊明的诗文，通过不同朝代读者接受的删减、增加甚至推翻，致使真实的陶渊明形象日益模糊。

陶渊明的文学成就和他的人生之路不同步。在世时，主要以"隐士"的形象示人。去世后，沈约将他归入《宋书·隐逸传》，钟嵘《诗品》称他为"古今隐逸诗人之宗"。到唐代由于时代发展的需要，陶渊明被建构成"旷达知足、怡情于酒、遗世独立、悠然自得"的形象，白居易进一步突出了陶渊明不慕荣利的形象。到两宋时，在邵雍、苏轼等人的推介下，陶渊明成为安贫乐道、飘逸超脱的形象。此后，陶渊明在世人心目中的形象变化不大。值得注意的是，白居易、苏轼等人

① 朱光潜：《诗论·陶渊明》，第319页。

大力推许陶渊明，主要源于他们政治上的失意，他们看重的是陶渊明闲适的生活情趣、悠然自得的生活方式和超越功名的人生态度，寄望于陶渊明这个偶像超越现实求得精神的安慰。近年来，由于生态环境恶化，人们休闲观念的增强，陶渊明又被有针对性地加以"改造"。对此，鲁迅在《魏晋风度及文章与药及酒之关系》中提出了警示，指出陶渊明不总是飘飘然，有时也金刚怒目，"倘有取舍，即非全人，再加抑扬，更离真实"[1]。笔者之所以仔细梳理陶渊明诗文，认为他并没有达到真正意义上的休闲，并不是以此否定陶渊明的伟大之处，而是觉得真实的陶渊明形象更加可亲，更加可爱，也更加迷人。

---

① 鲁迅：《而已集·魏晋风度及文章与药及酒之关系》，北京：人民文学出版社，1980年，第97页。

道教的生命忧患与休闲追求

吴树波

（中南林业科技大学旅游学院）

内容提要：强烈的生命忧患意识是道教休闲的前提和背景。道教的生命忧患主要表现在两个方面：一是对死亡或生死的忧患，一是对生之难得安逸的忧患（欲望忧患）。无论是对其中哪一方面的超越，最终都体现为身与心的和谐统一。因此，道教休闲以人的身心和谐为追求目标。此一目标又可分解为两个不同的层次，一是作为终极理想而存在的神仙层次，一是对应于现实人生的世间层次。神仙层次旨在解决死亡或生死忧患，世间层次旨在解决欲望忧患。这两个层次是目的与手段的矛盾统一。虽然神仙层次虚无缥缈，其无限美好的休闲享乐生活却诱使不少慕仙求道者在世间层次中自觉遵循少私寡欲、知足常乐的理念，因而在内在养心和外在养生中均呈现出清静、淡泊、闲适的特征。

关键词：道教　忧患　休闲　神仙

一、道教的生命忧患

在道教的理论与实践中，饱含着对生命的忧患，主要表现在两个方面：一是对死亡或生死的忧患，一是对生之难得安逸的忧患。

葛兆光先生曾说："一切宗教所以能够成为人们的信仰，被成千上万的信仰者如痴如醉的尊奉，原因固然很多，但主要原因之一就是，无论哪一种宗教思想都包含了对人类最深沉的、也是最原始的心理隐患'死亡'的最终解决的允诺。"[①]道教自然也不例外，其理论与实践的出发点也在于对死亡的忧患意识以及超越死亡的企图。

在《庄子》一书中，曾两次假孔子之口发出"死生亦大矣"（《庄子·德充符》、《庄子·田子方》）的感叹，然庄子对死亡自有其超越之法，其法不外两种：一是

作者简介：吴树波（1979—　），男，湖北天门人，浙江大学休闲学博士，现为中南林业科技大学旅游学院讲师。研究方向：宗教休闲学。

① 葛兆光：《中国宗教与文学论集》，北京：清华大学出版社，1998年，第178页。

视死如生，一是视死如休。视死如生，即所谓"齐生死"。《庄子》中说："生也死之徒，死也生之始"（《庄子·知北游》），"万物一府，死生同状"（《庄子·天地》），"孰知生死存亡之一体者，吾与之友"（《庄子·大宗师》）。显然，这是一种相对主义的生死观，即在主观意识中抹杀死生之区别，其要旨不出一个"忘"字。然而，作为有意识的生命主体，要想忘却死生之别又谈何容易！东晋的道教徒王羲之就曾在《兰亭集序》中说："每览昔人兴感之由，若合一契，未尝不临文嗟悼，不能喻之于怀。固知一死生为虚诞，齐彭殇为妄作。"既饱含悲情，又冷峻清醒。视死如休，则是将死亡看作劳碌一生之后的休歇。《庄子·大宗师》云："夫大块载我以形，劳我以生，佚我以老，息我以死。"《庄子·刻意》亦云："其生若浮，其死若休。"视死亡为休歇，死亡似乎就显得不那么可怕，甚至还有些"可爱"了。这两种超越之法其实可归为一种，即通过转化对死亡的心理态度来超越死亡，具体的表现是顺生任死，"知其不可奈何而安之若命"（《庄子·德充符》）——从某种意义上说，这是一种自我麻痹的、消极的生死观。

道教也如道家一样，视死亡为大事，却并不认同道家顺任生死的自然态度。《太平经》中说："死亡，天下凶事也。"①葛洪在《抱朴子内篇·勤求》中说："'里语有之，人在世间，日失一日，如牵牛羊以诣屠所，每进一步，则去死转近。'此譬虽丑，而实理也。"然而，在葛洪看来，庄子式的顺生任死并不能真正解决死亡忧患，他在《抱朴子内篇·释滞》中说："文子、庄子、关令尹喜之徒，其属文笔，虽祖述黄老，宪章玄虚，但演其大旨，永无至言。或复齐死生，谓无异以存活为徭役，以殂殁为休息，其去神仙，已千亿里矣，岂足耽玩哉？"又在《勤求》篇中说："庄周贵于摇尾涂中，不为被网之鬼，被绣之牛，饿而求粟于河侯，以此知其不能齐死生也。"这即是说，连庄子本人也没有真正达到他所标榜的"齐死生"的境界。至于那些"背典诰而治子书"、"竞共张齐死生之论"（《抱朴子·勤求》）的凡俗之人，就更是在"诡道强达，阳做违抑之言"（《抱朴子·勤求》）而自欺欺人了。既然在道教看来，顺应自然之生死的态度不足以实现对死亡的超越，则死亡的忧患依然存在，非另辟蹊径不能予以解除。道教的蹊径便是变视死如生和视死如休为逃死延生、永生永休，追求超越的路径虽与道家不同，但致思与行动的出发点却仍是对于死亡的忧患。

早期道教认为人的生命只有一次，失掉生命便不可复得，因而视死亡为绝大忧患。《太平经》中说："夫人死者乃尽灭，尽成灰土，将不复见。今人居天地之间，从开天辟地以来，人人各一生，不得再生也。……今一死，乃终古穷天毕地，不得复见自名为人也，不复起行也。"②该经另一处又说："夫天下人死亡，非小事

---

① 王明编：《太平经合校》，北京：中华书局，1960年，第297页。
② 同上书，第340页。

也。一死终古不复见天地日月也。脉骨成涂土。死命重事也。人居天地之间，人人得一生，不得重生。重生者。独得道人，死而复生，尸解者耳。是者，天地所私，万万未有一人也。故凡人一死，不得复生也。"① 这是说，只有"得道"而尸解成仙之人方可"重生"而逃一死，凡人则一死永死，不得复生。② 因此，人应该恶死乐生，"上士忿然恶死乐生，往学仙，勤能得寿耳，此上士是尚第一有志者也"③。

不过，到了后来，道教受佛教的影响，不再主张人死不得重生说，而是也宣扬起三世轮回的观念来：

> 众生……烦恼妄想，忧苦身心，便遭浊辱，流浪生死，常沉苦海，永失真道。④
>
> 一切有形，皆悉浮假，念念灭坏，曾不暂停，苦恼轮回。凡夫不觉，三涂往返，万劫辛酸，生身受身，烦恼缠缚。皆由妄想颠倒，执见关心。汝等男女，灭诸妄想，妄想灭已，方会正真。⑤
>
> 无奈人狂颠。浑流无定止，甘心堕幽泉。轮回诸苦趣，长劫业火然。暴弃不自悔，执昧深可怜。⑥
>
> 万劫千生得个人，须知先世种来因。速觉悟，出迷津，莫使轮回受苦辛。⑦
>
> ……

这类说法在道教经籍文献中举不胜举，所表达的思想完全来自于佛教，无非是强调轮回之苦与得人身之难。显而易见，接受了佛教轮回观点的道教，其对死亡的忧患已经转变为对生死（轮回）的忧患。

道教生命忧患的另一方面是对生之不得安逸的忧患。这一忧患在很大程度上是继承道家思想而来。道家认为，人生之所以不得安宁，是由于贪求种种欲望之故。老子说："五色令人目盲，五音令人耳聋，五味令人口爽，驰骋畋猎令人心发狂，难得之货令人行妨。"（《老子》第十二章）"祸莫大于不知足，咎莫大于欲得。"（《老子》第四十六章。）前文曾引述过庄子所说的"一受其成形，不化以待

---

① 王明编：《太平经合校》，第298页。
② 此处所谓"重生"即"尸解"，是人的原来的形体和精神的再次结合（实际两者并未分离），如同蝉之蜕壳，蛹之化蛾，而非精神（神、灵魂）离开此一形体而入于另一形体，因而不同于佛教的轮回再生。参汤一介：《早期道教史》，北京：昆仑出版社，2006年，第366页。
③ 王明编：《太平经合校》，第161页。
④ 《太上老君说常清静妙经》，《道藏》第11册，第344页。
⑤ 《太上洞玄灵宝业报因缘经》卷十，《道藏》第6册，第126页。
⑥ 《太上洞神三元妙本福寿真经·三元体妙章》，《道藏》第11册，第415页。
⑦ （唐）吕岩：《渔父词一十八首·疾瞥地》，《全唐诗》卷八五九，第9713页。

尽。与物相刃相靡，其行进如驰，而莫之能止"，也是指人忙于物欲之追逐而不得止息。《庄子·至乐》篇中说得更加具体："夫天下之所尊者，富贵寿善也；所乐者，身安厚味美服好色音声也；所下者，贫贱夭恶也；所苦者，身不得安逸，口不得厚味，形不得美服，目不得好色，耳不得音声；若不得者，则大忧以惧。"《淮南子·俶真训》①也说："人性安静，而嗜欲乱之。"

在后来的道教著作中，不乏类似的表述。《老子西升经·为道章》说："欲者，凶害之根。"《色身章》说："人皆以声色滋味为上乐，不知声色滋味祸之太朴。故圣人不欲，以归无欲也。"宋徽宗分别注曰："罪莫大于可欲，故为凶害之根。""好色音声厚味，世俗之所乐也，目不得好色，耳不得音声，口不得厚味，则大忧以惧。殊不知五色令人目盲，五音令人耳聋，五味令人口爽，是三者，身之大患。然目之綦色，耳之綦声，口之綦味，皆生于有欲。罪莫大于可欲，而欲者德之累，是以圣人欲不欲，而复乎素朴也。"②唐代道士杜光庭在其《墉城集仙录》卷一中也说："盖由五色乱目，使目不明，五声乱耳，使耳无听，五味乱口，使口厉爽；取舍乱心，使心飞扬；嗜欲无厌，使神流散；憎爱不泯，使心劳烦；不疾去之，则志气日耗，寿命日灭，可不戒哉！"③显然，这些说法都是承袭老庄的相关思想而来。

道教视欲望为乱性之因，除直接继承道家思想外，还与佛教的影响有关。有的道教典籍在谈到嗜欲之害时常常会掺之以佛家语言，如《常清静经》中说："人心好静，而欲牵之。常能遣其欲，而心自静，澄其心而神自清。自然六欲不生，三毒消灭。"④此处"六欲"与"三毒"均系借用佛家用语："六欲"指眼、耳、鼻、舌、身、意六根之染著⑤；"三毒"指"贪嗔痴"，其中"贪"即嗜欲，尤为祸害之源。又，该经言："既著万物，即生贪求；既生贪求，即是烦恼；烦恼妄想，忧苦身心。便遭浊辱。流浪生死，常沉苦海，永失真道。"除最末"真道"二字外，其余几乎全是佛家用语。由此也不难看出道佛二家在欲望观上本有的相似相通之处。

不过，在讨论到欲望产生的根源时，与佛家强调欲望的心理根源（无明）不同，道家道教更强调欲望产生的生理根源——"有身"。老子说："吾所以有大患

---

① 《淮南子》本是杂家著作，以黄老思想为主，兼杂孔、墨、申、韩思想和神仙方术。盖因书中的道家和神仙思想为道教所认同，被收入《道藏》太清部。

② 《道藏》第11册，第503—504页。

③ 《道藏》第18册，第166页。

④ 《道藏》第11册，第344页。

⑤ 金侯善渊注"六欲不生"："眼观无色，神不邪视。耳听无音，声色不闻。鼻息冲和，不容香臭。舌餐无味，不甘酸甜。身守无相，不著有漏。意抱天真，不迷外境。"见（金）侯善渊：《常清静经》，《道藏》第17册，第174页。

者，为吾有身，及吾无身，吾有何患？"（《老子》第十三章）这是单纯以"有身"为大患。张伯端在《悟真篇·后叙》中说："窃以为人之生也，皆缘妄情而有其身，有其身则有其患，若无其身，患从何有？"①虽然也提到了"妄情"，强调的却还是"有其身"。"有身"，便有诸种感官，以及诸感官对于诸种相应欲望的贪求。由于道教视"有身"为人生忧患之源，在忧患的对治上，如何解决"有身"的问题便成为其理论与实践的重要着力点。

二、道教的休闲追求

与佛教休闲主要追求心安不同，道教休闲追求的是身心和谐。无论是对死亡或生死之忧患的超越，还是对欲望之忧患的超越，最终都体现为身与心（或形与神、性与命②）的和谐与统一。

道教视死亡为"天下凶事"，无法如道家那样视死如生或视死如休，其超越死亡或生死忧患的路径便只有转向通过修炼实践以求得道成仙、长生不死。神仙境界是一种无拘无束、无忧无虑、绝对自由的休闲境界，神仙则是一种高度理想的身心和谐的生命存在形式。

"神"和"仙"的含义最初本不相同，虽然都具有神通广大、变化莫测和超越生死的特点，但"神"是天然就存在的，"仙"则是由人修成的。③后来"神""仙"并称，所指实即是"仙"，即通过自身修炼而实现长生不死的得道者。④长生不死，便意味着形神永固，即身体与精神的持久而牢固地结合。生命是形与神（性与命）的结合体，二者相依相守，不可须臾分离，分离就意味着死亡。《性命圭旨·性命说》曰："性命原不可分，但以其在天则谓之命，在人则谓之性。性命实非有两，况性无命不立，命无性不存，而性命之理，又浑然合一者也哉。"⑤长生不死，还意味着形神俱妙，即身心升华到了一种较凡人更为高级的与道相合的神妙状态。

《老子》第四十二章："道生一，一生二，二生三，三生万物。""道"本来是人

---

① 《道藏》第 4 册，第 749 页。
② 道教在谈及生命的构成时，使用的概念或范畴有多组，如形与神，精、气、神，气与神、性与命等，但无论用哪一组概念或范畴来表述，皆不出身（物质生命）与心（精神生命）两大方面：精和气是构成形（身）的两种基本要素；仅神气并举时，气兼指精气。（明）伍守阳《天仙正理直论增注》："精在炁中，精炁本是一故也。"性命的概念多出现在内丹学中。
③ 《说文》释"神"为"天神引出万物者也"，释"仚"（"仙"的古字）为"人在山上皃（貌）"，有轻举飞升之意。"仙"又作"僊"，《说文》谓"僊"乃"长生迁去"者。《释名·释长幼》亦云："老而不死曰仙。仙，迁也，迁入山也。"
④ 《汉书·艺文志》："神仙者，所以保性命之真而游求于其外者。聊以荡意平心，同生死之域，而无怵惕于胸中。"神仙又常被称为"仙人"、"仙真"、"真人"等。
⑤ 《藏外道书》第 9 册，第 512 页。

与天地万物的本源，故人皆禀道性而生，本应具有道的清静特性①，但人由于后天欲望的扰乱而常常与道产生了疏离。《云笈七签》卷三二《养性延命录》引《老君妙真经》佚文曰："人常失道，非道失人。"② 唐吴筠《神仙可学论》中亦说："道不负人，人负于道。"③ 失道、负于道者难保其形，因为"道无生死，而形有生死。……形所以死者，由失其道也"，"道不可见，因生而明之；生不可常，用道以守之。若生亡，则道废，道废，则生亡"。④ 只有生道合一，形神俱妙，方可长生久视。故《性命圭旨·真空炼形法则》说："心空无碍，则神愈炼而愈灵；身空无碍，则性愈炼而愈清。直炼到形与神而相涵，身与心而为一，方才是形神俱妙、与道合真者也。""身得道，神亦得道；身得仙，神亦得仙。"⑤ 在接受了佛教轮回观念的道门中人看来，得道成仙者亦可超出三界而免于轮回之苦。如传为吕洞宾所作的《献郑思远施真人二仙》诗中说："万劫千生到此生，此生身始觉飞轻。抛家别国云山外，炼魄全魂日月精。"⑥ 全真道士马钰在《迷悟吟·赠凤翔府乐孔目及众道友》一诗中说："养家堕轮回，学道免来去。"⑦ 在这类说法中，对死亡的超越已经转变为对生死的超越。

道教贵生恶死，因此其休闲带有强烈的现实性特征，即注重此世的带有享乐色彩的休闲，而非像道家或佛教那样单纯追求心理上的安闲或将彻底休歇的希望寄诸身后。《抱朴子内篇·对俗》云："人道当食甘旨，服轻暖，通阴阳，处官秩，耳目聪明，骨节坚强，颜色悦怿，老而不衰，延年久视，出处任意，寒温风湿不能伤，鬼神众精不能犯，五病百毒不能中，忧喜毁誉不为累，乃为贵尔。"虽然也谈到心灵的超脱（"忧喜毁誉不为累"），但首当其冲的却是衣食名位等现实物欲的满足。《抱朴子内篇·道意》又云："笃而论之，求长生者，正惜今日之所欲也。本不汲汲于生虚，以飞腾为胜于地上也。若本可以止家而不死者，亦何必求于速登天乎？"原来，神仙家追求飞举升天的目的与"人道"并无本质区别，都是为了种种现实享受；神仙的休闲境界乃是世俗享乐休闲的延续与扩展。

于是，便出现了一个问题：道教以长生不死作为对死亡或生死之忧患的克服，或可称之为超越，那么道教理想中追求神仙式的享乐休闲是否也能称之为对欲望之忧患的超越呢？道教中神仙所体所行之道是否还是先秦道家所说的"道"呢？

---

① 《老子》第三十九章："天得一以清，地得一以宁。""一"即是道，"清"、"宁"是道本有的性质。
② 《道藏》第22册，第229页。
③ 同上书，第640页。
④ 《太上老君内观经》，《道藏》第11册，第397页。
⑤ 《藏外道书》第9册，第583页。
⑥ 《全唐诗》卷八五六，第9674页。
⑦ 薛瑞兆、郭明志编纂：《全金诗》（第一册），天津：南开大学出版社，1995年，第315页。

按照马斯洛的理论，由超越性需要的满足所带来的超越性快感与存在价值相符契，位于快乐的最高层次上，远高于缺失性（匮乏性）需要的满足所带来的快乐。而神仙式的享乐休闲在很大程度上还是在追求后面这种快乐，因此不能说道教之神仙超越了欲望。但笔者以为，既然道教的神仙以"做加法"的方式正面满足了欲望，欲望对神仙不再构成忧患，则言神仙理想旨在克服欲望之忧患也未尝不可（虽然这种理想终究只能是理想，甚至只能是幻想）。至于道教神仙所体所行之道，则已不同于道家之道，因为道家之道是超越了欲望的"见素抱朴，少私寡欲"之道，是"做减法"（"为道日损，损之又损，以至于无为"[《老子》第四十八章]）所得的道。此正如葛兆光所说："道教奉道，只是虚晃一枪。……只不过是用'道生一，一生二，二生三，三生万物'与'精神生于道，形生于精，而万物以形相生'这样一种理论把人类关于宇宙的认识、神话传说和巫术连成一个庞大的宗教理论与实践体系而已，而它的终极目的，并不是去体验'道'，而是去追求人的生存，人的享乐。"①

成为摆脱一切有限性之束缚的神仙，无忧无虑、无拘无束地休闲享乐，这是道教的终极目的，这一终极目的甚至比佛教之涅槃更为诱人，但却和涅槃一样因过高、过远而让凡俗之人常常只能望而兴叹，甚至怀疑是否实有。不过，如佛教一样，道教也自有其泽及凡夫众生之处。对于凡夫众生来说，道教的理论与实践或未必能使他们完全免于死亡之忧患，却在很大程度上能使之免于欲望之忧患，获得现实的身心和谐之受用——这是由于道教在修养和修炼实践中所奉行的道接近道家之道的缘故。

道教的致仙目的和成仙手段之间存在矛盾——为了能最终得到神仙之享受，在修行中就必须克制乃至消除种种欲望，这一矛盾实际上是人的享乐欲与生存欲之冲突的体现。在实际修行和休闲时，道教秉承道家思想而提倡少私寡欲、知足常乐，以求得精神的宁静和身体的安泰。

以葛洪为例，虽然如前文所说，他肯定求长生成仙的根本动机是为了满足人的种种欲望，但同时又认为不超克欲望则无法成仙："学仙之法，欲得怡愉澹泊，涤除嗜欲。"（《抱朴子内篇·对俗》）"修道之人，应以富贵为不幸，以荣华为秽污，以厚玩为尘土，以声誉为朝露。"（《抱朴子内篇·论仙》）葛洪十分强调要"知足"，认为"真知足"者方能享有心灵的真正休闲，因为唯"真知足"方能"动息知止，无往不足"，"常无心于众烦，而未始与物杂也"（《抱朴子内篇·畅玄》）。去欲、知足者方能体悟宇宙之玄道，得无为之大乐，用葛洪的话说，即是"泰尔有余欢于无为之场，忻然齐贵贱于不争之地。含醇守朴，无欲无忧，全真虚器，居平味澹。恢恢荡荡，与浑成等其自然。浩浩茫茫，与造化钧其符契"（《抱朴子内篇·畅

---

① 葛兆光：《道教与中国文化》，上海：上海人民出版社，1987年，第370页。

玄》)。显然，这种休闲境界与马斯洛所说的同存在价值相符契的自我实现（第二种类型的自我实现）状态十分相似，其中包含的"泰尔余欢"也当属于马斯洛意义上的"超越性快感"，是一种更大的、更为持久的幸福感。

　　道教休闲奉行的是少私寡欲的精神："吟啸苍崖之间，而万物化为尘氛；怡颜丰柯之下，而朱户变为绳枢；……含醇守朴，无欲无忧，全真虚器，居平味淡。"（《抱朴子内篇·畅玄》)这种少私寡欲的生活态度不仅能带来精神上的清虚宁静，还能带来生理上的安康健朗。道教养生学认为："理身者，以心为帝王，脏腑为诸侯。若安静心王，抱真守道，则天地元精之气纳化身中为玉浆甘露，三一之神与己饮之，混合相守，内外均合，不烦吐纳，存修各处。"① 这是说，如果能安定心神，抱真气守大道，则精、气、神三者自然能均一调和，内外相守，即使不行吐纳之功，也能对身体起到存养修持之效。安心之要，寡欲为先。寡欲便可知足常乐，此乐非感官享受之乐，乃清静无为、恬愉淡泊之乐，而"平易恬淡则忧患不能入，邪气不能袭"（《庄子·刻意》)，自然能全形益生。

三、结　语

　　强烈的生命忧患意识是道教休闲的前提和背景。道教的生命忧患主要表现在两个方面：一是对死亡或生死的忧患，一是对生之难得安逸的忧患（欲望忧患）。无论是对其中哪一方面的超越，最终都体现为身与心的和谐统一。相应地，道教休闲以人的身心和谐为追求目标，此一目标又可分解为两个不同的层次，一是作为终极理想而存在的神仙层次，一是对应于现实人生的世间层次。神仙层次旨在解决死亡或生死忧患，世间层次旨在解决欲望忧患。这两个层次是目的与手段的矛盾统一。虽然神仙层次虚无缥缈，其无限美好的休闲享乐生活却诱使不少慕仙求道者在世间层次中自觉遵循少私寡欲、知足常乐的理念，因而在内在养心和外在养生中均呈现出清静、淡泊、闲适的特征。

---

　　① 　（唐）杜光庭：《道德真经广圣义》卷二七，《道藏》第14册，第443-444页。

范仲淹之"乐"对当代生活的启示

白　路

（天津工业大学艺术与服装学院）

内容提要：中国传统文化中的文人雅集风尚，对于构建当代社会高雅的人文互动环境，培育审美趣味，滋养心灵世界，具有深远的普世意义。范仲淹就是中国传统雅集风尚承前启后的代表之一，从岳阳楼抒怀，到百花洲吟唱，表现出中国传统士大夫深厚的审美文化素养与钟情交游唱和的优雅人生趣味。范仲淹的忧，是天下之忧，范仲淹的乐，则是人间之乐、人生之乐、众人之乐，是具有中国格调的审美情怀。范仲淹在中国传统雅集风尚中，扮演了一个轴心角色。这是他对中国传统审美文化的贡献，也是中国文明向世界文明展现其独特魅力的经典范例。

关键词：岳阳楼　百花洲　雅集　乐生活

引　言

元好问的《范文公正真赞》曰："文正范公，在布衣为名士，在州县为能吏，在边境为名将。其才其量其忠，一身而备数器。在朝廷则又孔子所谓大臣者，求之千百年间盖不一二见，非但为一代宗臣而已。……以将则视管、乐为不忝，以相则方韩、富为有余，其忠可以支倾朝而寄末命，其量可以际圆盖而蟠方舆。"[1]朱熹评价范仲淹为"天地间气，第一流人物"，后人则有"仰止范文正，宋朝第一人"的共识。中国历史上对范仲淹的美誉，集中在立德、立功、立言的"三不朽说"，而对于他对中国传统审美风尚的承上启下、发扬光大的贡献则关注不足，中国传统文化中的文人雅集风尚，对于构建当代社会高雅的人文互动环境，培育审美趣味，滋养心灵世界，具有深远的普世意义。范仲淹身体力行，从岳阳楼抒怀，到百花洲吟唱，表现出中国传统士大夫深厚的审美文化素养与钟情交游唱和的优雅人生趣味。范仲淹的忧，是天下之忧，范仲淹的乐，则是人间之乐、人生之乐、

作者简介：白路，女，史学博士，天津工业大学艺术与服装学院服装艺术设计系副教授，硕士生导师。学术领域：中国传统审美文化。

[1]　《元好问全集》，太原：山西人民出版社，1990年，第69页。

众人之乐，是具有中国格调的审美情怀。范仲淹在中国传统雅集风尚中，扮演了一个轴心角色。这是他对中国传统审美文化的贡献，也是中国文明向世界文明展现其独特魅力的经典范例。

一、中国人之"乐"传统

中国人的"乐"传统源远流长。

早在春秋时代的孔子，就向往结伴而游"咏而归"的审美乐趣。

> 子路、曾皙、冉有、公西华侍坐。子曰："以吾一日长乎尔，毋吾以也。居则曰：'不吾知也！'如或知尔，则何以哉？"子路率尔而对曰："千乘之国，摄乎大国之间，加之以师旅，因之以饥馑，由也为之，比及三年，可使有勇，且知方也。"夫子哂之。"求，尔何如？"对曰："方六七十，如五六十，求也为之，比及三年，可使足民。如其礼乐，以俟君子。""赤，尔何如？"对曰："非曰能之，愿学焉。宗庙之事，如会同，端章甫，愿为小相焉。""点，尔何如？"鼓瑟希，铿尔，舍瑟而作，对曰："异乎三子者之撰。"子曰："何伤乎？亦各言其志也。"曰："莫春者，春服既成，冠者五六人，童子六七人，浴乎沂，风乎舞雩，咏而归。"夫子喟然叹曰："吾与点也！"
>
> ——《论语·先进》

东晋的王羲之，成为中国人"乐"传统的一代领袖，他的《兰亭集序》发出"仰观宇宙之大，俯察品类之盛，所以游目骋怀，足以极视听之娱，信可乐也"的慨叹，引领了中国之"乐"的审美风尚。永和兰亭雅集，成为中国传统文化的一个典范。从南北朝开始，历唐宋元明清直至近现代，每隔一段时间，就有一批文人、书家相聚兰亭举办兰亭雅集活动。兰亭雅集传承有绪、绵延不绝，形成一道独特的中国传统审美文化景观。

堪与兰亭雅集比肩而誉的，是以苏轼为领袖人物的西园雅集，元祐年间，京中文人学士围绕在苏轼周围，拥戴他为文坛盟主。西园为北宋驸马都尉王诜之第，其时文人墨客多雅集于此。元丰初，王诜曾邀同苏轼、苏辙、黄庭坚、米芾、蔡肇、李之仪、李公麟、晁补之、张耒、秦观、刘泾、陈景元、王钦臣、郑嘉会、圆通大师（日本渡宋僧大江定基）等16人游园。此次聚会，雅兴、诗文、书画皆留下千古佳话。米芾为记，李公麟作图二，一作于元丰初王诜家，一作于1086年（元祐元年）赵德麟家。南宋马远、明代仇英等皆有摹本、清代石涛、华嵒等亦多仿之。当代以西园雅集为设计元素的艺术作品更是层出不穷。

玉山佳处之"乐"的凝聚力与创造力可谓蔚为大观。清初钱谦益《列朝诗集小传》的甲前集列有《玉山草堂留别寄赠诸诗人》的名单，他们包括柯九思、黄公望、倪瓒、杨维桢、熊梦祥、顾瑛、袁华、王蒙等几十人，《草堂雅集》所收唱咏的诗人达 80 人之多，这些人诗文曲赋、书画琴棋诸艺兼擅。《四库全书总目提要·玉山名胜集》评曰："其所居池馆之盛，甲于东南，一时胜流，多从之游宴。……元季知名之士，列其间者十之八九。考宴集唱和之盛，始于金谷、兰亭；园林题咏之多，肇于辋川、云溪；其宾客之佳，文辞之富，则未有过于是集者。虽遭逢衰世有托而逃，而文采风流映照一世，数百年后，犹想见之，录存其书，亦千载艺林之佳话也。"

二、范仲淹之"乐"情怀

范仲淹的一生，是先天下之忧而"忧"的一生，也是后天下之乐而"乐"的一生。他的"乐"杰作，集中体现在岳阳楼驰骋审美想象，百花洲建造审美家园。

郁达夫《乙亥夏日楼外楼坐雨》曰："江山也要文人捧，堤柳而今尚姓苏。"是说，西湖固然美好，然而，更美好的是经过文人苏轼审美移情而咏叹的西湖。"水光潋滟晴方好，山色空蒙雨亦奇，欲把西湖比西子，淡妆浓抹总相宜。"人们涌向西湖胜景，已经分不清是热爱西湖，还是热爱苏轼的诗文，或者是热爱苏轼诗文营造的西湖审美意境。

在苏轼之前，范仲淹已经有了同类的审美实践。岳阳楼与《岳阳楼记》，就是一对绝佳的江山文人、文人江山图轴。

岳阳楼在 1700 余年的历史中屡修屡毁、屡毁屡修。清朝张德容《重修岳阳楼记》描述了岳阳楼的兴衰史，重修后，"则层檐冰阁，炭颂于其上，文人才士登眺而徘徊"。圮毁时，"则波巨浪，冲击于其下，迁客骚人矫首而太息"。岳阳楼始建于公元 220 年前后，其前身相传为三国时期东吴大将鲁肃的"阅军楼"，西晋南北朝时称"巴陵城楼"，中唐李白赋诗之后，始称"岳阳楼"。千百年来，无数文人墨客在此登览胜境，凭栏抒怀，并记之于文，咏之于诗，形之于画，岳阳楼成为艺术创作中被反复描摹、久写不衰的一个主题。李白有"楼观岳阳尽，川回洞庭开"；杜甫有"昔闻洞庭水，今上岳阳楼"。范仲淹的"先天下之忧而忧，后天下之乐而乐"则使岳阳楼蜚声四海，名扬天下。

岳阳楼与《岳阳楼记》互相成就。范仲淹《岳阳楼记》以其汪洋恣肆的华美文字，抑扬顿挫的文体韵律，跌宕雄浑的宏大气势，把浩浩荡荡、气象万千的"巴陵胜状"描绘得惊心动魄，魅力无穷，极尽审美之想象力。

诞生《岳阳楼记》的花洲书院，虽不如中国古代四大书院——嵩阳书院、白鹿洞书院、岳麓书院、应天府书院——声名显赫，但却是范仲淹精心营建的审美心灵家园。百花洲位于邓州古城东南隅，碧水泱泱，繁花似锦，竹木苍翠，百鸟争喧，是迁客骚人游览的胜地。范仲淹承继前人基础，重整百花洲、览秀亭，新建了春风阁、文昌阁和花洲书院。"南阳有绝胜，城下百花洲"、"百花洲里夜忘归，绿梧无声露光滑"等诗句，均是范仲淹对百花洲的审美咏叹。公余之暇，范仲淹在此讲学会友、饮酒览胜。"七里河边带月归，百花洲上啸生风"，"主人高歌客大醉，百花洲里夜忘归"，范仲淹击鼓高歌，迎风长啸，风流倜傥，好一派文人雅士潇洒风范。

范仲淹至邓州的第一个春天，写了《定风波·自前二府镇穰下营百花洲亲制》，这首词是写他与游人去百花洲赏花的情景，表达了范仲淹与民同乐的喜悦之情：

> 罗绮满城春欲暮。百花洲上寻芳去。浦映花花映浦。无尽处。恍然身入桃源路。莫怪山翁聊逸豫。功名得丧归时数。莺解新声蝶解舞。天赋与。争教我悲无欢绪。

节日临近，范仲淹与坐中佳士把酒风流，尽兴挥洒，《中元夜百花洲作》：

> 南阳太守清狂发，未到中秋先赏月。
> 百花洲里夜忘归，绿梧无声露光滑。
> 天学碧海吐明珠，寒辉射空星斗疏。
> 西楼下看人间世，莹然都在青玉壶。
> 从来酷暑不可避，今夕凉生岂天意。
> 一笛吹销万里云，主人高歌客大醉。
> 客醉起舞逐我歌，弗舞弗歌如老何。

从岳阳楼到百花洲，前者是审美理想，后者是审美实践。岳阳楼是范仲淹心中的审美图景，百花洲是范仲淹现实的审美家园。

三、中国"乐"传统对当代"乐"生活的启示

1. 人文之乐的精神陶冶

"庆历四年春，滕子京谪守巴陵郡。越明年，政通人和，百废俱兴。乃重修岳阳楼，增其旧制，刻唐贤今人诗赋于其上。属予作文以记之。"范仲淹应友人邀请，写就千古名篇，为文化江山描摹了一幅胜景。这样的人文之乐，在中国历史上比比皆是，代有佳话。尤其是诗文书画的酬唱之作，浩如烟海，举其荦荦大者，唐宋时代堪为鼎盛一时。

文人雅士相互之间酬唱、共赏、共鸣，大致分为：其一和诗，其二依韵，其

三用韵，其四次韵，亦称步韵。唱和本是指唱歌时一方唱、彼方和。"唱和"也用来指称文人之间彼此以诗词赠答。唱和的方式大致为：其一是甲方赠乙方诗词，乙方根据甲方所赠诗词的原韵来应答，唐代白居易、元稹二人之间此类依韵唱和的诗颇多。其二是乙方应答甲方所赠的诗词，只根据原作的意思而另自用韵，唐代柳宗元与刘禹锡之间的唱和诗就有不少此类佳作。唐代张籍"闲来各数经过地，醉后齐吟唱和诗"的句子，生动传神地描摹出了友人之间的人文互动之乐。

826 年（唐敬宗宝历二年），刘禹锡由和州返洛阳，在扬州与白居易相会时的席间唱和，成为众人皆知的美谈。刘、白两人才华难分伯仲，经历也相似（白居易亦被贬江州司马），"同是天涯沦落人"，相逢心有戚戚焉，感慨万千。白居易"为我引杯添酒饮"，"与君把箸击盘歌"。而刘禹锡则在逆境中怀抱希望"沉舟侧畔千帆过，病树前头万木春"。

白居易·醉赠刘二十八使君

为我引杯添酒饮，与君把箸击盘歌。
诗称国手徒为尔，命压人头不奈何。
举眼风光长寂寞，满朝官职独蹉跎。
亦知合被才名折，二十三年折太多。

刘禹锡·酬乐天扬州初逢席上见赠

巴山楚水凄凉地，二十三年弃置身。
怀旧空吟闻笛赋，到乡翻似烂柯人。
沉舟侧畔千帆过，病树前头万木春。
今日听君歌一曲，暂凭杯酒长精神。

2. 交游之乐的人间情趣

交游之乐，魏晋名士，唐宋风流，都有脍炙人口的典故。

《世说新语》记载了情趣盎然的王子猷雪夜访戴。王子猷居山阴，夜大雪，眠觉，开室命酌酒。四望皎然，因起彷徨，咏左思《招隐诗》。忽忆戴安道。时戴在剡，即便夜乘小船就之。经宿方至，造门不前而返。人问其故，王曰："吾本乘兴而行，兴尽而返，何必见戴！"

《记承天寺夜游》写于宋神宗元丰六年（1083），当时，苏轼正因"乌台诗案"被贬谪到任职。但这些精神挫折，在某种程度上以有着共同人文乐趣的交游活动得以补偿和升华。苏轼在逆境中，时时充满了与友人共赏与共鸣的审美之心境：
元丰六年十月十二日夜，解衣欲睡，月色入户，欣然起行。念无与为乐者，遂至承天寺寻张怀民。怀民亦未寝，相与步于中庭。庭下如积水空明，水中藻、荇交横，盖竹柏影也。何夜无月？何处无竹柏？但少闲人如吾两人者耳。

范仲淹整修百花洲，创办花洲书院，同样是创建一个具有人文情趣的交游之乐的场所，在此，嘤其鸣矣求其友声，酬唱应答，言情言志。

3. 中国"乐"传统对当代"乐"生活的启示

"乐"是中国传统审美风尚的重要内容之一，其中，人文之乐与交游之乐的融汇，形成了中国文化独具魅力的雅集景观。中国"乐"传统是当代"乐"生活的深厚精神文化资源，具有多层面的启示意义。

当代世界已经进入了日常生活审美化的时代，日常生活审美包括两个层面：一是艺术和审美进入日常生活，被日常生活化；二是日常生活中的一切，特别是大工业批量生产的产品以及环境被审美化。审美的旨归，就是"乐"在当下的生活。从人类文明与文化的演进历程来看，审美文化是继人类工具文化与社会理性文化后出现的第三种文化形态，体现了文化积累与量变的过程，是人类文化与文明的高级形态。

英国诺丁汉特伦特大学社会学与传播学教授迈克·费瑟斯通以及中国首都师范大学陶东风教授等专家学者研究认为，当代审美文化的最鲜明特征之一，就是消费性，其最直接的成果是导致了"休闲文化"现象以及"日常生活衣食住行审美化"现象。审美文化有利于消解高技术支配下人的"技术异化"和"工具理性异化"状态，有利于克服因单向度生产所导致的人对于社会和劳动实践的厌恶心理和对抗情绪，促使主体以更多、更丰裕的自由时间来充实和发展自己。但是，在商品经济形态下，自由时间的增多并非全部都是积极意义上的休闲时间，那些以物欲满足和利益导向为目的的消费，也常常导致人对金钱和物质的过度的、盲目的依赖，从而使人走向循环消费的误区，误以为人生乐趣就是无休止的消费，导致更深程度的物欲焦虑。过分追捧金钱物质之"乐"，不能给人带来"乐"生活，反而使人被物质之"乐"所压迫，所奴役。

中国传统审美文化之"乐"，是既倡导对物质世界入乎其内，又能够对物质世界出乎其外的自由之乐。建立在人的精神陶冶基础之上，琴棋书画、诗词歌赋，首先提炼的是人的文明素养，在此之上，构建心灵游憩和审美交流的家园，这个"乐"，是建立在个体修养、文化尊严之上的浪漫超越。交游，是人与人之间的交往互动，其中更多地体现了物以类聚、情趣相投、博爱包容的人文关怀。人文之乐，交游之乐，对当代社会的过分消费风潮是一个良好的启示，即，乐，不仅仅建立在金钱物质消费的基础之上，乐，更是一种高雅、文明的精神生活追求。中国传统文化之"乐"，对当代社会风尚之"乐"以及大众日常生活之"乐"具有借鉴和启发意义。

结　语

范仲淹留给我们的精神文化遗产是多方面的，其中，《岳阳楼记》作为文学艺术的典范代代流传，花洲书院作为中国书院园林至今迎接着四海来宾。"范公种竹水边亭，漂泊来游一客星。神理不应从此尽，百年草树至今青。"黄庭坚道出了古今心声。我们缅怀范仲淹的丰功伟业，自觉传承中国传统文化的审美风尚，在全球化的当代社会，更有责任与世界文化分享中国文化的精华元素，把中国文明的优秀基因传播到世界各地，让中华文明成为世界文明的华彩乐章之一。

宋代瓷器与宋人休闲文化

李斯斌

（四川师范大学美术学院）

内容提要： 宋代开始瓷器始有官窑烧制。由此，宋代瓷器生产形成了官窑与民窑两种截然不同的风格。两种不同风格的瓷器，实则是宋代雅、俗文化的折射。以"定、汝、钧、官"为代表的官窑制器，其装饰风格主要追求釉色的变化，其思想实则反映了宋代文人"道法自然"的审美标准；其器形追求秀美小巧，兼实用和欣赏两用，尤其是清供器、茶器、陈设器的大量出现，表明了宋代休闲文化雅性特征中"玩物适性"的审美要求。而民窑器则更具有宋人休闲文化的世俗特征。其装饰风格多样，反映了南北迥异的审美趣味，其装饰题材多为世俗生活，折射出传统儒家以"仁义孝悌"为基础的休闲观。

关键词： 官窑　民窑　玩物适性　儒家

　　休闲，实谓人在社会、自然之中的一种诗意存在。休闲文化体现着主体对自我存在的一种认同，表现着自我在社会中的存在理想方式，可以说休闲就是自我本真的一种塑造。

　　休闲实则又是借助于"物"从而把自我释放出来的一种表现。比如借园林以放旷，借茶茗以静心等，这些休闲活动都是借助于"物"的手段才实现了休闲的目的。因此，休闲的本质，实则又是人与物的一种关系反映。艺术活动是一种高明的休闲活动，它是以物的创造方式，表达了主体的存在意识和对理想自我的塑造。所谓"游于艺"，在朱子看来，"游者，玩物适情之谓也。"[①] 可以看到，朱熹极力主张，以"玩物"的方式来看待"游艺"，所谓"适情"，则是说明"游艺"是休闲的高明功夫。宋人提倡"艺之为道，道之为艺"[②]，充分证明，宋代人的休闲观中，已经把艺术作为休闲体验的重要方式。

　　作者简介：李斯斌（1979—　），男，四川广元人。现为四川师范大学美术学院讲师，四川大学道教与宗教文化研究所博士后。

① （宋）朱熹：《四书章句集注》，北京：中华书局，1983年，第94页。
② 《宣和画谱》，俞剑华校释，北京：人民美术出版社，1964年，第21页。

宋代是中国艺术史上的一个高峰。可以说，历代文化最能体现中国雅文化的，当属宋代无疑。这与宋代时期儒家文化的复兴，士人阶层的兴起与地位的提高、宋代皇帝对于艺术的偏爱都不无关系。就宋代陶瓷来说，迥异于元明清以后形成的以白瓷为基础，以彩绘为主要装饰手段的风格。无论是官窑还是民窑，都偏重于釉色变化以满足人们对艺术审美的需求。陶瓷釉色变化，在烧造过程中有许多不可控的因素，由此，追求釉色的效果，实则是"道法自然"的艺术折射。这在官窑陶瓷上表现得更为明显，瓷器釉色的追求绝对堪称一种艺术化的创造之物，它以独有的形式与材料语言，传递着宋代休闲文化的"游艺于道"的精神，这种艺术精神的核心可以概之为"道法自然"。自然，不仅是宋人内心休闲理想的诉求，也同时表现为"玩物"心态的艺术创作。宋代官窑陶瓷釉色追求淡雅幽远的艺术化风格，反映了宋人极富意境的艺术追求；而民窑装饰风格多姿多彩，总体表现为质朴大方，也表现了世俗文化心态的多样性。

一、官窑的釉色追求及休闲心态的表现

在宋代以前，陶瓷生产尚没有官窑的出现，只出现了向官方进贡的陶瓷。唐代南方的越窑就大量向皇室进贡青瓷，以满足皇室的需要。在宋代初期，北方耀州窑和定窑也大量地向官方输送瓷器。随着皇室对于瓷器量的需求增大，皇帝自身对于艺术审美要求的提高，宋徽宗时期，官窑开始出现。

在官窑中，定窑无疑是最早的，这源于它早期就向皇室进贡精致瓷器。定窑主要生产白瓷，其色白中泛微黄。北方在唐代就形成了以邢窑为中心的白瓷系统，与南方越窑为中心的青瓷系统相抗衡。白瓷得到了唐代许多文人的认同。皮日休在《茶瓯》诗更生动描写邢、越两窑瓷砍碗饮茶的风趣与制作工艺：

> 邢客与越人，皆能造兹器。圆似月魂堕，轻如云魄起。枣花势旋眼，苹沫香沾齿。松下时一看，支公亦如此。[①]

僧皎然《饮茶歌诮崔石使君》中言：

> 越人遗我剡溪茗，采得金牙爨金鼎。素瓷雪色缥沫香，何似诸仙琼蕊浆。

这足见唐人对于白瓷的喜爱，其原因在于它色白类雪、类银。邢窑、越窑都强调釉色装饰，此外，从唐三彩等陶类制作来看，都表现了唐代瓷器制作还是重

---

① （清）彭定求等编：《全唐诗》，北京：中华书局，1999年，第7106页。

视釉色的装饰效果，这一点在宋代无疑得到了继承。与之不同的是，唐代的釉色大多色彩比较浓郁艳丽，与宋代釉色追求缥缈幽婉的艺术化效果迥然不同。

白瓷所呈现的白色显然不具有这种幽远缥缈的艺术化效果，对于定窑白瓷，官方很快就因其制作不够精良，而被汝窑取代。陆游《老学庵笔记》中言："故都时定器不入禁中，惟用汝器，以定器有芒也。"① 宋叶寘《坦斋笔衡》："本朝以定州白磁器有芒，不堪用，遂命汝州造青窑器，故河北唐、邓、耀州悉有之，汝窑为魁。"② 这种"定器有芒"的说法实则并不具有说服力，我们可以看到，宋徽宗是一个拥有极高艺术修养与见解的皇帝，他对于艺术诗意化的追求完全可以体现于他对于绘画的见解。他本是工笔画的高手，对于绘画追求画面的诗境表现，常常要求以诗句入画境。③ 由此，白色显得过于单调而不够含蓄。由此，白瓷被汝窑的青瓷取代，应该看作是陶瓷制作与设计对当时上层社会审美文化需求的一种适应。官窑器皿摆脱了纯粹实用性的束缚，功能性已经退居其次，而大大提升了它的艺术化审美功能。精美的瓷器已经完全成为上流社会日常生活闲暇之余的审美对象，这种审美对象的充当，就是朱熹所言"玩物适情"的表现了。官窑陶瓷在宋人心目已经成了艺术化的休闲物品。

宋代的官窑有汝窑、钧窑、官窑、景德镇窑。④ 这些窑实则都可以归为青瓷系，受越窑青瓷的影响，其主要风格都是追求烧制中釉色的自然变化而不重视其他手段的装饰，与民窑追求刻花、印花、画花等装饰手段截然不同。

汝窑制作精良，明代高濂《遵生八笺》言："汝窑，余尝见之，其色卵白，汁水莹厚如堆脂然，汁中棕眼，隐若蟹爪，底有芝麻花细小挣钉。"⑤ 卵白，即谓鸭蛋青色。清朱琰《陶说》："汝本青器窑"。⑥ 此外，汝窑青瓷釉面会自然形成犹如蟹爪的纹片，故名蟹爪纹。这是汝窑独有的特征。

与此同时，官窑还有"官窑"，这是不同于民窑基础上发展出来的官窑，它是皇家御用烧瓷坊，往往距京都较近。宋叶寘《坦斋笔衡》中言："政和间，京师自置窑烧造，名曰官窑。中兴渡江，有邵成章提举后苑，号邵局，袭故京遗制，置窑于修内司，造青器，名内窑。"由此，两宋便有两个官窑址。官窑同样是青瓷

① （宋）陆游：《老学庵笔记》，北京：中华书局，1997年，第23页。
② （元）陶宗仪：《南村辍耕录》，北京：中华书局，2004年，第363页。
③ 可参见《宣和画谱》诸处所载。如卷九中言："宗室叔傩，善画，多得意于禽鱼，每下笔皆默合诗人句法。"卷十五中言："(胡擢)遇难状之景，则寄之于画，乃作草木禽鸟，亦诗人感物之作也。"卷十六中言："(赵仲佺)故其画中有诗，至其作草木禽鸟，皆诗人之思致。(赵士雷)作雁鹜鸥鹭，溪塘汀渚，有诗人思致。"
④ 明代始记宋代有"哥窑"，亦为官窑之一。但今陶瓷研究者认为哥窑宋代并不存在，为元代始有。故不在讨论之内。
⑤ （明）高濂：《遵生八笺》，成都：巴蜀书社，1988年，第460页。
⑥ 《续修四库全书》第1111册，上海：上海古籍出版社，2002年，第270页。

系，釉色多天青、粉青和月白效果，又强调了开片的效果。"开片"这种手段同样是一种"道法自然"的表现。开片效果，实则就是釉与胎在窑内高温中膨胀收缩比例不一致而发生的撕扯现象，导致在釉面形成了开裂。在唐代时，人们认为此为"妖变"，乃不祥之兆，而在宋代，已经把这种自然形成的裂纹，当作了犹如上天的杰作，真可谓"以艺游道"的极好体现。

钧窑的最大特点就是杂五彩以入釉。这种色彩斑斓并非人为，这种变化是釉内某些物质不均匀造成的，由于钧窑主要以铜红釉为主，由此，天青、月白的釉色中杂以紫红斑块。世人常说其"窑变无双"，说明钧窑瓷器釉色绝无相同。此外，钧窑瓷坯施釉后晾坯时，使釉层产生裂痕，烧制过程中釉流动使裂痕弥合，产生犹如蚯蚓蠕动后遗留痕迹，俗称"蚯蚓走泥纹"，这也是钧窑所独有的特征。昔人歌颂钧窑"夕阳紫翠忽成岚"，又是强调了它釉色的曜变效果。由此，钧窑瓷器往往独一无二。

景德镇窑是南宋兴起之后，北方窑南迁的基础上发展起来的，它一方面继承了定窑而烧制白瓷，而另一方面又发展出一种新的品种，即影青。影青，实则就是白中泛青，青白相映。

需要强调的是，瓷器的美感是多方面的，不仅瓷器釉色的变化是一种色彩的视觉美感，器型的优美线条也无疑是美的享受。同时，釉面本身材质的美感和把玩瓷器釉面滑润如玉的触感都会深深吸引观赏者，使之留恋不已。以上看来，宋代官窑釉色开辟了陶瓷美学的新境界，钧窑釉色如汁水莹润，汝窑、官窑蟹爪开片，钧窑灿如云霞，景德镇窑青白如玉。官窑器一直都执着于"游艺于道"、"道法自然"的釉色变化，把釉料在窑内烧制的不可控因素当作了陶瓷艺术化的最高境界而加以运用，釉色的窑变给人以巧夺天工、天然造化、变化莫测之感。就连民窑的吉州窑、建州窑和龙泉窑，对于釉色的追求也同样表现了宋人对于"道法自然"的艺术观的重视。如果说明代园林追求自然的境界，计成在《园冶》中总结为"虽有人作，宛自天开"[①]，那么，这一观点运用于宋代官窑瓷器的制作也一点不错，这充分表现了宋人不同前人对于陶瓷艺术化的追求。这种"道法自然"的思想观念，也是宋人休闲世界中对于休闲之物审美要求的反映。

官窑生产量有限，且只供皇家使用，只有少量皇家拣退的官窑器才允许出售，南宋周煇《清波杂志》记载："汝窑宫中禁烧，内有玛瑙末为油，唯供御，拣退方许出卖，近尤难得。"[②] 由此，官窑流传于文人、民间是比较少的。但官窑无论是从器形设计还是对釉色的变化，都充分地表现了当时上层社会雅文化的审美思想。虽然大多数文人都无缘于官窑器，但官窑器所呈现出的诸多新的艺术追求，无疑

---

① （明）计成：《园冶》，北京：中国建筑工业出版社，1988年，第51页。
② （宋）周煇：《清波杂志》，刘永翔校注，北京：中华书局，1994年，第213页。

受到文人的积极追捧。民窑中多有对于官窑器的仿制，由此，民窑中的精品，实则满足了文人对于这种审美时尚的追捧。比如，白瓷系中，与定窑地理位置相近的山西霍州窑、平定窑、盂县窑、介休窑等都有仿制痕迹。此外，青瓷系中龙泉窑是当时最大的民窑，制作水平相当高，有时对于龙泉窑和南宋官窑的瓷器是很难区分的。

以上观之，在宋代上层社会的休闲生活中，瓷器占有相当重要的地位，这是陶瓷艺术化设计的原因之一。这种艺术化的设计追求，也体现于宋人起居生活方式的改变。宋代的生活方式与唐代有很大的不同，这无疑也影响了宋人休闲方式的一些细节。就器形来说，随着人们摆脱了席坐而采用垂足的方式，使得双手得以更自由的解放，取物的方式改用单手，器物置于较高的台桌，等等。由此，单手拿取的需求使器物的器形变得更小；而置物于较高的台桌，使器物在视觉上不再是传统上的俯视效果，而倾向于近距离一种平视效果。由此，传统器物重视对于顶部、肩部的装饰重视发生转移，更强调了对于器形本身的线条美感和其釉色的装饰效果，这种变化更适应瓷器的把玩。

宋代瓷器整体小型化，表现为实用性与鉴赏性相结合的特点，官窑瓷器造型涉及生活的方方面面。不过，现今流传于世的已属罕见了。《陶说》中所载考宋瓷器，多文人砚、洗、镇纸、花盆、熏香等器具。雅文化的艺术气息与官窑本身艺术化的追求是相通的。以钧窑器为例，器型多对于青铜器造型的模仿，首开的陶瓷对于青铜器造型的设计，成为后人追捧学习的一个现象。其出戟尊、鼓钉三足洗、海堂式花盆等，这些器形一方面拥有其实用性功能；另一方面，瓷器本身就是一件杰出的艺术品，这些器形虽模仿青铜器，但造型简洁古朴，去掉了青铜器本有的装饰纹式，以其釉色变化取胜，给人以清幽淡雅的艺术享受。

体现于生活用器方面的陈设器，又如梅瓶和玉壶春瓶，这两种器形都出现于宋代。这两种器形线条优美。梅瓶小口短颈、丰肩，至足胫部稍狭，给人以稳重感，因其颈口仅容插一枝梅花而得名。玉壶春造型撇口、细颈，圆腹、圈足，以变化的弧线构成柔和瓶体，因诗句"玉壶先春"而得名。如果说，梅瓶给人以儒雅的君子风范，那么玉壶春瓶则给人娴罗娇柔的女子形象，这两种造型把宋代文人对于审美的理解发挥到了极致，这两种器形都成了后世瓷器造型最普遍的样式，两者可以看作为实用与审美的完美表现。

此外，宋瓷淡雅的釉色，对于佛道人物的塑造也起着烘托作用。如《景德镇窑道教寿星像》、《景德镇窑青白釉观音坐像》，釉色清淡幽雅，更增添了人物神态的精神力量。宋代主张三教合一，道禅本身就具有非常明显的老庄特点，而老庄文化则历来都为文人所接受，成为雅文化的一个核心。就如清供器来说，追求清幽雅致无疑成为首选。《陶说》引袁宏道《瓶史》中言："江南人家所藏旧觚，青翠入骨，砂斑垤起，可谓花之金屋。其次官哥象定等窑，细媚滋润，皆花神之精舍斋。瓶宜矮而小，窑器如纸槌、鹅颈、茄袋、花尊、花囊、蓍草、蒲槌形制，短小方入清供。"可见，一些造型别致的器皿成了佛前供奉的必备品。

二、民窑的装饰及对休闲文化的表现

宋代分布众多的是民窑。与不惜工本，追求精致完美的官窑器相比，民窑明显具有了突出实用性的特征。民窑满足了不同层次的需要，其烧制精良，装饰追求釉色，则大多迎合了文人的需求，而更多的是，其装饰多以白地黑花为主，装饰大多充满世俗情趣，则是满足大众的需求。各地的民窑装饰文化充分反映了不同地方的特色。以北方民窑来说，主要代表是磁州窑和耀州窑，这两窑主要是剔花、刻花和绘画为主，往往白地黑花。继承北方白瓷的基础，釉色以氧化铁作为呈色剂，这是一种既简单又经济的材料来源，无疑降低了成本而深得到大众的喜爱。相反，南方窑器多产黑釉瓷，则更多以剪纸、贴花为其表现，这以建州窑和吉州窑为代表。

民窑装饰手法往往相当具有世俗的气息。如果说官窑执着于釉色的幽雅，那么，民窑在纹饰装饰上则更加通俗而率真。纹饰线条流畅，不重视细节的精雕细琢，装饰主题大多与富贵吉祥、多子多孙、家庭生活、忠君爱国和日常生活相关。

最能代表民窑对大众的世俗生活折射的当属磁州窑。其手法主要有剔花、刻花、印花等，而为人乐道的则是它把大量世俗民风以白地黑绘的方式，用毛笔直抒胸臆般地表现出来，这种装饰手法，比之雅文化的含蓄温婉又别具直率风格，线条粗犷大胆，生活气息浓郁。它的意义还在于直接开启了元代之后，陶瓷白地彩绘成为主要装饰手段的先河。

磁州窑喜用书写大量诗文进行装饰，其主要内容大致包括对于山水自然的喜爱。如，"为惜落花慵扫地，爱观明月懒糊窗"，"峰前明月照藤床，窗内清风生石枕"。又有表现家庭伦理的。如"父母无忧因子孝，夫无横祸为妻贤"，"己所不欲，勿施于人"。也有描写世俗生活的。如"细草烟深暮雨收，牧童归去倒骑牛"。也有表现人们的信仰世界，如"道院迎仙客，书堂隐相儒。亭栽栖凤笔，池养化龙鱼"。当然，爱情则一直都是一个永恒的话题。如一个瓷枕上一首《中吕·七娘子》："常忆共伊初相见，对枕前，说了深深愿。"[①] 此外，也有表现忧思家国的。如"家国永安"[②]。

民窑的绘画题材可说是宋人百姓日常生活的反映，其中以"婴戏"题材最为常见。如，"童子钓鱼""童子放风筝""童子戏莲""童子踢球"等，都是简单几

---

① 王兴：《磁州窑诗词》，天津：天津古籍出版社，2004 年，第 24、27、32、36、60、73、79 页。
② 叶喆民：《中国陶瓷史》，北京：生活·读书·新知三联书店，2011 年，第 255 页。

笔的勾勒，把童子的形象展现得十分形象。这些题材也从侧面反映了民间世人生活的一些情景，表现了民间大众的娱乐休闲方式。

此外，耀州窑纹饰以刻画花纹的技巧最为精熟，刀法犀利，显得非常生动活泼。耀州窑也充分反映了世俗人的生活。据《老学庵笔记》卷五记述："承平时，鄜州田氏作泥孩儿，名天下，态度无穷，虽京师工效之，莫能及。一对至值十缣，一床至三十千，一床者或五或七也。小者二三寸，大者尺余，无绝大者。予家旧藏一对卧者，有小字云：'鄜畤田玘制。'"

从以上两民窑的装饰风格来看，崇尚朴实，追求浓郁生活的气息，表现了民窑陶瓷文化中作为日常使用器物的观念，同时，这些题材又传递着宋人对于生活、休闲的热爱。在宋人休闲文化中，一种重要方式就是斗茶，此风宫廷、民间俱盛。由此，建州窑、吉州窑专门发展出斗茶用的茶盏。

南方的建州窑和吉州窑的黑釉茶器，成了宋代茶文化的主角。尤其是建州窑生产的兔毫盏，深得皇室和文人的喜爱。斗茶，唐代就已经流行，而在唐代茶文化中，文人对于茶具更欣赏青瓷。陆羽在《茶经》中就说：

> 碗：越州上，鼎州、婺州次；丘州上，寿州、洪州次。或者以邢州处越州上，殊为不然。若邢瓷类银，越瓷类玉，邢不如越一也；若邢瓷类雪，则越瓷类冰，邢不如越二也；邢瓷白而茶色丹，越瓷青而茶色绿，邢不如越三也。晋杜琇《荈赋》所谓："器择陶拣，出自东瓯。"瓯，越州也，瓯越上。口唇不卷，底卷而浅，受半升以下。越州瓷、岳瓷皆青，青则益茶，茶作红白之色。邢州瓷白，茶色红；寿州瓷黄，茶色紫；洪州瓷褐，茶色黑。悉不宜茶。[①]

不过，在宋代，对于斗茶之事，似乎对于黑釉瓷更为钟爱。宋徽宗曾说："盏色贵青黑，玉毫条达者为上。"[②] 苏轼在《送南屏谦师》诗曰："道人晓出南屏山，来试点茶三昧手。忽惊午盏兔毛斑，打作春瓮鹅儿酒……"[③] 此诗说明在南屏山谦师道人斗茶时，即是使用为时人所崇尚的兔毫盏。宋朝蔡襄在奉旨修撰的《茶录》一书中，对黑瓷兔毫盏同品茶、斗茶的关系说得更明确："茶色白，宜黑盏，建安所造者绀黑，纹如兔毫，其坯微厚，熁之久热难冷，最为要用。出他处者，或薄或色紫，皆不及也。其青白盏，斗试家自不用。"[④] 由于斗茶喜用白茶，黑白对比

---

① （唐）陆羽：《茶经》，载《茶经》，北京：中国纺织出版社，2006年，第11页。
② （宋）赵佶：《大观茶论》，载《茶经》，第71页。
③ 《东坡诗集注》，载《文渊阁四库全书》，第1109册，台北：台湾"商务印书馆"，1986年，第134页。
④ （宋）蔡襄：《茶录》，载《茶经》，第49页。

分明，黑瓷茶盏受到人们的欢迎。

综合以上所述，官窑与民窑的装饰特点，其实较为全面地反映了宋人生活的气息。官窑的雅文化味道浓郁，追索淡雅清幽的釉色变化，具有明显的道家休闲观。其风格上表现了"游艺于道"、"道法自然"的艺术精神，是为宋代文人雅士的艺术追求重心。道家的休闲观中重视老庄精神，强调了个体精神对于"道"的领悟。《老子》中言："道之为物，惟恍惟惚。惚兮恍兮，其中有象；恍兮惚兮，其中有物。窈兮冥兮，其中有精，其精甚真，其中有信。"[1] 由此，釉色的幽雅深远正适合于"道"的特征，表现了文人个体休闲的主旨，即"法自然"的存在意识。

民窑则更多地传递了儒家休闲观，器型装饰朴实率真，主题内容充满着儒家仁义孝悌种种精神的表现。《论语》中言："志于道，据于德、依于仁，游于艺。"[2] 儒家并非不主张休闲，但其休闲精神中更侧重于节制和对于德仁传统的继承。这与老庄思想中强烈的个体意识不同，更多地要求把人体与家庭、社会、国家等群体意识联系在一起。这使得世俗文化的休闲观念中，个体休闲的表达也赋予了更为强烈的群体观念。比如"婴戏"题材，这不能看作是工匠们自由情感的抒发，而更多表达了世人对于子孙平安、家庭和睦观念的表达。由此，民窑中许多纹饰都与儒家思想观念中的群体意识联系在一起，民窑的题材与内容更为丰富地传递着宋代大众的休闲精神世界。

---

① 楼宇烈：《老子道德经注校释》，北京：中华书局，2008 年，第 52 页。
② （宋）朱熹：《四书章句集注》，第 94 页。

"闲"之乐与"亡"之悲

——大观园主子们负价值休闲[①]的当下意蕴

赵春艳

（浙江大学亚太休闲教育研究中心　贵州财经大学）

内容提要： 从休闲学的视角去审读《红楼梦》文本中无处不在的关于大观园主子们休闲活动的大量描写，不仅提供了一个新的视角去理解小说的悲剧性主题，即"闲"之乐强化了"亡"之悲；而且结合当下分析"闲"之"悲"超历史时空的价值意蕴更使得《红楼梦》的经典性在当下得到了新的诠释与展现。

关键词：《红楼梦》　大观园主子　闲　悲

《红楼梦》达到了中国古代悲剧小说的高峰这已是学界不争的共识，并惯于将其作为一部因人性被封建伦理道德压抑而产生的爱情悲剧小说。而我们现在要思考的是：导致《红楼梦》悲剧性的因素——封建伦理道德如三纲五常等在当下已土崩瓦解，可是为什么其悲剧性还是对当下人具有相当的感染力。这就说明了《红楼梦》的悲剧并非仅仅是特定历史时代的产物，而是具有普世性价值及意义的。与此同时，《红楼梦》也是四大名著中唯一以日常生活场景描写而见长的小说，对其文本中大量的日常生活描写，学者一般也是从文学描写的手法方面进行关注。而将两者结合起来，从休闲学的视角去解读《红楼梦》文本中存在的大量关于大观园主子们的休闲活动与其悲剧性主题之间的关系，当前学界还未有对此的关注。因此本文的研究，不仅提供了一个新的视角去理解《红楼梦》的悲剧主题，而且使得《红楼梦》的经典性在当下的休闲社会中得到了新的诠释与展现。

作者简介：赵春艳（1979— ），女，贵州毕节人，浙江大学亚太休闲教育研究中心博士生，贵州财经大学副教授。研究方向：休闲美学及审美文化学。

① 张鸿雁在其访谈录《休闲文化：社会发展的新机遇》提出了休闲文化的负功能观点，此文负价值休闲的提法受其影响，但也是有进一步的内涵所指：一是指无价值底线的休闲；二是过度的休闲。文中在对"负价值休闲"一词的使用上依据文义有时直接使用该词，有时用"闲"，有时用"休闲"、"休闲活动"等这是应该注意的。文中就不进行一一说明了，但在易引起误解的地方也会进行必要的注解。

一、"闲"之乐强化了"亡"之悲

应该说对与大观园相关的贾、史、王、薛四大家族主子们休闲活动的描写在整个《红楼梦》中占了重要的篇幅，甚至可以说在每一回的叙事中都或多或少地有对他们休闲活动的描写，其实这样的描写不仅仅是出于文学叙事的需要，而有着更为深层的需要，即通过对他们奢侈享乐的休闲活动、荒淫无度的休闲方式的描写说明其"闲"是导致其"亡"的重要原因，即用"闲"之乐去深化"亡"之悲的主题。

大观园里大多数的男主子如贾赦、贾珍、贾琏、薛蟠等多是进行着寻花问柳、吃喝嫖赌等低俗且荒淫无度的最具负面价值的休闲活动：老辈如大老爷贾赦喜欢玩弄年轻女性，"这个大老爷太好色了，略平头正脸的他就不放手了"①（第四十六回，袭人语）。在看上了贾母的贴身大丫头鸳鸯后，还软硬兼施地逼迫其就范使得鸳鸯最终在贾母去世后不得不悬梁自尽；为了满足其古玩收藏的爱好，贾雨村硬是捏造了石秀才拖欠官银的罪名，将石家的二十把珍贵旧扇子抄了来送予他，弄得石秀才倾家荡产，最终人也不知是死是活。这简直就是一个将一己之恶趣建立在他人痛苦甚至是践踏他人性命之上的恶棍，哪里还有一点人性可言。俗语言上梁不正下梁歪——长辈如此，大观园中儿孙辈之荒淫无度更是有过之而无不及了：贾珍视礼法于不顾，成天只知吃喝玩乐。"这珍爷哪里肯读书？只是一味高乐不了，把宁国府竟翻了过来，也没有人敢来管他。"（第二回，冷子兴语）即使是在守孝期间，其也是毫无礼法的一味玩乐。"原来贾珍近因居丧，每不得游顽旷荡，又不得观优闻乐作遣，无聊之际，便生了个破闷之法。日间以习射为由，请了各世家弟兄及诸富贵亲友来较射……天天宰猪割羊，屠鸡戮鸭，好似临潼斗宝一般，都要卖弄自己家的好厨役好烹宰……贾珍志不在此，再过几日便渐次以歇臂养力为由，晚间或抹牌，赌个酒东而已，至后渐次赌钱。如今三四月的光景，一日一日赌胜于射了，公然斗叶掷骰，放头开局，日夜赌起来。"（第七十五回）这哪里能够看出是居丧之家，是戴孝之人，简直就是在进行一场日吃夜赌的大联欢，是变着花样尽享低俗之乐的赋闲纨绔之人。贾琏"成日家偷鸡摸狗"（第四十四回），不仅与多姑娘、鲍二家的等人有染；而且还与贾珍、贾蓉等合计骗娶尤二姐为妾，最终致使尤二姐命丧贾府，其就是一个一味沉溺于玩弄女性的好色之徒。薛蟠是"终日惟有斗鸡走狗，游山玩水而已"（第四回）的纨绔弟子。由此可知，这些低俗的休闲活动在大观园里是蔚然成风的。

当然大观园里也还有少数的男主子们从事的是读书、下棋、游园等闲适活动，

---

① 曹雪芹、高鹗：《红楼梦》，北京：人民文学出版社，2000年。本文《红楼梦》引文皆出于该书，因引文较多并也在文中标明了其所在的回数，便不再一一进行页码标识。

应该说这些休闲活动本身是没有负价值的，是有益于身心健康的。但由于他们将人生的大部分精力及时日都用于从事这些休闲活动，而不从事任何的生产活动去创造物质财富，并且其休闲活动也是在消耗园内现有物质财富的基础上对一己之趣、一己之乐的满足。在此层面上，我们也可以说他们此种过度的休闲活动也是没有正面价值的，只是这样的休闲活动在社会伦理价值上是为大家所接受与认可的，我们将此称为"过度的休闲"。这主要是以贾政、贾宝玉为代表。贾政"所有大小事务一概发付于度外，只是看书，闷了便与清客们下棋吃酒，或日间在里面母子、夫妻共叙天伦之乐"（第七十一回），其要么是与一帮子清客文人下棋、看书、吃酒，要么就是与妻母叙些家事，可见消闲成了其生命的主业。《红楼梦》的主人公贾宝玉也是一个实足的"富闲之人"（贾宝钗之语），其"顽劣异常，极恶读书，最喜在内帏厮混"（第三回），"宝玉是最无事极闲暇的"（第十九回）"每日在园中任意纵性地逛荡，真把光阴虚度，岁月空添"（第三十七回）。其不是在大观园里与姐妹们闲玩取乐，吟风弄月、作诗填词，就是外出与其他公子哥儿们吃酒赋诗、玩笑终日。因此脂砚斋评论道："玉兄毫无一正事，只知安富尊荣。"[①]其实这不只是对贾宝玉的评论，更是对整个大观园男主子们安享富贵，一味闲中求乐的批评。

本应主外创造财富的男主子们如此消闲，只能在大观园内活动，极少外出的女主子们就更是只知一味在大观园里纵情享乐地进行着花样繁多的休闲活动，休闲更成了她们生活的主题。因此长辈如贾母、王夫人、薛姨妈、王熙凤等接连不断地举办着庆生会、佳节宴、赏花游园宴，进行着看戏、听曲、吃酒等各式各样的休闲活动。这些休闲活动花费都不少，刘姥姥就因为贾母等人为赏桂花而举办的一顿螃蟹宴花掉银子二十多两而令其惊叹道："一共倒有二十多两银子。阿弥陀佛！这一顿的钱够我们庄家人过一年了。"（第三十九回）在第四十三回中王熙凤的生日宴花了一百二十两银子。"展眼已是九月初二日，园中人都打听得尤氏办得十分热闹，不但有戏，连耍百戏并说书的男女先儿全有，都打点取乐顽耍。"（第四十三回）其次大观园里的小姐们如林黛玉、薛宝钗、迎春、探春、惜春等一天不是从事看戏、听曲、吟诗、游园，就是饮酒、品茗、下棋、赏花等休闲活动，这些休闲活动也如贾宝玉、贾政等的"过度休闲"一样虽对休闲主体的身心愉悦大有裨益，但从无度的消耗大观园的物质财富方面而言也是具有负价值的。就因为女主子们一天只知变着花样地从事各式各样的休闲活动，所以就连大观园里伺候她们的丫头婆子们也受到感染，也是一有空就开始吃酒、斗牌、掷骰、讲笑话……。

凡勃伦在其著作《有闲阶级论》中阐释了这样一个观点，在社会中占据一定经

① 《脂砚斋重评石头记（甲戌本）》，北京：人民文学出版社，2010年，第二十六回侧批。

济地位及社会地位的有闲阶级常借休闲以炫耀自己的特殊地位，并将之称为"炫耀性的闲暇"。在元妃省亲的相关章节中，整个大观园主子们更是将他们的"炫耀性闲暇"彰显无遗。整个贾府为了迎接元妃的到来，向世人展示贾府之地位及富贵之非同一般，不惜花费高额费用建造了大观园，园子设计之精巧令人称奇，园中的陈设也是应有尽有，整个园子一派金碧辉煌。"园内各处，帐舞蟠龙，帘飞彩凤，金银焕彩，珠宝争辉，鼎焚百合之香，瓶插长春之蕊。"（第十八回）其华丽程度就连妙笔生花的作者也说："按此时之景，即作一赋一赞，也不能形容得尽其妙，即不作赋赞，其豪华富丽，观者诸公亦可想而知矣。"（第十八回）总之大观园简直就是一个金银奇宝的陈列之所，是一个财富与地位的张扬之地。当然造园花费也更让人震惊的——"把银子都花的淌海水似的"（第十六回），其中置办花烛彩灯并各色帘栊帐缦的使费就要三万银子。所以就连居于皇宫之中的元妃在看到园子内外的豪华情景时也认为园子造得太奢华了，太张扬了——"且说贾妃在轿内看此园内外如此豪华，因默默叹息奢华过费"（第十八回）。

正是在这样的大吃大喝大赌的热闹喧嚣中，在花费颇多的琴、棋、书、画中，在金碧辉煌的园林美景中，在奢侈无度的休闲活动中大观园主子们走向悲亡便具有了必然性，休闲之乐与衰亡之悲在《红楼梦》中就这样强烈对比地展开了：贾府的衰落便是先从奢侈华丽的大观园开始，主子们的悲亡便是从其休闲活动中展开。由此我们才知作者在整个《红楼梦》文本中之所以浓墨重彩地对大观园主子们奢华休闲活动的成篇描写，甚至是在每一回中都安排有这样的描写便不是偶然的了，其这样做绝不仅仅是一般的叙事背景的描写，而是将红楼主子们的休闲之乐作为一条与《红楼梦》所叹"千红一哭，万艳同悲"的主题形成鲜明对照的暗线而贯穿在文本始终："闲"之乐与"亡"之悲在大观园主子们身上得以展开就具有了必然性，用"闲"的美好去衬托"亡"的主题必然更加渲染了小说悲剧性的主旨境界。因此抓住"闲"的这条暗线对我们阅读《红楼梦》文本理解其"亡"的悲剧主题就具有了别样的价值与意义——"闲"之乐强化了"亡"之悲！因此对大观园主子们休闲活动负价值的分析无疑提供了一个新的视角去解读、强化了《红楼梦》的悲剧性主题。

二、"闲"之"悲"在当下的价值意蕴

今天，当我们跟随西方国家之后一再高呼人类已经进入休闲时代，断章取义地片面理解亚里士多德"闲暇是一切事物环绕的中心"的观点，整个社会随之出现了无处不闲、无处不乐的休闲潮流。在世人为休闲而狂欢、学者为休闲而唱赞歌的当下从学理上去分析《红楼梦》大观园主子们负价值的休闲就具有了别样的价值意蕴。由于《红楼梦》作为家喻户晓的中国四大名著之一，其悲剧性在民间

具有的广泛知晓度，因此从"闲"之乐去诠释其"亡"之悲的悲剧主题，会让当下人对休闲的负价值有更加深刻形象的认识与体会，同时也必然使《红楼梦》的经典性在当下得到新的展现。"休闲是从文化环境和物质环境的外在压力中解脱出来的一种相对自由的生活，它使个体能够以自己所喜爱的、本能地感到有价值的方式，在内心之爱的驱动下行动，并为信仰提供一个基础。"①从这个意义上说休闲是需要一定的物质基础支撑的，是需要从物质需求的外在压力之中解放出来的心灵的自由状态。但我们也必须注意到，休闲并不是对感性欲望的放逐，并不是毫无价值底线的一己之闲，也并不是向外炫耀地位及财富的消费活动。大观园主子们为何在休闲中走向了悲亡，正在于他们的休闲是没有价值底线的、没有信仰根基的，只是跟着感觉走的感性欲望的放逐与纵容。

由于休闲为人们提供了一个相对自由的环境，在这种相对自由的环境中人一旦失去了道德或是拒绝了道德源泉的支持，一味追随感官的满足则必然会出现休闲的低俗化倾向。低俗化的休闲放弃了人的道德属性。这样的休闲一旦成为一种普遍的社会风气，其对社会的发展必然就是有百害而无一利的了。《红楼梦》对此也作了集中的论述。第七十三回中就对大观园中赌博成风一事进行了集中描写，书中探春言道："近因凤姐姐身子不好，几日园内的人比先放肆了许多，先前不过是大家偷着一时半刻，或夜里坐更时，三四个人聚在一处，或掷骰或斗牌，小顽意儿，不过为熬困。近来渐次发诞，竟开了赌局，甚至有头家局主，或三十吊五十吊三百吊的大输赢。半月前竟有争斗相打之事。"可见，低俗化的休闲一旦放任自流极易使人们溺陷于其中而放弃了自己本应承担的社会责任。接着贾母便陈述了其危害性："你姑娘家，如何知道这里头的利害。你自为耍钱常事，不过怕起争端。殊不知夜间既耍钱，就保不住不吃酒，既吃酒，就免不得门户任意开锁。或买东西，寻张觅李，其中夜静人稀，趋便藏贼引奸引盗，何等事作不出来。况且园内的姊妹们起居所伴者皆系丫头媳妇们，贤愚混杂，贼盗事小，再有别事，倘略沾带些，关系不小。这事岂可轻恕。"正因为低俗化休闲可能导致的一系列社会问题，所以才采取了雷霆的手段进行了严厉的整治："贾母便命将骰子牌一并烧毁，所有的钱入官分散与众人，将为首者每人四十大板，撵出，总不许再入，从者每人二十大板，革去三月月钱，拨入圊厕行内。又将林之孝家的申饬了一番。"随后，还在该回紧密拓写迎春乳母竟将迎春的一只攒珠累丝金凤偷去典当了银子用来夜赌放头儿（即赌场放贷）。由此可见，贾母查堵治赌的无比英明。但是我们说贾母的治赌虽严厉，但却只是治标不治本的。其只是对大观园内参与赌博的丫头、婆子等下人的治理上。殊不知，赌博之风的形成，赌博的始作俑者正是大

---

① Godbey, G. C., *Leisure in Your Life*: *An Exploration*, State College, PA: Venture Publishing, 1999, p. 2.

观园的主子们，正因为其休闲的低俗化倾向才使得大观园中的下人对之进行了模仿，因为"个人行为总是要受到群体行为的影响，总是要受到社会主流行为的感染"①。所以贾母并没有从根源上治理大观园这种低俗化休闲的风气。甚至以贾母为代表的女主子们对大观园中男主子们荒淫无度的低俗休闲活动甚至是采取纵容的默许态度。在第四十六回中贾赦看上了老太太的贴身丫鬟鸳鸯后，其原配刑夫人就为虎作伥地采取威逼利诱的方法试图说服鸳鸯就范。如果说刑夫人的此种行为还是畏惧其夫贾赦的愚蠢无知的表现，那么在大观园中享有无上权威的贾母对其孙贾琏偷鸡摸狗行为的纵容则是根深蒂固的男尊女卑观念的无意识显露——对男性荒淫无度之闲是不以为奇的，是纵容的，是袒护的：贾琏在王熙凤生日宴之时趁机与鲍二家的鬼混，被王熙凤撞个正着了之后还倚酒发疯用剑追杀王熙凤，贾母却劝之说："什么要紧的事！小孩子们年轻，馋嘴猫儿似的，那里保得住不这么着。从小儿世人都打这么过的。都是我的不是，他多吃了两口酒，又吃起醋来。"（第四十三回）因此贾母虽对大观园下层低俗的休闲风气进行了强硬的抵制但最终也未能挽救主子们悲亡的结局？毕竟只有从根源上营造符合社会发展的有道德感的休闲氛围，注意对社会主流休闲观念及行为的引导，才能使个体自发无序的休闲行为成为积极的、有价值感的休闲行为，最终达成整个社会休闲氛围的良性发展。这正如"思想家罗素曾说，能否聪明地用'闲'是对文明的最终考验。表明了'闲'与文明之间的辩证关系。'闲'可以传递出一个人的生命状态和精神态度，可以展示一个人的教养与文明程度。"②休闲于个体如此，于群体社会亦然。

低俗化的休闲是遗忘了休闲的道德价值感，而过度化的休闲则是将人生的全部精力及时间用于休闲，将休闲同人的其他需要、其他活动分离开来，使之成为人生的终极追求与目的，这种过度化的休闲活动也是应当批判的。一方面过度化的休闲必然会危害到自身的健康。如贾母所言："如今上了年纪，作什么左一个小老婆，右一个小老婆放在屋里？没的耽误了人家。放着身子不保养，官儿也不好生做去，成日家和小老婆喝酒。"（第四十六回）这正如纳什早就指出的，过度沉迷于休闲之中会造成对自身的伤害。另一方面即使这些过度化的休闲活动即使不违反社会伦理道德规范，对个体之身心是有益的，但由于将人生的大部分精力及时间都消耗在各式各样的休闲活动中，而不进行能创造社会物质财富的生产活动，这与整个社会的长远发展来看就是无一利可言的，因为他们除了在休闲中消耗社会的物质财富之外不能作出任何的贡献。大观园的衰落，主子们的悲亡难道不是与他们过度的消闲有关吗？过度化的休闲将人应有的社会义务及价值属性完全抛

---

① 徐锦中：《休闲文化的道德意蕴》，载《道德与文明》，2003 年第 5 期。

② 马惠娣：《文化、文化资本与休闲——对休闲文化的再思考》，载《自然辩证法研究》，2005年第 10 期。

弃。所以才会有第二回中冷子兴在与贾雨村的闲聊中对整个贾府上下一味消闲求乐，而不知运筹谋划所发出的感叹："（贾府——作者注）主仆上下，安富尊荣者尽多，'运筹谋划'者无一；其日用排场又不能将就省俭，如今外面的架子虽未甚倒，内囊却也尽上来了。这还是小事，更有一件大事：谁知这钟鸣鼎食之家，翰墨诗书之族，如今的儿孙竟一代不如一代了！"将冷子兴之感叹放在当下对我们规避过度化休闲的危害就具有了别样的意蕴：在社会物质财富增多，人人安富尊荣的同时提倡节约、逸劳的结合。这样才能使社会的发展与人的休闲获得双赢的可持续发展。在此我们便更能理解秦可卿托梦于王熙凤所言："若目今以为荣华不绝，不思后日，终非长策。眼见不日又有一件非常喜事，真是烈火烹油，鲜花着锦之盛。要知道，也不过是瞬间的繁华，一时的欢乐，万不可忘了那'盛筵必散'的俗语。此时若不早为后虑，临期只恐后悔无益了。"（第十三回）因此，即使在社会物质财富丰盈的条件下，提倡适度的休闲也是大有裨益的。

据脂砚斋甲戌本第一回凡例载，《红楼梦》的作者也是从早年过着"锦衣纨绔之时、饫甘餍美之日"[①]，也是在豪门贵族中如大观园主子们一样因尽享休闲不思创造而沦为过着"茅椽蓬牖，瓦灶绳床"[②]的悲苦生活，其个人命运也是因"闲"而"悲"，从"闲"下落到"悲"的悲剧结局。其"满纸荒唐言，一把辛酸泪"的感叹，也许前句是对其享乐化、过度化休闲的荒唐性的谴责，后句则是对其因"闲"而"亡"悲剧性的忧伤。人之本性就是好闲恶苦、好乐恶劳的，因之我们当下的每一个人才会对《红楼梦》的悲剧性产生无限的共鸣。这正如脂砚斋在王府本夹批所言："'瞬息繁华'、'一时欢乐'二语，可供天下有志事业功名者同来一哭……"[③] 始于欢者终于悲，始于闲者终于亡的现实悲剧，而这也是此文研究《红楼梦》中负价值休闲的价值意蕴所在：应向曹公一样对生命中之"闲"特别是负价值的休闲进行冷峻的审视与深刻的思考由此才能开启我们新的人生闲适境界。

---

① 《脂砚斋重评石头记（甲戌本）》，第一回凡例。
② 同上。
③ 《脂砚斋重评石头记》，上海：上海古籍出版社，2005年，第三十回蒙侧批。

论中国传统文化中的劳事休闲

朱康有

（国防大学马克思主义教研部）

内容提要： 在休闲中提高精神修养，是人类全面发展的目标。与马克思主义休闲观相似，中国传统文化的休闲观强调劳事休闲（即和"事"融为一体，与人事活动不分割）。传统劳事休闲强调心灵"静—敬—净"的休闲方法，主张在动态的社会生活中要"敬"；对功名利禄一尘不染，此即求"净"。而且，对物质生活和外在条件并不十分看重，讲求内在的快乐和精神层面的享受；追求神圣和永恒的体验，以"道"为目标。在现代工商社会中，心灵失落是一个普遍的问题。由此引起了诸多的个人乃至社会问题。恢复和回归修炼传统心灵修养的境界，可以找回现代人的精神家园。

关键词： 传统文化　心灵休闲　自我修养

一提到休闲，人们很容易联想到闲暇。将人的精神状态的放松与调剂和空闲时间联系起来，这似乎是现代休闲学者不约而同的假定。马克思在研究资本主义生产方式的过程中，通过分析劳动时间揭示了剩余价值产生的源泉，亦即自由时间的历史必然性。这种对时间的关注，显然是和劳动紧密关联的。另一方面，休息、休闲则必然和劳动的间断有关。于是，争取缩短劳动时间，摆脱机器似的劳作，获得必要的精神休闲，成了斗争的一种要求和目标。马克思恩格斯对共产主义的设想是，由于技术的提高，为获取必需品的劳动时间大大压缩，亦不再有为争夺必需品的冲突，人们将有大量的闲暇用于全面发展自身的潜力。显然，这里劳动之余的空闲时间，为人的各种能力尤其是精神境界的提高创造了条件。但在资本主义市场经济中，其资本利润的逻辑是把劳动者的所有生命时间都变成劳动时间，特别是创造剩余价值的时间，而不是变成人的自由发展的时间。这一理论也在普遍的市场经济社会中得到了广泛的理所当然的验证。现代人极力在他们的工作之外或者在消费中寻找刺激与享乐，或者在艺术等陶冶中升华精神需求，某种意义上反映了市场经济条件下休闲的异化状态。

作者简介：朱康有（1967—　），男，博士，教授，主要从事中国哲学、马克思主义哲学研究。

但是，我们需要全面理解马克思主义的休闲学说。在马克思恩格斯看来，高级社会发展阶段中的劳动本身发生了变化，不再具有压抑人的异化属性，反而变成了人的潜能拓展的一种"必需"。《1844年经济学—哲学手稿》中指出，共产主义的劳动将符合人的本性，甚至有可能成为人自身的"快乐"。这一点让人捉摸不透：处于单调乏味的体力、脑力劳动者，很难设想和体会什么是快乐的，即便有短暂的"成就感"体验，亦由于建立在私名私利的基础上而变成过眼云烟。看来，在没有达到高度发展的社会阶段，劳动和高级休闲本身的冲突不可避免。

一、传统劳事休闲及其与马克思主义休闲观的相通

任何当下的社会进程究竟能否协调这种矛盾呢？或者说，即使存在着劳动异化的可能，我们能否超脱这种束缚，为人的发展的可能空间从理论和实证角度奠定一个坚实的基础？中国传统文化对此的解答是肯定的，同时也为马克思主义的休闲文化嫁接和根植提供了现实性。

正如马克思主义的劳动和休闲学说建立在现实"人道"（人类社会发展的规律）考察的根基上，中国传统文化关于人的发展理论也是如此。不同的是，中国思想家一方面对现实充满了失望乃至绝望：人类社会不是处在进化之中，某种意义上是一种人性的退步。比如，儒家孔子较为赞成"质"胜"文"的断定。他生活在西周晚期，而自己的意愿却是"从乎周"，对西周早期文、武二王充满了向往。道家亦不欣赏"世智辨聪"，对技艺发明有可能引向人性的堕落作了严肃的批判。按照老、庄的观点，人类美好时期存在于还没有能力辨别善恶的更为原始、甚至茹毛饮血、与动物世界群居的久远过去。佛家把社会划分为正法、像法、末法的命运，暗含着对人性演化日趋没落的预言。"诸恶莫作，众善奉行"成为佛家劝化世人回头的圭臬。另一方面，主流思想家构筑的理论大厦底层，却是对人性又充满希望的：认为人性之初、人性之本是善的，甚至是至善的，只是由于人的后天的习性、习气的障蔽，人的本性被"乌云"遮住了；通过一定的手段和方法，比如儒家讲的"执事敬"，道家讲的"复归其根"，佛家讲的"放下"妄想分别执着，恢复人的明德本体（也就是道体或者清净性体），人的真正觉悟之门打开后，人的发展将敞开向"圣人"、"真人"（真正的人）、"觉悟者"的境界不断迈进。

所谓劳事休闲，就是即使在劳心、劳力的活动中也可达致休闲，其内在实质是心灵之闲。在传统文化看来，有两种纯粹人性上的精神修行和人的劳作有关系：一种是把精神看作物质的附属品，汲汲于后天意识的诱惑，精神下降于物质领域，被"物化"而不自知，少数甚至以此为乐，沉溺的大多数则苦于肉体与心灵在名利世界的劳顿劳形劳心不能自拔；一种把精神看作本来就是"无形无相"的东西，如后期儒家认为"心如太虚"、道家要"炼神还虚"、佛家强调心意识的

形相之"不可得"、"不思议"，等等，故此人的肉体仅仅提供了一个阶梯——它能够把人引向地狱或者天堂，必须超越其可能带来的种种束缚，始入圣域。后一种追求更高"道"的生活，就要"居无求安"、"食无求饱"，不能为"衣食谋"，如同孔子之弟子颜回的"一箪食"、"一瓢饮"而不改其乐，如同庄子宁为"漆园小吏"，鄙弃荣华富贵的"牢笼"，享受"至乐"人生，如同释迦牟尼放弃优越的王位，"托钵"一日一食，受用禅悦。一定是发现了人生向上的绝大价值，他们才能如此安贫乐道。主体本身降低了欲求，不为物所困所扰，满足于最低的消耗代谢，为心灵的体悟让路，沉静于永恒之道的探求。这就提供了一种可能的方式：人不必等到所谓"物质产品极大丰富"之后，再来完善自身，达到自由自在。回首往昔，历史并不都是羁绊人的"牢笼"，仍有少数觉者通过特定的途径冲破了樊篱和障碍，得到无限的提升。这样看来，我们极有可能误解了马克思主义讲的"物质产品极大丰富"的含义，只有结合人的觉悟的极大提高才能理解其深层蕴意：满足是相对于觉悟之人的需求而言的——绝不只是量上的单纯无限叠加。自然，我们也可以说，对于整个社会或绝大多数而言，没有相当充沛的物质财富作为基础，就不能够打破旧式分工系统对人的奴役和片面化，便无法进入一个普遍的休闲时代，那种每个人全面自由发展的前景就无从实现。这说明，就休闲的条件来说，单个人和社会全体的实现可能有所不同。

通过最大限度地降低生活的欲求，使之有大量的闲暇时间用于提升人的精神发展空间。此外，正如上面所说的，在脱掉劳动异化"外衣"之后，马克思实际上指出了，真正的人的活动的快乐实现了劳动与休闲的统一。与此不同的是，中国传统文化更多强调"事上磨炼"、"历事练心"，即便人的活动不是那么尽如人意，但它恰恰提供了精神修炼境界的磨砺。这似乎乃另类"统一"的方式。马克思在终极意义上，也是将劳动和休闲融为一体的，劳动变成自主自觉和自由的活动，成为属于人自身的内在的生命活动；这就跟中国传统休闲中类似"庖丁解牛"那样生命活动的理事圆融、形神合一、天人合一的境界具有异曲同工之妙。在马克思看来，劳动与休闲在时间上的分立，只是由于劳动的异化（进而造成休闲的异化）；当剩余价值（剩余时间——闲暇时间——自由时间）转化为自由价值的时候，劳动与休闲便融为一体（劳动时间也是自由时间）。

二、传统劳事休闲追求的目标与实现途径

中国传统文化的目标是塑造最高的理想人格，其标志是内在心性本体的发现。修身养性、明心见性、葆真全性，都是学派间不同的名称而已。在同一学派内部，各个思想家所使用的概念也不一样。比如，儒家的程朱学派叫"天理"，陆象山叫"本心"，王阳明叫"良知"本体，陈白沙叫静中养出"端倪"，刘宗周叫慎"独"。

由于后期儒家经常把工夫与本体并提，吾以为，称"本体"更具有概括性。为了和西方哲学建构在思辨基础上的"本体"相区分，建立在修养工夫基础上的可称之为"心性本体"。宋明以后，出现了三教合一的观点。"合"在什么地方？只能是合在形而上学的心性本体，形而下的世界是无法合一的。因此，心性本体即道体是中国传统文化精神修养的最高目标。

为什么要以心性本体作为目标？中国传统文化同样追求开发人的智慧，认为人的潜能主要表现在心灵方面的无限能力上。现代科学证实，人的一生仅仅利用了其脑力的3%～5%，即使爱因斯坦这样的大科学家也没有超过10%。我经常想，如果人类通过一定的方法，能够使用自身脑力的20%～30%，甚至80%～90%以上，那会是一个怎样的前景？很可能发掘出意想不到的功能，在此基础上的科学发展超乎想象，人类与外界作用的方式或许将彻底改观。自然，在明末有人指责知识分子袖手"空谈心性"误国误民，是因为部分学者为学确实在一些方面脱离了国计民生的需要。但就中国文化的结构整体来看，它是内圣而外王的，圣明的智慧一定是和社会的需要结合在一起。不光儒家，佛家普度众生之大愿亦复如此。人的心性、本性、自性原是和世界融为一体的，只有把狭隘的、顽固的自我打破，方能扩展心量，树立大我（法身之我），转识为智，达到天人合一之实境。

显而易见，以挖掘人的无限智慧为宗旨的上乘心性精神修养是不能脱离社会大群人生的，也就是不能离开"事"、另寻一个时空环境来完成自我的超拔。在事上磨炼，传统文化提供的三个读音相同的字的修养方法非常关键：静、敬、净。"静"的方法略微消极些，但不失为针对人心浮躁、众生喧闹的时代的一副清醒剂。心灵的本底世界是寂静的，沉浮在心灵大海的表层往往波涛汹涌、浪声震天。这一层面的精神如同"凹凸镜"、"哈哈镜"，自身扭曲和变形了，便照不出世界的真实面目。在静中观心、澄心，避开思绪的纷扰翻飞，使我们的心灵宁静下来。之所以说"静"略显消极，主要原因在于在事上做"静"的修养较难，初学者还需要与"事"相对分离，在"事"之外强化。"敬"则不然。需要说明的是，此处所讲的"敬"非同一般伦理意义上的对人恭敬，儒家将之作为一种甚深修养工夫，即"主敬"。由于要做"经纶参赞"的社会事业，宋明时期的儒家学者就将道、佛"静"的工夫修养，转化为在事上的"敬"，从而加深了孔子的原意。"敬"和"事"联系，是谓孔子说的"执事敬"，由对人的谦卑心态扩大至对人和事的专一用心。于是，"主敬"变成了有些宋儒主张的"主一"，他们把这种"敬"的工夫看成是"入道之门"。变"万念"为"一念"，既把事业做好做精，同时又在做事中涵养了心境，可谓"一箭双雕"、"一举两得"。静、敬相连，概括为"内静外敬"。从事上看，一静一动，动静皆修，熟后方能达到动静合一，不分动静。外动而内静，不管做什么动作，做什么事情，心性是专一的，行（形）动如流水，而心静如止水。当然，和"事"相关，有时就不免沾染自私自利、名缰利锁、五欲六尘、贪嗔痴慢。儒家此时倡导"忘"、"化"工夫，认为功业如尧舜，著述立言再丰，也必须将之忘得一干二净，浮云过目，涤荡至虚无，在更高境界上返回内圣状态，进一步完成人格的升华。佛家在这一阶段主张"净"的修养，犹如莲花出污。外面境界清清楚楚、明明白白，但不起心、不动念、不分别、不执着。一切随进退之缘。事情做成功了，不居功；做不成功，也无过失。无取无舍，无得无失。顺境不贪恋，逆境无嗔恚。并不是在事上放下，更非不让人做事，而是在心中放下。如如不动，无为而为，不妄为而为。恢复性德本能，开发出无尽的智慧宝藏。这种修养所得之乐，不会受外面环境的干扰。内心里面生出来的喜悦，像泉水一样源源不断向上涌，真正自在快乐。与现代人在休闲中通过刺激感官得到的外在享受，不啻天壤。可见，在人生的各种杂务琐事中，是可以达到休闲境界的。劳事休闲也涵盖了闲暇休闲，而其本质则是心灵的休闲。心灵的休闲方法自然也不会限于这里提出的几种。

三、传统劳事休闲的自觉修养特征

中国传统文化的休闲与人事活动融为一体，实质乃人的自觉修养、自我提升。其所谓"闲"，是闲邪存诚，绝非闲中的放失本心、散漫物诱。它高扬人的精神的主体性，强调意识自由自觉的能动性。清明在躬，惺惺恒照，最大限度地发挥了人的精神自明性和独立性。我们一般在"休闲"中极易放逸。古语有"饱暖思淫欲"，物质生活的富饶勾起了人们更多的欲望。经济条件的改善，有可能没有起到提升人的功效，相反却使之向下坠堕。现代休闲往往一味从外面追求满足，声色犬马，灯红酒绿，不注重内心生活的充实，结果造成了严重的精神后果。心灵被抛撒在外，无所皈依，无所着落。心灵又附着在物上，失去独立自由，成了新的枷锁和囹圄。不仅把"身我"固化起来，还把"我所"固化起来，牢不可破。精神被囚禁在肉欲、物欲之中。精神没有了灵明性，到处是人欲肆行，局限于低级的满足。亦可说这种情况乃休闲的异化，而非真正的休闲。中国传统文化的心灵休闲观将有助于恢复精神的自主性，克服现代人单向度的物化存在形式。

一般认为，中国文化传统富含人文伦理的性质，由此决定了其心灵休闲的另一种特质。不只是琴棋书画陶冶的别情雅致，更重要的是，心灵的休闲还导向善性的培育。为此，需要始终观照和反思精神世界的品格。善恶标准的衡量与确立，关切人的道德价值观。良知良能提供了一个来自深层意识的参照，先圣先觉则供给了权威的正向资鉴。为人抑或为己，是一念发动处的神鬼分水岭。断恶修善，积小善为大善，进登至善。如此而言，打下人类精神烙印的一切活动，熔铸善性正能量，包括现代科技实践，亦将祛除其负面效应，趋于正面的发挥。然而，中国传统文化的高级精神内修，往往停留在个我的一己身上，神秘性突出，大众化的实证路子并没有走开，这就限制了其应用的规模化前景。当代社会的网络化为之开辟了一条通道，有可能使人们在生活基本满足的条件下迈向辉煌的精神追寻。令人欣喜的是，复兴的中国正在日益对自己的文化传统自信起来，多样化的现实给芸芸众生带来了诸多的选择。只要生存问题不再有大的冲突，心灵的内在休闲、修养或许能够唤起一定的追随者，不断的觉醒将使社会变得更加和谐稳定。人类社会的每一次重大发展，只有从文化的源头汲取活水，才能勃勃而兴，休闲文化同样如此；馨愿我们这唯一持续的文明亦能延脉前行，切勿一味仿效跟随。

南宋上流社会休闲文化考述

殷亚林　朱红华

（玉溪师范学院文学院）

内容提要： 南宋上流社会的休闲活动非常丰富，并且具有较高的文化内涵。其中，南宋宫廷休闲活动以高雅奢华著称，并且多以节庆、仪式活动作为载体。皇家园林的优越条件也为其游赏提供了便利条件。在这些宫廷活动中，南宋官员也都普遍参与。宋代三馆、秘阁馆有为升迁、外任官员举办娱乐休闲活动的惯例。此外，南宋官员还拥有大量私人园林，常用以进行私人游乐。

关键词： 南宋　上流社会　休闲文化　宫廷

在浓厚的休闲氛围和完备的休闲设施保障下，南宋社会的休闲活动异常丰富，其五彩缤纷之态，种类繁多之状，让人至今也颇有惊叹之感。总体上来说，人以类聚，物以群分，不同阶层的休闲活动因群而异。本文对南宋上流社会的休闲活动略作考述，亦可见南宋休闲文化面貌之一斑。

一、宫廷休闲文化

南宋宫廷休闲文化以高雅奢华著称，并且多以节庆、仪式活动作为载体。皇家园林的优越条件也为其游赏提供了便利条件。

1. 节庆燕乐

据周密记载："朝廷元日冬至行大朝会仪……是日，后苑排办御筵于清燕殿，用插食盘架。午后，修内司排办晚筵于庆瑞殿，用烟火，进市食，赏灯，并如元夕。"（《元正》，《武林旧事》卷二）[1] 而据吴自牧记载，其间还有伴射比赛等休闲

作者简介：殷亚林（1973—　），男，江苏盐城人，文学博士，玉溪师范学院文学院讲师。主要研究方向：传统休闲文化。朱红华（1967—　），女，云南澄江人，讲师，主要从事休闲文化研究。

基金项目：玉溪师范学院高层次人才科研启动费资助项目。

① （南宋）周密：《武林旧事》，杭州：浙江人民出版社，1980年，第28–29页。

活动。元宵节的禁中赏灯，则规模宏大，争奇斗巧，让人叹为观止。《武林旧事》卷二《元夕》中有详细记载，此处从略。二月朔之中和节，宫中有包括皇族妇女参加的"挑菜"活动："宫中排办挑菜御宴。先是，内苑预备朱绿花斛，下以罗帛作小卷，书品目于上，系以红丝，上植生菜、荠花诸品。俟宴酬乐作，自中殿以次，各以金篦挑之。后妃、皇子、贵主、婕好及都知等，皆有赏无罚。以次每斛十号，五红字为赏，五墨字为罚。上赏则成号真珠、玉杯、金器、北珠、篦环、珠翠、领抹，次亦铤银、酒器、冠镯、翠花、段帛、龙涎、御扇、笔墨、官窑、定器之类。罚则舞唱、吟诗、念佛、饮冷水、吃生姜之类。用此以资戏笑。王宫贵邸，亦多效之。"（《挑菜》，《武林旧事》卷二）[1]对于普通宫女也有活动："禁中宫女，以百草斗戏。"（《二月》，《梦粱录》卷一）[2]七夕节前后"修内司例进摩睺罗十卓，每卓三十枚，大者至高三尺，或用象牙雕镂，或用龙涎佛手香制造，悉用镂金珠翠。衣帽、金钱、钗、佩环、真珠、头须及手中所执戏具，皆七宝为之，各护以五色镂金纱厨。制阃贵臣及京府等处，至有铸金为贡者。宫姬市娃，冠花衣领皆以乞巧时物为饰焉。"（《乞巧》，《武林旧事》卷三）[3]中秋节，"禁中是夕有赏月延桂排当，如倚桂阁、秋晖堂、碧岑，皆临时取旨，夜深天乐直彻人间。"（《中秋》，《武林旧事》卷三）[4]在九月重阳节，"年例，禁中与贵家皆此日赏菊。"（《九月》，《梦粱录》卷五）[5]"禁中例于八日作重九排当，于庆端殿分列万菊，灿然眩眼，且点菊灯，略如元夕。"（《重九》，《武林旧事》卷三）[6]在除夜，有用休闲点心、分发过节娱乐玩具等活动："是日，内司意思局进呈精巧消夜果子合，合内簇诸般细果、时果、蜜煎、糖煎及市食，如十般糖、澄沙团、韵果、蜜姜豉、皂儿糕、蜜酥、小螺酥、市糕、五色萁豆、炒槌栗、银杏等品，及排小巧玩具头儿、牌儿、贴儿。"（《除夜》，《梦粱录》卷六）[7]"后苑修内司各进消夜果儿，以大合簇钉凡百余种，如蜜煎珍果，下至花饧、萁豆，以至玉杯宝器、珠翠花朵、犀象博戏之具，销金斗叶、诸色戏弄之物，无不备具，皆极小巧。……后妃诸阁，又各进岁轴儿及珠翠百事、吉利市袋儿、小样金银器皿，并随年金钱一百二十文。旋亦分赐亲王贵邸、宰臣巨珰。至于爆仗，有为果子人物等类不一。"（《岁除》，《武林旧事》卷三）[8]此外，还有施放爆竹、烟花："是夜，禁中爆竹嵩呼，闻于街

① （南宋）周密：《武林旧事》，第35页。
② （南宋）吴自牧：《梦粱录》，杭州：浙江人民出版社，1980年，第6页。
③ （南宋）周密：《武林旧事》，第43页。
④ 同上书，第44页。
⑤ （南宋）吴自牧：《梦粱录》，第30页。
⑥ （南宋）周密：《武林旧事》，第45页。
⑦ （南宋）吴自牧：《梦粱录》，第49–50页。
⑧ （南宋）周密：《武林旧事》，第46页。

巷。"（《除夜》，《梦粱录》卷六）① "殿司所进屏风，外画钟馗捕鬼之类。而内藏药线，一爇连百余不绝。"（《岁除》，《武林旧事》卷三）②

2. 仪式娱乐

"淳熙元年九月，孝宗幸玉津园讲燕射礼"（《燕射》，《武林旧事》卷第二）③，皇帝、皇太子和臣僚都行射箭之戏，并均赋诗。其间，还有特技表演："招箭班者服紫衣幞头，叉手立于垛前，御箭之来，能以幞头取势转导入的，亦绝伎也。"（同上）正月初五为理宗寿筵，有大型的音乐表演。周密《武林旧事》卷一《圣节》曾记录了其详细的节目单，有上寿十三盏、初坐十盏、再坐二十盏，即共达四十三个节目之多。④ 四月初八是皇太后的祝寿仪式。其间有"教乐所人员等效学百禽鸣"（《宰执亲王南班百官入内上寿赐宴》，《梦粱录》卷三）⑤，有豪华的酒宴，各种音乐、歌舞、杂剧、百戏表演、蹴球比赛，等等。四月初九是度宗皇帝生日，活动基本同前。十月的朝飨礼，行饮酒、簪花、赐花仪式，"快行官帽花朵细巧，并随柳条。教乐所伶工、杂剧色，浑裹上高簇花枝，中间装百戏，行则动转。诸司人员如局干、殿干及百司下亲事等官，多有珠翠花朵，装成花帽者"（《孟冬行朝飨礼遇明禋岁行恭谢礼》，《梦粱录》卷六）⑥。此外还有除夜驱傩仪式，实为某种娱乐表演："禁中除夜呈大驱傩仪，并系皇城司诸班直，戴面具，着绣画杂色衣装，手执金枪、银戟、画木刀剑、五色龙凤、五色旗帜，以教乐所伶工装将军、符使、判官、钟馗、六丁、六甲、神兵、五方鬼使、灶君、土地、门户、神尉等神，自禁中动鼓吹，驱祟出东华门外，转龙池湾，谓之'埋祟'而散。"（《除夜》，《梦粱录》卷六）⑦《武林旧事》卷三《岁除》有同类记载，兹不重复。

3. 园林游乐

南宋的皇家园林很多。《都城纪胜·园苑》中记载了 50 余处临安的著名园林，其中的御东园、东御园、聚景御园、庆乐御园、屏山御园、集芳御园、四圣延祥御园、下竺寺御园、玉津御园等，皆为皇家园林。而且，皇室常借助政治权利，选择风景优美之处筑园，以供其休闲游乐。周密记载，仅西湖上就有至少 6 座御园："湖上御园，南有聚景、真珠、南屏，北有集芳、延祥、玉壶。"（《挑菜》，

---

① （南宋）吴自牧：《梦粱录》，第 49—50 页。

② （南宋）周密：《武林旧事》，第 46—47 页。

③ 同上书，第 25 页。

④ 参见（南宋）周密：《武林旧事》，第 13—17 页。

⑤ （南宋）吴自牧：《梦粱录》，第 30 页。

⑥ 同上书，第 46 页。

⑦ 同上书，第 50 页。

《武林旧事》卷二）① 御园是极为豪华精致的，如专为宋高宗赵构年老养闲的德寿宫，吴自牧有这样详细的记载：

> 其宫籞四面游玩庭馆，皆有名扁。东有梅堂，扁曰"香远"。栽菊，间芙蕖、修竹处有榭，扁曰"梅坡"、"松菊三径"。醉亭扁曰"新妍"。木香堂扁曰"清新"。芙蕖冈南御宴大堂，扁曰"载忻"。荷花亭扁曰"射厅"、"临赋"。金林檎亭扁曰"灿锦"。池上扁曰"至乐"。郁李花亭扁曰"半绽红"。木樨堂扁曰"清旷"。金鱼池扁曰"泻碧"。西有古梅，扁曰"冷香"。牡丹馆扁曰"文杏"，又名"静乐"。海棠大楼子，扁曰"浣溪"。北有栖木亭，扁曰"绛叶"。清香亭前，栽春桃，扁曰"倚翠"。又有一亭，扁曰"盘松"。高庙雅爱湖山之胜，于宫中凿一池沼，引水注入，叠石为山，以像飞来峰之景，有堂扁曰"冷泉"。孝庙观其景，曾赋长篇咏曰："山中秀色何佳哉，一峰独立名'飞来'。参差翠麓俨如画，石骨苍润神所开。忽闻彷像来宫闱，指顾已惊成列岫。规模绝似灵隐前，面势恍疑天竺后。孰云人力非自然，千岩万壑藏云烟。上有峥嵘倚空之翠壁，下有潺湲漱玉之飞泉。一堂虚敞临清沼，密荫交加森羽葆。山头草木四时春，阅尽岁寒人不老。圣心仁智情幽闲，壶中天地非人间。蓬莱方丈渺空阔，岂若坐对三神山，日长雅趣超尘俗，散步逍遥快心目。山光水色无尽时，长将挹向杯中绿。"高庙览之，欣然曰："老眼为之增明。"②

——《德寿宫》，《梦粱录》卷八

从孝宗的诗来看也可以说明，高宗是深得园林之乐的。度宗时的皇家园林景灵宫，也具有相当规模："宫后有堂，自东斋殿西循庑而右，为大堂三，临池上，左右为明楼，旁有蟠桃亭，堂南为西斋殿，遇郊恭谢，设宴赐花于此；西有流杯堂、跨水堂、梅亭；北为四并堂，又有橘井修竹，四时花果亭宇，不能备载。"（《景灵宫》，《梦粱录》卷八）③

其他的皇家园林游乐记录还有："城东新门外东御园，即富景园，顷孝庙奉宪圣皇太后尝游幸。"（《园囿》，《梦粱录》卷十九）④ "四圣延祥观御园，此湖山胜景独为冠，顷有侍臣周紫芝从驾幸后山亭。"（《园囿》，《梦粱录》卷十九）⑤ "九里松嬉游园、涌金门外堤北一清堂园、显应观西斋堂观南聚景园，孝、光、宁三

---

① （南宋）周密：《武林旧事》，第38页。
② （南宋）吴自牧：《梦粱录》，第64页。
③ 同上书，第66页。
④ 同上书，第176页。
⑤ 同上书，第177页。

帝尝幸此。"(《园囿》,《梦粱录》卷十九)① "城南则有玉津园,在嘉会门外南四里,绍兴四年金使来贺高宗天申圣节,遂宴射其中。孝庙尝临幸游玩,曾命皇太子、宰执、亲王、侍从、五品以上官及管军官讲宴射礼。"(《园囿》,《梦粱录》卷十九)② 宫廷园林游乐的一个重要项目是赏花。主要项目有:"梅堂赏梅,芳春堂赏杏花,桃源观桃,粲锦堂金林檎,照妆亭海棠,兰亭修禊,至于钟美堂赏大花为极盛。"(《赏花》,《武林旧事》卷二)③ 细节则此处不赘述。

尽管宫廷休闲活动多奢侈而高雅,但也有通俗而贴近草根的一面,不乏来自民间下层的杂耍、游戏之类的活动。例如,据《梦粱录》记载,皇室常召民间踢弄人、路岐人入宫进行杂技表演。此外,同时宫中还养有角抵之士,额定达120名之多,在各种宫廷休闲场合进行相扑比赛之戏。"自都市通俗文学产生以来,封建统治阶级内也有不少人乐于接受这种世俗的文化娱乐方式,如有'官本杂剧'和'御前应制'诸色艺人的出现"④。从下述的资料中可以看出,市民文艺是如何进入皇室,皇室又是如何对市民文艺思潮推波助澜的:"至有宋,孝皇以天下养太上,命侍从访民间奇事,日进一回,谓之说话人。而通俗演义一种,乃始盛行。"(笑花主人《今古奇观序》)⑤

二、官员休闲文化

前述的宫廷节庆燕乐、仪式娱乐中,有相当一部分南宋官员也都是普遍参与的。此外,宋代三馆、秘阁馆(秘书省)有为升迁、外任官员举办饯会的惯例:"三馆、秘阁官升迁、外补者,众必醵会置酒,集于僧舍以饯之;其外补者,或赋诗以赠其行。祖宗盛时,三馆之世出局,必相过从,或集于名园僧舍,饮酒赋诗。"(《麟台故事佚文·饯会》)⑥ 西湖春宴规模盛大,也非常典型:"中兴以来,承平日久。庆元间,京尹赵师𡋯奏请从故事,排办春宴。即唐曲江之遗意也。即于行都西湖,用舟船妓弟,自寒食前排日宴会。先宴使相、两府、亲王,次即南班郡王、嗣秀、嗣濮王、杨开府、两李太尉,次请六曹尚书、侍郎、统兵官,次宴节度、承宣、观察使、南班及都承、知阁、御带、环卫官,次都司密属官,次宴卿、监,次宴六曹郎中、郎官,并是京尹李澄,遵故事奏请如前供办。"(《春宴》,

① (南宋)吴自牧:《梦粱录》,第177页。
② 同上书,第178页。
③ (南宋)周密:《武林旧事》,第36页。
④ 谢桃坊:《宋代书会先生与早期市民文学》,载《社会科学战线》,1992年第3期。
⑤ (明)抱瓮老人:《今古奇观》,冯裳标校,上海:上海古籍出版社,1992年,(原序)第1页。
⑥ 转引自张富祥校证:《麟台故事校证》,北京:中华书局,2000年,第340页。

《朝野类要》卷一）① 这些活动皆为官办，一般都是为庆祝、奖励、迎送、娱乐而设，相对来说，具有较强的政治上的功利性，但同时又具有消遣、娱乐与休闲的性质，因而本身也成为宋代官员聚会饮宴、休闲作乐的重要方面。除钱会、西湖春宴等较为典型的聚会场合之外，曝书会是当时官员具有特色的一种聚会娱乐场合。据蔡絛《铁围山丛谈》卷一记载，曝书会为秘书省每年为曝晒书籍而举办："秘书省岁曝书，则有会，号曰曝书会。侍从皆集，以爵为位叙。"② 具体事宜一般为临安府负责安排，《宋会要·职官》载："绍兴十三年'七月八日，诏秘书省依麟台故事，每岁曝书会令临安府排办，正言以上及旧系馆职、行在贴职皆赴坐'。"③《朝野类要》亦载："每岁七月七日，秘书省作曝书会，系临安府安排。应馆阁并带贴职官皆赴宴，惟大礼年分及有事则免。"④ 可见，曝书会是由秘书省主办而由临安府具体操办的以曝晒朝廷书籍而兼有宴饮之事的一项文化娱乐活动。对此，《皇宋事实类苑》有更详细的记载，其卷三一引《蓬山志》记其事云："秘书所藏之书，尽岁一曝之，自五月一日始，至八月罢。二月，诏尚书侍郎、侍制、御史中丞、开封尹、殿中监、大夫司成、两省官暨馆职宴于阁下，陈图书、古器纵阅之，题名于榜而去。凡酒醴膳饩之事，有司供之，仍赐钱百缗，以佐其费。大观元年八月，请于朝，又增赐百缗。会宴日，遣中使以御酒、化成殿果子赐在省官，最为盛席，前此未有。"⑤ 由上述材料可见，曝书会是秘书省为了曝晒所藏的书籍而举行的一项士大夫聚会活动，这项活动由临安府具体安排并负责费用支出，它一般在七月初举行，时间延至八月。在两个月左右的时间里，士大夫们在曝晒书籍的同时，经常举行各种宴会，饮酒赋诗，尽兴休闲，盛况空前，具有较强烈的文化色彩，为宋代士大夫们所乐此不疲，津津乐道。

另外，南宋官员也有大批的豪华园林，常用以进行园林游乐。吴自牧有如下记载："西林桥即里湖内，俱是贵官园圃，凉堂画阁，高台危榭，花木奇秀，灿然可观。有集芳御园，理宗赐与贾秋壑为第宅家庙。"（《西湖》，《梦粱录》卷十二）⑥ "雷峰塔寺前有张府真珠园，内有高寒堂，极其华丽。塔后谢府新园，即旧甘内侍湖曲园。"（《园圃》，《梦粱录》卷十九）⑦ "集芳园，为贾秋壑赐第耳。赵秀王府水月园、张府凝碧园、孤山路张内侍总宜园……里湖内诸内侍园圃楼台森然，亭馆花木，艳色夺锦，白公竹阁，潇洒清爽。沿堤先贤堂、三贤堂、湖山

---

① （南宋）赵升：《朝野类要》，北京：中华书局，1985年，第13页。
② 转引自张富祥校证：《麟台故事校证》，第204页。
③ 同上。
④ （南宋）赵升：《朝野类要》，第10页。
⑤ 转引自 张富祥校证：《麟台故事校证》，第204页。
⑥ （南宋）吴自牧：《梦粱录》，第103页。
⑦ 同上书，第176—177页。

堂，园林茂盛，妆点湖山。"（《园囿》，《梦粱录》卷十九）① "张府泳泽环碧园，
旧名清晖园，大小渔庄，其余贵府内官沿堤大小园囿、水阁、凉亭，不计其数。"
（《园囿》，《梦粱录》卷十九）② "嘉会门外有山，名包家山，内侍张侯壮观园、王
保生园。"（《园囿》，《梦粱录》卷十九）③ 《都城纪胜·园苑》、《武林旧事》卷五
《湖山胜概》亦有很多同类记载，兹不细举。

① （南宋）吴自牧：《梦粱录》，第 177 页。
② 同上书，第 178 页。
③ 同上书，第 179 页。

论中国文化休闲业的文化担当

吴文新

（山东大学威海分校文化与休闲研究所）

内容提要：近年来中国文化休闲业发展迅速，其文化担当和道德使命亦愈益凸显，在中国大力推进文化大发展大繁荣的新时代，强调文化休闲业的文化担当具有时代的必然性。公共文化休闲事业承担着普遍提升公民文化素养和道德意识的使命，文化休闲产业则应致力于以多样化、个性化的形式和更加高雅的内容推进文化繁荣及中华文化的复兴。但目前中国的文化休闲业存在着多方面的问题，亟须设法提高文化休闲业界的文化担当意识。

关键词：文化休闲业　文化担当　道德责任

文化发展和繁荣是实现中华民族伟大复兴中国梦的重要内容，是实现国家富强、民族振兴、人民幸福的价值灵魂，这要求文化相关人士和领域明确文化责任，自觉建立文化担当意识。文化担当就是文化责任、文化使命，就是价值导向和道德引领，就是"文以载道"中的"道"；不无载道之文，关键只在于何文何道。文化内容丰富，形式多样，但无论什么内容、何种形式，其意义或价值都并不仅限于自身所直接彰显的那些因素，而是还承载着更为深远、更为隐蔽因而也更为庄重的人文关怀和道义责任。文化不仅要在当下，要在人们的感官和情绪情感上有所刺激、触动和体验，更要在人们的心灵世界、灵魂深层有所启迪、体察和领悟，而这深层的意蕴才是一切文化载体所应担当的东西。文化休闲业作为直接服务于人们休闲生活的文化载体，其文化担当不容忽视。

一、文化担当是文化休闲业的固有之义

中华人民共和国国家统计局 2012 发布《文化及相关产业分类》，将"文化及相关产业"定义为"为社会公众提供文化产品和文化相关产品的生产活动的集

作者简介：吴文新（1966—　），哲学博士，山东大学威海分校哲学与社会发展研究中心教授，文化与休闲研究所研究员。研究方向：马克思主义人学、休闲哲学、休闲文化。

合"。根据这个定义，我们可对"文化休闲业"作这样一个简单实用的界定，即"为社会公众提供文化休闲产品及文化休闲相关产品的生产活动的集合"，其核心是"为直接满足社会公众休闲需要而进行的创作、制造、传播、展示等文化产品（包括货物和服务）的生产活动"，个别环节可延伸到相关的辅助生产活动及文化用品的生产活动。广义而言，几乎所有的文化产业都与人们的休闲生活相关，因为绝大多数文化产品只能在人们劳作之外的闲暇时间里进行消费，休闲就是这种文化消费活动。但是作为狭义的文化休闲业，外延上包括了《文化及相关产业分类表》中第一层第六大类"文化休闲娱乐服务"中的多数项目（特别是其中第二类"娱乐休闲服务"，这是更加狭义的"文化休闲业"），现实中的文化休闲业还应包括，第一层中第二大类"广播电视电影服务"，第三大类"文化艺术服务"中的大多数，第四和第五大类中的"互联网信息服务"、"增值电信服务（文化部分）"、"数字动漫、游戏设计制作"等。另外，像"会展服务"及与休闲相关的"大型活动组织服务"、"文化团体服务"、"艺（美）术品、文物、古董、字画拍卖服务"、"玩具制造及销售"、"视频设备、照相器材和娱乐设备的出租服务"、"文化用家用电器批发"等，都与文化休闲业密切相关。单说"娱乐休闲服务"，就包括了"歌舞厅娱乐活动"、"电子游艺厅娱乐活动"、"网吧活动"、"其他室内娱乐活动"、"游乐园"和"其他娱乐业"。实际上这几项的具体活动形式也是相互交叉的。如室内娱乐活动可以是家庭内低花费或无花费的休闲活动，如看电视、上网、电话聊天、阅读、琴棋书画、武术太极、静坐禅修、习练瑜伽等，也可以是到家庭外的各类"吧"中从事活动，比如酒吧、歌厅、咖啡馆、饭店、茶艺馆、瑜伽馆等，当然也可涵盖网吧内的各种娱乐活动，以及其他行业所提供的类似的休闲产品和服务。"网吧活动"所指较为清晰，包含与之相关的各种互联网信息服务，与休闲相关的就有网络阅读、网络聊天、网络游戏、网络影视、在线音乐、动漫、各种有一定娱乐性的"客"（如博客、微博、播客、威客、掘客等）及社区、个人空间、论坛、视频互动（如 show 等）、白社会、校友录等服务项目，与"室内娱乐活动"稍有重叠。实际上，随着近几年宽带网络在大众家庭中的普及及手机上网的人数日增（据第 33 次 CNNIC 互联网发展报告，2013 年在家上网人数已占网民总数 89.8%，手机网民达 5 亿），"网吧活动"中的大部分内容已经转移到家庭电脑及手机互联网上去了，因此，这里的"网吧活动"包含了营业性网吧和家庭网络的所有活动。"游乐园"是较为日常的、大多发生在双休日和法定假日的休闲活动；对"其他娱乐业"，我们可以根据与"满足居民休闲需求"直接相关的产品使用和相关服务，从文化及相关产业的其他层、类中找到，比如，广播电台和电视服务，电影放映，以手机为载体的各种休闲产品和服务，其他动漫及游戏产品和服务，文艺表演及相关场馆服务，博物馆、烈士陵园、纪念馆、图书馆、科技馆、档案馆、群众文化馆及相关群众文化活动服务，会展服务，等等。[1]

由此可见，文化休闲业囊括了人们日常生活的大多数文化休闲生活内容，时间上贯穿人们日常生活的绝大多数闲暇，空间上覆盖了从现实生活到虚拟生活的各个领域，其形式丰富多样，内容广泛复杂，当然其价值取向也差异极大。不难看出，这样的文化休闲业也是整个社会文化发展的重要途径，无论如何难以摆脱其固有的文化责任：其形式新奇，对人们颇有吸引力，其内容宽泛，适应最大人群的需求，它要把人们引向哪里？是否在推动人"成为人"？是否在促进人的自由全面发展，抑或相反？这岂能是可以不管不问的小问题？因而它所承载的道义责任、政治使命和历史担当也更加严肃而沉重。

二、文化休闲业的文化担当具有时代的必然性

中共第十七届六中全会通过的《关于深化文化体制改革推动社会主义文化大发展大繁荣若干重大问题的决定》，以及十八大关于文化战略的论述，体现了中华民族文化建设的自觉和自信，这为文化休闲业的发展带来空前的战略机遇。这些论述明确提出，全面建成惠及十几亿人口的高水平的小康社会，必须让人民享有健康丰富的文化生活；为此，必须坚持"二为"方向和"双百"方针，推出更多优秀文化作品，发展健康向上的网络文化，丰富精神文化生活、净化人们的精神世界；大力发展公益性文化事业，切实保障人民群众的基本文化权益；加快发展文化产业，满足人们多样化、个性化的文化需求，从而不断提升人民群众文化休闲水平。这体现了文化与休闲之间辩证的历史的关系：随着经济发展和社会进步，人民群众的休闲物质条件愈益完备，民众普遍有"闲空"（闲暇时间增多）为公共文化事业的发展开拓广阔的社会和文化空间，民众愈益有"闲钱"（收入增加）为文化产业的发展创造巨大的物质动力，开辟无限的市场前景；同时家庭和睦、社会和谐，为人们提供了足够的"闲心"，从而产生了丰富的文化精神需求。人民群众既有"闲时"、"闲钱"，还有"闲心"，都将为中国社会主义文化大发展大繁荣提供不竭的动力和无限的精神空间；文化休闲业的发展当是其中应有之义。

近年来新闻及文艺界"走基层、转作风、改文风"，深入开展群众路线教育实践活动，切实解决"为了谁、依靠谁、我是谁"[2]的问题；他们走与工农群众相结合的道路，深入基层、走进群众生活，创作了很多贴近群众、贴近实际的文化作

---

[1] 刘德谦、高舜礼、宋瑞：《2011年中国休闲发展报告》，北京：社会科学文献出版社，2012年，第66–67页。

[2] 刘云山：《为了谁 依靠谁 我是谁——关于贯彻党的群众路线的几点思考》，http://politics.people.com.cn/GB/1026/15419592.html。

品，极大丰富了最基层劳动群众的文化休闲生活，提升了基层群众的文化品位和休闲质量。事实证明，休闲是文化发展的基础和原动力，文化发展为休闲创造充实健康的内容和丰富多样的形式，文化的大发展大繁荣必然是最大多数群众休闲生活日益丰富、不断净化升华的过程，也是文化休闲业大发展大繁荣的历史过程。由于文化结构的复杂性，其工具性和价值性的二重性特征，文化休闲业的发展过程中，显然不只是工具性、技术性甚或纯粹娱乐性文化的发展过程，更是建设社会主义先进文化、传承中华优秀传统、彰显社会主义核心价值、实现中华文化伟大复兴的历史过程。显然，文化休闲业内在地承担着我国文化大发展大繁荣的历史使命，具有实现"中国梦"的时代必然性。

三、公共文化休闲事业的文化担当在于普遍提升国民的文化素养

近年来，国家坚持政府主导，按照公益性、基本性、均等性、便利性的要求，加强文化休闲基础设施建设，完善公共文化休闲服务体系，最大限度地满足人民群众最基本的文化休闲需求。从国家级、省级博物馆、文化馆、科技馆、纪念馆、美术馆等逐步全部向公众免费开放，到农民在家门口享受免费的电影大餐，从社区的文化活动到大剧院上演的芭蕾舞，从旅游文化节到群众周末大舞台等，各地纷纷打出文化民生品牌，公共文化的阳光遍洒神州大地。

公共文化休闲事业是满足最广大人民群众基本文化休闲需求的根本途径，也是实现国民基本休闲权益的重要途径。国家推行的公共文化事业免费向全体国民开放的政策，无论在人权和法律的意义上，还是在道义、公平和共享方面，都体现了社会主义的基本理念，也是先进文化造福群众、提升群众文化素养、传承中华优秀文化、实现中华文化进一步创新发展的战略举措。文化的发展繁荣，需要深厚的社会土壤和民众渴求文化的精神氛围。中华文明几千年绵延不断，人民心中有着深厚的文化情结和伦理道德情怀，这正是我国文化大发展的积淀厚实的社会历史土壤；而闲暇时间，作为整个社会的文化资源和人文发展空间，随着生产效率的提高而不断增加，民众必然产生超越温饱生存的更高级的精神文化需求及相应的满足活动，这正是文化大繁荣的良好精神氛围。公益文化事业的普惠性，使之能够占据最大多数国民的最大多数闲暇，这为普遍提高国民的文化素养开辟了广阔的前景。

逐渐走向完全免费的公共文化休闲场所和设施，面临着管理科学化和人性化的双重考验。管理科学化要求经营管理人员强化法制和规章意识，确保这些场所、设施及各种展品免受损毁并得到切实有效的保护；管理人性化要求强化工作人员的服务和关怀意识，一方面尽可能满足所有参观游览人员的欣赏和学习研究的需要，同时，设法提供个性化、多样化的讲解、演示乃至参与体验等服务，以此提

高公共文化休闲事业的吸引力和感染力。否则，公共文化休闲事业便难于担当文化传承、普及以及提升国民素养的使命。

四、文化休闲产业的文化担当在于以多样化、个性化的形式和更加高雅的内容推进文化繁荣及中华文化复兴

社会主义市场经济的发展客观上要求通过文化产业和休闲产业的形式，来满足日益多样化、个性化的文化休闲市场需求。文化休闲产业所有制形式多样化，机制灵活，对市场需求反应灵敏，对人们个性化、高端休闲、高雅文化的需求具有更为便捷的满足能力。但是也应看到，无论是文化产业还是休闲产业，都以资本运营为手段，以谋取经济利益为直接目的，因而可能产生庸俗、媚俗、低俗的颓废文化产品和服务，这就从根本上扭曲或破坏了文化休闲产业的文化责任和道义使命。文化休闲产业以文化为经营内容，以创造文化产品、提供文化服务为手段，以充实人们的休闲生活，满足人们的文化需求为根本目的，因而，推进文化繁荣、传承民族精神、弘扬社会主义核心价值及中华民族复兴的主旋律，理当是社会主义市场经济条件下，文化休闲产业的固有责任。

拿目前发展前景最好的网络休闲领域来看，随着网络技术的进步，网络应用创新速度很快，应用形式和领域愈益多样化、网络文化愈益丰富、便捷、时尚。由于网络技术和文化的特点，除了以网络为工具的工作以外，大多数网络应用具有休闲性质，区别在于消遣娱乐还是自我成长、自我发展。网络技术迅速普及，网民人数快速增加，网络应用的价值教育和舆论引导也在不断进行，实名制、网络监控等制度和技术的愈益完善，网民自身的理性和自控程度也在不断提高，通过网络做一些有益身心、志愿服务甚至问政国计民生的事情，越来越成为网民的理性选择。随着文化大发展、社会主义主旋律的弘扬，网络文化休闲还将进一步提升严肃文化的含量，其文化责任也随其普及程度的不断提高而日益显示出艰巨性、复杂性和紧迫性。

比如，截至2013年12月底，我国网民规模达6.18亿，互联网普及率为45.8%，我国手机网民规模为5亿；其中即时通信使用率高达86.2%。[①] 而网络上各种更高级的"微"文化急速扩散与渗透，在承担网络反腐与问政等正当使命的同时，也促使其消遣娱乐等低级休闲功能快速扩张，微博、微信等似乎愈益成为人们发泄不满、传播低俗情绪、挑起不良欲望，甚至成为传播谣言的重要途径。这已充分证明了"微网"休闲巨大的社会—文化功能及其广阔前景和无穷潜力。

---

① 中国互联网络信息中心：《第33次中国互联网络发展状况统计报告》，http://www.cnnic.net.cn/hlwfzyj/hlwxzbg/hlwtjbg/201401/t20140116_43820.htm。

"微网"及其传播模式的特殊性无疑提出了一个严峻的问题："微网"休闲的文化使命和道义责任是什么？鉴于近一两年网络谣言泛滥成灾、危害社会稳定的窘境，解决这一问题显得更加紧迫。

再比如，众多电视台和影院与视频网站的合作，使得网络影视等愈益走进人们的文化休闲生活。传统音视频媒体与互联网的融合，加上各种移动互联网终端的普及，与互联网相关的音视频媒体的大重组、大洗牌，正在使一种更为普及的网络音视频娱乐休闲生活成为越来越多网民的不二选择。这种新兴媒介的小型化、便捷化、智能化、日常化，即其对公众休闲时空的无孔不入，则更加彰显其文化责任的严峻性和不可替代性。

五、我国文化休闲业在文化担当方面存在的问题

1. 居民闲暇时间常被侵占，文化休闲业发展难以普惠

据报道，即使在白领（大致相当于中等收入阶层）中，加班甚或兼职也是家常便饭，以便填补房价高乃至物价偏高造成的收入空白。[①] 加上不少私营企业往往以"不加班就走人"的方式管理员工，使得私企工人更加缺乏闲暇时间；比如一项针对珠三角、长三角地区上百家企业的调查显示，72% 的农民工每月加班超过 36 小时，7.4% 的农民工一年中至少有一次连续上班超过 30 天。[②] 非法加班的流行不只危害着劳动者的身心健康，也大大缩短了劳动者的闲暇时间，更加侵蚀着劳动者的休闲权益，这也在很大程度上压缩了文化休闲业发展的社会文化空间，削弱了其群众基础。

2. 基尼系数和恩格尔系数持续走高，文化休闲业发展后劲不足

根据国家统计局数据，2013 年中国居民基尼系数为 0.473[③]，而不少民间研究机构则认为应该在 0.6 左右，可见我国贫富差距之大！这毫无疑问抑制了大多数基层群众的文化和休闲消费能力。虽然近几年来城乡居民收入确实在快速增长，但大多数居民的收入水平在平均以下。贫富差距拉大就使得大多数文化休闲消费集中在人口占比不大的中高收入阶层，而大多数居民的文化休闲消费动力不足，它从消费总量上制约了文化休闲消费的增长，这是决定文化休闲业持续快速发展的根本因素。另一方面，在文化产业和事业已进入大发展的战略机遇期，休闲也已

---

① 《加班为啥成了家常便饭？》，http://finance.people.com.cn/GB/70392/17002009.html。

② 《农民工总是"自愿"加班吗？》，http://finance.people.com.cn/GB/70846/17002007.html。

③ 国家统计局：《2013 年国民经济发展稳中向好》，http://www.stats.gov.cn/tjsj/zxfb/201401/t20140120_502082.html。

进入各级政府的决策视野，但由于恩格尔系数持续走高，这些发展的成果未能很好惠及大多数居民群众，温饱生存依然是困扰他们的基本问题。这无疑极大制约了我国居民的有效非饮食（包括文化休闲）生活需求。

我们知道，基尼系数和恩格尔系数是表征贫富差距和居民消费结构的两个重要指标。基尼系数下降意味着社会经济和文化发展成果能够为越来越多的居民群众所享有，共同富裕、共同享有的目标就越来越近；恩格尔系数下降，意味着超越生存的享受和发展资料的消费程度越来越高，亦即居民生活中"休闲系数"的提高。可以说基于共富共享的"休闲系数"的不断提高，是文化休闲业发展动力愈益充足的主要表征，也是文化休闲业实现其历史文化担当的重要体现。

3. 文化休闲业自身发展门槛过高也对其文化担当造成障碍

我国文化休闲业的某些产业部分或环节由于片面强调资本化，一味追逐利润，而把受众定位在中高收入阶层，无形中为最大多数中低收入的居民群众设置了过高的门槛，一些极具教育意义的高雅文化作品，因此而不能使最大多数人群真正受益。这集中体现在电影放映和典雅文化的文艺演出市场，票价过高，超出普通百姓的经济承受能力。[①] 文化休闲领域也严峻地存在着做大蛋糕和分好蛋糕的问题，是一味地追求"做大蛋糕"赚更多的钱，还是适当地通过"分好蛋糕"来促进更可持续地"做大蛋糕"，依然是一个尚待解决的重大问题。

4. 文化休闲业严重的娱乐化和广告化倾向制约甚至严重背离其文化担当

娱乐固然属于休闲，但是如果无论什么休闲，都朝着娱乐化的方向狂奔，那么休闲的文化内涵、意境和使命也便荡然无存，文化休闲业也便失去了存在和发展的合法性。保持传统娱乐的应有位置，不使之僭越，这是保持文化休闲业健康持续发展的重要原则。近年来反复出现且顽固不化的"三俗"之风，正是这种过度娱乐化、商业化的恶果。如果这个问题处理不好，由它所带来的拜金主义、享乐主义也将最终葬送文化休闲业的前程。

另外，"广告化"也成为文化休闲业某些环节赚钱盈利的至上通道。一些地方电视台，几乎找不到一个干净的节目画面，无论什么节目，在其画面周围甚至是节目录制现场的背景中，总是出现各种各样的商业广告，或滚动，或闪烁，一秒不停；或轰炸式地集中炮火横扫荧屏；观众从未有过完整看完40分钟一集电视剧的感受，不胜其烦！以至于观众调侃说"严禁广告中插播电视剧"。可以说，这是一种极为恶劣的文化作风，严重地扭曲和破坏了受众的休闲体验，是对受众"休闲尊严"的侵犯和亵渎。为了文化责任，文化休闲业界节制娱乐化和广告化依然

---

① 隗瑞艳：《2011年北京演出市场统计数据出炉》，载《中国文化报》，2012年1月11日。

任重而道远。

5. 网络休闲文化环境亟待改善

事实证明，从网络谣言到网络暴力，从网络欺诈到网络盗版，从网络淫秽色情到网络赌博等众多的网络乱象，似毒品一般危害社会。深入考察，这些现象背后都有金钱这只"看不见的手"，甚至国内外政治斗争的"黑手"在起作用。如果不能正确对待并处理，网络文化环境得不到净化和优化，人们就会对网络失去基本的信任。令人应接不暇的"三俗"信息，严重污染网络文化环境，考虑到正在发育成长中的未成年人网民数量的快速增长，这个问题绝不容忽视。试想，如果放纵网络文化管理和引导，越来越多的网民将面临身心健康的巨大威胁，社会也将成为互联网资本利益集团和文化商人追逐利润的牺牲品。

6. 文化休闲业高素质战略性人才短缺

根据不同媒体报道，一些地方的"非遗"传承屡屡遭遇"后继乏人"的危机，新生代青年才俊对历史悠久而又丰富典雅的非物质文化遗产缺乏兴趣；培养、选拔和使用即有人才的机制存在严重问题。[1] 这个问题必须引起高度关注。弘扬中华文化，让她走向世界，"非遗"传人的持续培养、队伍扩大是必备的前提。

六、进一步强化文化休闲业的文化担当意识

根据中国国情，发展公共文化休闲事业的目的，是满足大多数社会公众的基本文化休闲需求；在文化内容上，凸显中华文化传统和特色依然是今后若干年我国文化休闲业发展最具潜力也最有前途的创意之点。为此，必须进一步强化我国文化休闲业的文化担当意识。

1. 强化网络载体的文化担当意识

文化部有关负责人在 2011 年中国国际网络文化博览会严肃游戏创新峰会上指出，我国计划建立"严肃游戏"发展机制，拒绝暴力、色情网游，因为目前市面上网络游戏充斥的暴力、色情等问题严重，很多青少年沉迷网络游戏，甚至形成网瘾。本次推出的"严肃游戏"概念，将调整游戏内容导向，同时，有关企业推出了一批严肃游戏作品，如《光荣使命》、《开心网球》、《高尔夫大人》、《情商加

---

① 姜峰：《陕西渭南：夭折的"非遗"传承班》，http://culture.people.com.cn/GB/22219/16721919.html。

油站》、《抢救地球》等。① 这预示了今后网游发展在内容选择和价值取向上的新动向，值得业界人士高度重视，自觉弘扬核心价值，顺应国家主流文化发展潮流，以此巩固已有市场并开辟新的局面。

2. 高度重视战略性、通识性或复合型文化创意人才的培养，使之成为承担文化使命的栋梁

人才是文化休闲业的核心竞争力。笔者曾提出："决定文化休闲业发展之关键的还是原创性品牌意识及战略性、通识性或复合型人才的集聚"，"从文艺演出、文化出版，到影视、游戏、动漫等都还没有出现能够和外国文化品牌相抗衡或平起平坐的精品，其根本原因还是相关方面战略性和通识性人才的严重短缺。不拘一格降人才，凝聚智慧出精品，是我国文化休闲业发展繁荣并走向世界的关键，也是其根本的核心竞争力之所在"。② 这些人才应该既有渊博的知识和深厚的历史文化素养，又有精熟的现代专业技能，更有勇于担当的文化使命感，这样才能实现文化休闲业的文化使命。应该"借助我国教育中长期改革与发展规划实施的东风，构建将历史文化知识和人才资源、人文艺术知识和人才资源、现代信息化技术和人才资源统一起来、纵贯横合、密切融合的中华文化自主创新与人才培养机制，深入挖掘中华民族悠远深厚的历史文化传统和资源……形成能够真正享誉世界的中华特色文化品牌"③。这应该纳入国家各级各类教育体系予以统筹考量。

3. 正确处理文化休闲产业和事业的关系

加大财政支持力度，把满足最广大群众基本文化休闲需要的公共文化休闲事业作为近期发展的最大着力点；同时通过政府买单、财政补贴或者降低成本等方式，促使资本和技术含量较高的文化休闲产业逐渐降低门槛，不断扩大群众受益面。这是实现文化休闲业文化担当的重要途径。

4. 行业经营者要有文化意识和休闲理念，正确处理好娱乐与文化、娱乐与休闲、文化与休闲的关系

娱乐属于文化，因此文化休闲业不能忽视娱乐性，但是娱乐要有度，过度娱乐化必然冲淡文化底蕴和意义；休闲包含娱乐，但娱乐是低层次休闲，高层次休闲需要引导休闲者积极参与、深度体验、创造价值并实现自我，一味追求休闲娱乐化也会助推休闲异化；文化不等于休闲，但休闲本质上属于文化，休闲是文化

---

① 韩旭、张然：《文化部推"严肃网络游戏"》，载《京华时报》，2011年10月31日。
② 刘德谦、高舜礼、宋瑞：《2011年中国休闲发展报告》，第85页。
③ 同上书，第89—90页。

的基础，创造、承载、传播着文化，文化充实、提升着休闲。要强化内容创意；一个行业的发展，除了人才之外，内容创意是竞争力的真正核心，它是品牌的灵魂，是一个行业或组织的生命力之所在。

5. 要加强行业自律

文化发展牵涉到民族灵魂、国家意识、社会风气、国民精神等，是一个千秋大业，容不得短视和急功近利。因此，行业内要严格遵守国家法律，响应党和政府的战略决策，顺应历史潮流，净化文化空气、优化文化环境，满足最广大人民群众的文化休闲需要，引导人民群众健康生存、文明发展。

6. 抓住战略机遇期，以全球战略走向世界

紧紧抓住中国文化休闲业走向世界的战略机遇期，谋划中华文化的全球发展战略，优化配置各种文化休闲资源，组建大型跨国文化休闲企业集团，将中华特色文化和休闲服务品牌传遍世界，推动人类文明的和谐与进步。

休闲学视角浅析电子游戏研究的四个维度

武　岳

（浙江大学亚太休闲教育研究中心）

内容提要：电子游戏产生于20世纪末。作为一种特殊的研究对象，它身上兼具着多重研究属性。在学者的视野里，游戏可以是一种娱乐活动，一种工业产品，一种社会现象，或是一种艺术形式。20年来，拜科技和理念跃进所赐，电子游戏无论在规模还是复杂性上都获得了长足的发展，这使得我们在其各个维度的研究中都发现了更为广阔的拓展空间。这其中就不乏休闲学研究的涉足之处，尤其是休闲人文研究领域。对于休闲学研究者们来说，游戏本体研究和社会学研究的人文维度是非常好的跨学科交叉点。

本文拟从游戏的人文研究维度出发，以学科研究视角的方式总结和概括近年来的国内电子游戏研究概况。考察四个不同研究领域的特点和区别，进而提炼出其中可以被休闲研究所参考的节点和问题，为将来这一领域更深入的研究打下基础和铺垫。

关键词：休闲　电子游戏　人文　研究维度

引言　妖魔化游戏

游戏，本文特指电子游戏，广义上包括了一切以电子设备为媒介的游戏娱乐形式；狭义上可以特指交互式虚拟数字娱乐。作为一种重要的休闲方式，这个领域的休闲学研究几乎为零。然而，无论是从其本身的产业规模、受众规模和相关的研究来看，电子游戏都足以作为休闲研究一根坚实的柱角来为其添砖加瓦。本文拟通过国内游戏研究的现状小结，展望将来电子游戏休闲研究的可能性。

电子游戏作为互动数字娱乐的手段与形式，它自诞生之日起就被赋予了很多复杂的含义。按照某些国内学者的看法，游戏自诞生以来到现在为止，共经历了七个时期，比如最早的示波器光点时期、LED时期，到后来的专业游戏机时期，

作者简介：武岳（1985—　），男，浙江大学亚太休闲教育研究中心在读休闲哲学博士。主要研究方向：休闲哲学，游戏学（Ludology）。

等等。虽然笔者并不很认同这种分法，但有一点需要承认的是：电子游戏只有在走出实验室，进入大众视野并获得一定社会影响力之后，才拥有了更加多层次的学术研究价值。游戏机软硬件的商业化生产和销售；游戏形式的发展和丰富；玩家人群的扩大和分化；从单机到网络的跨越；游戏教育、游戏艺术和游戏沉迷。这些现象给予不同领域的学者相当丰富的研究和发挥空间。关于游戏的研究也从无到有，从少到多，逐渐发展起来。

很不幸的是，电子游戏自诞生之日起，就拥有强烈的意义内指性——娱乐。可以说，一款游戏的优劣绝大部分取决于它的娱乐性，而这种娱乐性可以被游戏所蕴含的其他属性强化或削弱。比如说教育性、道德取向、操作性、艺术性，等等。正因为这种特殊的性质，主流话语对于游戏的态度一直非常抵制。2000 年 5 月 9 日《光明日报》甚至将其定性为"电子海洛因"，令其彻底妖魔化。时至今日，在针对游戏的研究中还有着某种鄙夷和蔑视的态度，而从教育学和社会学角度描述电子游戏的文章更是贬多于褒。例如《浅析暴力电子游戏对青少年的影响》（邱小艳，《中国校外教育 2012》）、《论不同类型电子游戏对青少年行为影响的研究》（王杰、李妍、全芳芳，《学周刊》，2012 年第 3 期）等。在这些文章中，作者通过对国外相关研究的单纯引用就片面论断国内游戏对青少年造成的不良影响，而无视国内外文化电子出版物分级制度，法律规定和行业自律等方面的差异，对整个学术舆论产生了比较不好的导向。

然而并非所有学者对游戏的研究都受主流话语的影响，一些学者，尤其是文学、艺术领域的学者从叙事学、诗学、美学的角度对电子游戏这一新的艺术形式展开了研究。试图梳理和归纳其普遍性的艺术特质，例如《从符号学角度谈电子游戏之发展》（庞建军、杨春燕，《大众科技》，2011 年第 10 期）、《电子游戏审美研究的困境与游戏诗学的建构》（吴玲玲，《东北大学学报》，2010 年 1 月）、《电子游戏的多重互动性研究》（关萍萍，《北京邮电大学学报》，2011 年 10 月）。在这些研究中我们可以看到，不同领域的学者对游戏有着截然不同的看法，仁者见仁、智者见智。但无论从哪个角度来看，游戏都拥有复杂的内涵和表现形式，单纯的妖魔化和褒美都不足以阐释其丰富的意蕴。所以，游戏研究需要在不同学科之间寻找一个兴趣的交汇点和本质属性的集合。这样一个集合，毫无疑问，就是其天生所蕴含的娱乐意指性。而这种包裹在复杂外衣下的娱乐性研究，应该寻找一种更合适的研究角度。

不同学科的游戏研究之维

正如上文引言中所提到，自 1958 年，第一款游戏"pong"在威利·海金博塞姆的实验室诞生之后。这种在电子设备中模拟和超越现实的互动娱乐形式在五十年间获得了长足的发展。

但只有游戏成为一种社会现象并获得人们关注时，学术研究才会接踵而至。国内针对游戏展开的研究相对比较滞后，从中国知网的资料检索中我们可以得知，国内最早的一篇有关电子游戏的学术论文，是1982年由金同超翻译的挪威电子计算机和法律研究中心教授乔恩·宾所撰写的《电子游戏的策略》。这是一篇纯粹探讨电子游戏内容和形式的文章，可以说是国内电子游戏人文研究的始祖；第一篇由国人写作的学术文章是王佩君于1985年1月在《国际神经病学神经外科杂志》上发表的《电子游戏与癫痫发作》，这篇文章试图探讨电子游戏与儿童癫痫症发作之间的关系。1989年，马鸿宾在《社会》上发表了国内第一篇关于电子游戏研究的学术论文，题目为《电子游戏机带来的喜与忧——关于西安市电子游戏机活动的调查》。这篇文章用社会学的视角分析了西安市这个地区电子游戏机活动的典型案例，进而希冀推导出对待电子游戏这一新生事物的正确观念，文中作者的态度是比较中立的，但不可否认的是，作者对于游戏本身确实缺乏相应的了解。很多内容只能说是望文生义写来的。而这种习惯，在之后的各类游戏社会学研究中，也一定程度上普遍存在。

从1982年开始至今，学术界关于游戏的研究在逐年递增，而其关注的焦点也在不断地变化，从最早的医学与技术领域，逐步延伸到社会学、心理学、美学、传播学、文学等不同学科。总的来说，纵观国内30年游戏研究，大体的研究趋势是从实践到理论，从实证到人文，从具体到抽象，从形下到形上。下面我们来具体考察一下游戏的不同学科研究维度。

1. 电子游戏硬件研究和软件设计研究

游戏作为一种硬件和软件合一的互动娱乐手段，从生产者的角度出发，首先要解决的就是硬件和软件的设计问题。所以相对应的，这两个领域派生出的研究是针对电子游戏最早的技术性研究，也是最形而下的具体研究。硬件的研究在国内开展的非常早，1990—1995年间，由于大量海外硬件的引进以及配合第一款国产游戏的诞生，知网上就有不少文章讨论游戏机硬件的保养与维修之类技术问题。在2000—2005年间，国内游戏市场经历了一段相对的黄金期，2006—2009年则是网络游戏的爆发式增长期。这两个时段内，对于游戏中工业美术设计的讨论则显著增加。并且，随着技术的进步，单纯的工业美术设计研究还衍生出了其他领域的研究，例如游戏文化和审美研究等。但就总体情况而言，无论是硬件还是软件的相关研究都不是电子游戏学术研究的主流，或者说和其他领域的研究显得比较割裂。究其原因，我们会发现这个领域内的研究者同时往往也是从业者，其态度非常中立，基本不会认同主流话语对电子游戏的评价，加之技术研究的专业性，所以工业派的研究直到今天都是自成一派，风格独特。

此类型的研究和其他研究相比，最大的优势有两点：一是和行业结合最为紧密，研究的时效性也是最高的。同时此类型研究比较独立，不易受各种偏见的影响。二是研究者普遍对游戏的了解程度很高，研究时能以比较专业的视角来讨论问题。

此类型研究的不足也很明显。纯粹的工业设计和软件研究所蕴含的人文性不足。基本上可以看作是纯粹的工科研究。所以对于休闲学研究来说，这一类型的研究可参考价值明显低于其他类型。同时，对于游戏自研，尤其是硬件方面自研薄弱的国内来说，这一类文章一直处于比较贫乏的境地。在运营中心理念的影响下，我们的业者更多的是关注下面一个类型研究所聚焦的问题。

2. 电子游戏产业经济以及相关衍生研究

电子游戏虽然诞生于实验室，但真正令其迅速成长的还是商业化过程。自从20世纪70年代，第一台商业游戏机厂家雅达利诞生以来，电子游戏在短短40年时间内，无论在技术上还是商业规模上都获得了天文数量级的增长，根据人民网2012年10月份的报道："截至2011年6月，包括单机游戏和网络游戏，全球的电子游戏产值达到650亿美元，在创造巨额经济效益的同时还成为增强一国软实力的重要因素。在西方国家已经诞生了游戏学（Ludology）这一结合了传播学、计算机科学、心理学、叙事学等学科的新兴学科。"其中中国占据了6%即38亿美元的份额，显而易见，面对如此巨大的一个市场，自然会有大量经济学家针对游戏的生产、营销、消费和周边产业现象展开相关的研究。同时国家在最近几年的网络年度调查白皮书中都会对游戏产业规模和相关数据进行详细的调查，而在一些重量级的业内杂志，比如《大众软件》中，也会对近年的游戏产业状况进行调查和总结。从学术研究角度来看，知网中大部分游戏产业的研究文章的研究对象都集中在网络游戏、轻度游戏和社交游戏相关的产业经济现象上。同传统单机游戏不同，这部分游戏的急速增长所带动的社会现象变化更剧烈，社会反应更迅速，所以引起的关注也更多。同时，随着近年来国家对文化创意产业的扶持、电子竞技的兴起以及A（动画）C（漫画）G（游戏）三者结合得愈发紧密，关于这一块的跨行业的学术研究也越来越兴盛。不过从总体上来看，这种产业研究型论文的一过性比较强，讨论点往往集中于游戏发展的外部条件和环境改善，针对游戏本质和玩家接受模式的研究很少，不太能触及游戏接受过程的本质。有些早期的文章雷同性也较大；研究玩家消费的经济关系型论文相对而言着眼点较为微观，和产业类文章相比，更能切合游戏人文研究的需求一些。

时至今日，此类型的研究在所有游戏研究中仍占有相当大的比重。但我们需要看清的是，这一类型的研究通常会把经济和产业问题放在讨论的核心位置，而非游戏作为艺术品自身的独特价值与品格。但不幸也是万幸，游戏作为不同于任何一种其他艺术形式，以互动性为第一要旨的"第九艺术"，自商业化以来，它作为艺术品的呈现方式就深受运营商和玩家之间经济关系的左右。消费模式和运营理念的转变，会直接改变同一款游戏的体验。在当下的中国乃至世界游戏业中，关于游戏与运营何者为中心的理念之争已经日趋激烈，其学理上的核心争论也在于此。产业和经济类研究虽不能从艺术和人文更形而上的角度来探讨游戏自身，但它可以作为一面巨大的棱镜，从宏观的方面反映出"休闲"观念对于整个游戏业产业脉络变革的巨大影响。

3. 电子游戏的社会学研究

这方面的研究在很长一段时间内都是国内电子游戏学术研究的主流声音。从上面引言中所列举的 2012 年相关研究就可以看出，从 1982 年至今，无论游戏本身经历了何种变化，很多社会学者的眼光始停留在它的负面作用上。不过也有一些学者尝试从正面的角度来了解游戏对于不同类型的人群有何种裨益和损害。无论是褒是贬，从社会学的角度来考察电子游戏本身这个行为已经把游戏视为了一种人类特殊的社会活动，从而赋予了游戏研究以很强的人文性，总的来说，电子游戏的社会学研究是比较多元的。有很多学者把电子游戏，特别是网络游戏视为人类古老游戏的某种形式延伸；而另一些学者则认为游戏是人类构建自我缺失部分的必要手段；教育学研究者们从游戏和教育的关系出发，探讨两者间的影响；心理学家们则考察不同类型游戏对人格的影响因素；从总体上来看，电子游戏作为广义社会学研究的对象是继产业化之后的事情，但考虑到社会舆论批评传统的影响，社会学研究其实才是电子游戏研究最传统的脉络。这个方向的国内研究主要集中在两个领域：教育类及心理学。同时也有一部分文章继承并改良之前全面批判的路线，从社会公益的角度来探讨。总体上来说，当代的电子游戏社会学研究和以往相比改良之处在于：作者在分析电子游戏的负面影响的同时不会忽略其积极的影响。例如用一般攻击模型（GAM）来分析暴力游戏对青少年的影响的文章往往也会考校亲社会性游戏对他们的积极作用，而非直接用"电子海洛因"的罪名来定性。

从长远的角度来看，这个部分的研究里，心理学类型文章同游戏的人文休闲研究的关系无疑最为密切。但相较正面研究游戏体验／心理活动与休闲关系的文章而言（实际上这类文章凤毛麟角），心理学大量的关注点主要都集中在暴力游戏对玩家，尤其是青少年的负面影响上。例如《暴力电子游戏的短期脱敏反映——两种接触方式比较》、《暴力性游戏操作方式队游戏者攻击行为的影响》、《浅析暴力电子游戏对青少年的负面影响》，等等；另一方面，从教育角度谈游戏的文章则更愿意讨论游戏的积极影响，例如《电子游戏促进空间能力发展方面的作用》、《论比尔维奥拉的实验电子游戏》等。从游戏休闲研究的角度来看，两种角度的研究我们都是需要的。因为休闲本身就是可以同时发挥消极作用和积极作用的双刃剑，由休闲为契机而引发的游戏行为自然也会产生出积极和消极双方面的影响，考察这一部分的玩家心理活动，能帮助我们更好地观察游戏休闲活动中主体的多样性问题。

4. 电子游戏的本体化研究

近年来，随着游戏表现形式的多变与丰富化，电子游戏独特的叙事手法和艺术表现力变得愈发成熟；同时业内关于游戏文化与游戏艺术的讨论也日益加深，因此不少从业的游戏杂志编辑认为应该从游戏细分的角度出发，重新审视电子游戏的文化与艺术价值，还其"第九艺术"的真面目。学者中也不乏持相同观点者，很多研究美学和叙事学的学者试图从游戏文本阅读与读者互动这一点上寻求突破，构建某种"游戏诗学"或"游戏叙事学"。此种研究超越了传统学术研究中将电子游戏一体化讨论的弊端，针对不同类型的游戏作出了不同的结构分析和审美细化。可以说，这是除了第一种研究之外，立场最中立的学术研究。同时这种研究可以进一步上升到美学、文学，甚至哲学的维度上去。在形而上的程度上较前三种都要高上很多。互动性、叙事性、审美综合性往往是此类研究反复强调的重点。如《电子游戏的多重互动性研究》（关萍萍，《北京邮电大学学报》，2011年10月）、《电子游戏中的交互、沉浸与审美》（韩帅，《产业与科技论坛》，2011年第10卷第5期）中都对电子游戏的上述特质有着独到的观点。随着本体化研究的雏形初具，其研究的问题也紧跟着暴露了出来，那就是过分的高雅化和忽视游戏的娱乐内指性这一天性。诚然，游戏作为一种艺术被加以研究，应该保持深度和品位，但很多讨论游戏诗学和审美研究的文章过于追求其艺术形式的纯粹性，甚至出现了剔除大部分类型游戏，仅仅将RPG（角色扮演游戏）游戏归为值得研究对象的现象。并且，在另一些文章中，作者从外部理论进入游戏本体后，会不自觉地忘记游戏交互形式的某些特点，而用外部理论的特点来生套游戏的独特审美过程，这其中也有一体化的倾向。比如激烈的体育竞技游戏和优美的文字冒险游戏的审美体验明显不会是一样的，而一些学者在谈到审美的沉浸作用时就不会指出这两者之间的不同，这明显是需要改进的。

对于游戏休闲研究而言，这一部分本体化的研究无疑是最具有吸引力的。因为它和休闲美学的研究会涉及很多共同的领域。从当下国内的研究概况来看，游戏本体化研究主要从以下几个角度来开展：

第一，跨界比较研究。比较的对象主要是电影、动画这类同样是脱离传统文本介质但依然有着叙事属性的艺术形式。这部分研究者很多都把游戏看作电影的下个更高级的表现形式。也有人用"互动式电影"来称呼电子游戏。研究者的观察角度多为传媒学比较，但谈论到较深层次问题时，又会用到美学和叙事学方面的知识。例如《电子游戏与当代电影的审美新变》、《电子游戏挑战电影观念体系》，《引擎电影——电子游戏与电影的融合》等。

第二，电子游戏的美学研究。毫无疑问，游戏本身在美学研究中早就占有了一席之地，无论是席勒还是康德，都承认游戏本身和艺术不可分割的关系。电子游戏，按照部分学者的看法亦是传统艺术形式的延伸。为其寻找审美研究的合法性和特质就成了他们研究的主要目标。如《电子游戏审美研究的困境和游戏诗学的构建》、《兼容传统与后现代：论电子游戏艺术性的确立》等。

第三，游戏的叙事学研究。从文学的角度来看，很多游戏都存在某种文本化的内容。玩家在进行游戏的同时，也是在进行着阅读，而这种阅读，因为各种多重交互会变得比较复杂。厘清这其中的复杂关系，发现游戏作为一种艺术形式独特的叙事结构和手法，于是就成了部分研究者的目标。此类研究多使用叙事学、美学、传媒学等诸多学科的手法分析。可以说，这一类研究在游戏细分方面是做得最到位的。对游戏和玩家之间的关系挖掘的也比较令人信服。如《故事还是程式？探索电子游戏中的叙事性与交互性冲突》、《论电子游戏中交互性对叙事的负面影响》、《叙事学角度下的电子游戏》等。

从世界范围内来看，以上三个方面对游戏进行的研究，都可以归纳到游戏学的研究范畴里。游戏本体化研究诚如文学的本体化研究一样，将电子游戏的考察视角从边际影响逐渐集中到了其自身的艺术特质。并由此衍生出了细分的要求，这种细分化对游戏休闲研究而言有着重要的意义。无论是传统严肃休闲研究还是畅爽体验理论，他们往往都把电子游戏归纳为一个整体来加以分析，实际上如上文所述，类型迥异的游戏给人带来的是迥异的游戏体验，甚至可以被视为不同类型传统艺术形式的延伸。细分化研究可以较好地把握不同类型的游戏之间的特性区别，从而达到更全面分析玩家游戏交互体验中的休闲行为和心理。

小结　形上化、本体化与细分化

纵观以上四种电子游戏的研究维度，我们不难发现：针对电子游戏的研究是随着技术和游戏的不断进步而不断发展和深入的，当游戏表现出更多复杂的面貌时，形而上的人文研究就会更多的介入；当游戏牵涉更多其他领域时，本体化的分析研究就会产生；当游戏自身产生较大分化时，细分化的研究需求也就应运而生。总的来看，毫无疑问，将来的游戏研究必将会成为一种专门的学科，它势必聚合多个学科的研究方法和视角才能开展下去；但就现状而言，电子游戏的研究缺乏某种联系的纽带和向心力，没有一块比较好的研究领域可以使众人都信服。

笔者认为：想打破这种现状，就必须将游戏研究的关注点从游戏本身部分转移到游戏的主体——人身上来，转移到人的游戏行为本身的意义中来。以此为契机，再结合对游戏这一艺术形式的独特性分析和形而上思考，必然能开拓出一片崭新的研究领域来。以人的行为为中心，可以凝聚以上四个方向的研究维度，另其围绕"游戏是人的休闲娱乐行为"和"娱乐是游戏第一性"这两个核心观点展开有意义的讨论。当然，这需要学者们自己去对博大精深的游戏行业进行一定的了解，虽然路途很艰辛，但伴随着游戏的普及和深入人心，相关研究必将会繁荣起来。

参考文献

[1] 邱小艳：《浅析暴力电子游戏对青少年的影响》，《中国校外教育 2012》。

[2] 王杰、李妍、全芳芳：《论不同类型电子游戏对青少年行为影响的研究》，载《学周刊》，2012 年第 3 期。

[3] 庞建军、杨春燕：《从符号学角度谈电子游戏之发展》，载《大众科技》，2011 年第 10 期。

[4] 吴玲玲：《电子游戏审美研究的困境与游戏诗学的建构》，载《东北大学学报》，2010 年 1 月。

[5] 关萍萍：《电子游戏的多重互动性研究》，载《北京邮电大学学报》，2011 年 10 月。

[6] 韩帅：《电子游戏中的交互、沉浸与审美》，载《产业与科技论坛》，2011 年第 5 期。

[7] 郭晓丽、江光荣、朱旭：《暴力电子游戏的短期脱敏反映——两种接触方式比较，载《心理学报》，2009 年第 3 期。

[8] 陈庆宾：《暴力性游戏操作方式对游戏者攻击行为的影响》，2012 年宁波大学教师教育学院硕士学位论文。

[9] 张娜：《电子游戏促进空间能力发展方面的作用》，载《现代教育技术》，2010 年第 1 期。

[10] 何志军、陈凤珍：《电子游戏与当代电影的审美新变》，载《当代电影》，2008 年第 9 期。

[11] 汪代明、张金华：《电子游戏挑战电影观念体系》，载《当代文坛》，2006 年第 6 期。

[12] 苏世昌：《兼容传统与后现代：论电子游戏艺术性的确立》，载《湖北民族学院学报》，2013 年第 5 期。

[13] 洪帆：《故事还是程式？探索电子游戏中的叙事性与交互性冲突》，载《北京电影学院学报》，2007 年第 5 期。

[14] 董岳：《论电子游戏中交互性对叙事的负面影响》，载《东南传播》，2012 年第 8 期。

[15] 刘胜枝：《叙事学角度下的电子游戏》，载《北京邮电大学学报（社会科学版）》，2012 年第 1 期。

批判与反思：新媒体对大学生休闲生活的影响

谢 晨　罗乐均

（湖北理工学院师范学院　韩国仁济大学新闻传播学院）

内容提要： 被形象称为"第五媒体"的新媒体不仅在形式上、技术上是一种革新，在观念上更是一种革新。这种革新不仅影响着人们的生活方式，也在潜移默化地影响着人们的休闲方式。作为新兴事物的拥趸者，大学生的休闲方式可以说在发生形式与内涵的双重变化。我们在肯定新媒体带来休闲形式多样化，内容扩大化等正面影响的同时，更应该开始反思新媒体对大学生休闲生活的负面影响。本文用一种批判的眼光来观察新媒体对大学生的休闲生活的影响，试图从反思中找到相应问题的解决思路。

关键词： 新媒体　休闲方式　传播

新媒体，是相对传统媒体的一个概念。媒介的发展始终伴随着时间与空间的双要素突破，一方面加快媒介的传播速度，一方面又扩大媒介的传播面。在这种大环境下，新媒体的诞生，无疑更大程度地满足了人们的信息需求。清华大学的熊澄宇教授认为："新媒体是一个不断变化的概念。在今天网络基础上又有延伸，无线移动的问题，还有出现其他新的媒体形态，跟计算机相关的。这都可以说是新媒体。"换而言之，对于新媒体的概念至今还没有一个准确的定论。

尽管其定义还没有完全统一，但其影响力已经延伸至生活的方方面面。人们现在对新媒体的依赖性愈来愈强，除了学习和工作使用外，休闲生活中也不自觉地充斥着新媒体的使用。然而，对于新媒体介入人们休闲生活的过程中，不难发现其对人们的休闲意识、休闲方式、休闲质量等都有着很大的影响。本文将着重分析新媒体对于大学生休闲生活的影响。一是因为大学生使用新媒体的时间、频率高于其他群体，所受影响也相对较大；二是因为大学阶段是他们休闲观念形成

作者简介：谢晨（1986—　），湖北黄石人，女，讲师。研究方向：传播学，礼仪文化。罗乐均（1964—　），韩国首尔人，男，教授，研究方向：传播学，著作权。

基金项目：2013 年湖北理工学院优秀青年科技创新团队资助计划项目（项目编号：13xtr01）；2013 年湖北理工学院校级教学研究项目（项目编号：2013B29）

和成熟的重要阶段，他们的休闲观念也决定了今后的生活态度、人生选择等。

一、批判：新媒体对大学生休闲生活的影响分析

（一）新媒体休闲内容有"量"无"质"

当前，新媒体的休闲内容可谓种类繁多。手机游戏、手机电视、微博、网络节目等都给大学生们带来了很多休闲乐趣。而这些休闲内容都是在量上不断繁殖，却很少关注质的提升。例如一些网络游戏充斥着血腥暴力，一些网络节目上渲染着拜金主义、享乐主义，微博上经常涌现一些骇人听闻的假消息，等等。而这些内容恰恰是很多大学生每天的"必修课"，他们花费大量的时间在这些休闲内容上，得到了只是空虚的满足感，真正意义上的休闲并没有得到满足，反而对他们有一定的负面影响。

新媒体中一些质量偏低的休闲信息对大学生们的心理健康有一定的影响。部分学生在面对一些暴力信息、色情信息、低俗信息时会失去认知能力、辨别能力、自控能力，这都会造成一些社会问题。[①] 休闲内容在量上不断进行突破，也使很多大学生丧失了独立思考能力和语言表达能力，不愿意花时间进行思考与探索，很多大学生喜欢在闲暇时间里刷微博，大家熟知微博有140字的字数限制，这让很多学生喜欢用非常简单的语言来表达感受，慢慢地，他们的语言、感情表达都日趋单调，使大事化小，让严肃无厘头，这都将加快人们的健忘症、麻木症。甚至微博上揭露出的一些大事，很多大学生都喜欢直接吐槽两句、辱骂两句，所谓的人生休闲已经慢慢演变成低俗的快感享受。

新媒体休闲内容上"质"的落后将直接带给当代大学生很多负面影响，而这些负面影响带来的问题将会是一连串的，甚至可以说影响是不可预估的。

（二）新媒体的休闲形式变成潜意识的枷锁

休闲应该是一种自由的选择，也是一种自由的精神愉悦。一旦休闲变成了一种精神负担，则违背了其初衷。而当大学生将新媒体与休闲融为一体时，其实在不自觉间，他们就背负了一种意识上的枷锁。不是自己在休闲，而是休闲在主导着他们。

表面上新媒体给他们带来很多乐趣与轻松，但实质上他们的精神生活已经被新媒体所绑架，一旦脱离了，便会产生空虚感、不安全感以及盲目感。这就是为什么很多大学生没带手机就觉得心神不宁、思想无法集中，有的学生短时间不上网，其失落感和空虚感便骤然上升，甚至有学生不分日夜地玩网络游戏来填补自

---

① 姚进凤：《网络对青少年闲暇生活的影响及应对》，载《教育与管理》，2010年5月。

己的闲暇时光。实际上，应该是人在驾驭这些新媒体，来享受这些休闲方式，但现实是，大学生们的思想已经深深地被新媒体世界所控制，新媒体已成了他们有形世界中的无形枷锁。

（三）新媒体多元传播内容限制体验式休闲

所谓体验式休闲，则是让人们多参加一些亲历性的休闲活动，并从中感受到愉悦。现在大学生的闲暇时间多半都花费在新媒体的使用上，手机上网、电脑上网等可以说已经是每个学生都谙熟的休闲方法。正是这种趋势的发展，才导致大学中出现越来越多的"宅男"、"宅女"。所谓"宅"就是指长期足不出户。而在大学生这个群体中，足不出户一定程度上则是把自己的休闲范围局限在宿舍里。而在宿舍中的休闲活动无非是看网络电视、玩网络游戏、与朋友网络聊天、网上购物，等等。这一切的行为都是以新媒体为依托。大多数学生并没有意识到这种"宅休闲"并不能给他们带到身心愉悦的享受。

而在20世纪90年代，绝大多数的大学生最喜爱的休闲活动都为户外活动，例如野炊、春游、踏青，等等。他们更倾向于接近自然、贴近生活地去进行休闲活动。这与当今大学生的休闲方式已经截然不同了。而造成这种区别的很重要的一个原因就是新媒体的出现以及快速发展。这都说明了新媒体对大学生的体验式休闲是一种限制，或者说多元的网络传播内容的虚拟世界一定程度上代替了现实社会带给大学生的休闲愉悦。

二、反思：如何利用新媒体提高大学生休闲生活质量

（一）把关新媒体传播内容，重塑休闲内涵

新媒体的传播突破了时间和空间的双重限制，正是因为其传播方式的自由性，才能从更大程度上满足大学生的休闲需求。面对这些丰富的传播内容，我们需要的是一个合理称职的"把关人"。只有把这个"关"把好，才有可能重新来审视休闲的内容，才能从本质上改善大学生的休闲现状。

"把关人"理论是由美国社会心理学家、传播学奠基人之一的库尔特·卢因率先提出的。他认为，信息的传播网络中布满了把关人。那么，在新媒体的传播过程中，"把关人"既可以指个人，如信源、记者、主持人，也可以指新媒介组织。在互联网世界里，任何人都可以承当网络传播中的把关人角色。[①] "把关人"在大学生休闲过程中，有必要向大学生们提供有用的信息，有益的信息，有利的信息，并从"抑制"、"疏导"以及"重塑"三个层次来对新媒体休闲内容进行把控。一

---

① 毕一鸣：《主持艺术的新视野》，北京：中国广播电视出版社，2011年，第215—221页。

是，在抑制上，新媒体相应的把关人应该通过相关政策和原则抑制一些低俗、血腥等内容的出现，尽量避免这些不良内容对大学生休闲生活的负面影响；二是要积极疏导新媒体对大学生已造成的负面影响，通过媒介传播将所造成的消极积极最小化；三是要重塑休闲内涵，不要把所谓的休闲肤浅化、低俗化，而是要将休闲生活真正引导到积极、高雅的方向上去。让每个追求休闲的大学生都能够有价值、有意义地度过自己的闲暇时光。

（二）重视休闲，引导大学生提高休闲意识

中国人从小到大形成的观念是：读书好则万事好。没有对休闲引起足够的重视。包括很多家长对于大学生的休闲，都将其总体归结为"瞎玩"。但殊不知良好的休闲可以提高大学生的精神世界，让他们可以更好地在现实生活中开展专业学习。

休闲生活是人的存在方式之一，是指人在闲暇时间内的存在，具体来说，是指人们利用闲暇时间，进行活动的方式及其过程的总和。休闲是一种充分展示人们生活情趣和个性特征的生活状态。休闲生活对于人类，不管是个体还是社会，都具有重要的意义，作为一个特殊群体，大学生在我们这个社会中的重要性正在日益凸显，关注大学生的休闲生活也是社会发展的必要要求。[①] 在重视的过程中，高校应该注意引导大学生们自主提高休闲意识。通过公选课或者第二课堂的方式多开展大学生休闲教育，通过这种教育，旨在让学生们了解休闲的重要性，良好的休闲方式所带来的积极影响。同时，要引导学生们选择正确的休闲方式，吸取积极的休闲内容，丰富和调整已有的专业知识、文化结构，等等。让每位大学生能够学习中休闲，休闲中学习。二者达到互相协调、互相促进的状态。只有这样，当代的大学生才能真正意义上实现成为一名综合素质高的专业人才。

（三）加大体验式休闲的宣传，吸引学生群体

体验业可以说是现在当今非常流行的一种商业模式。包括新媒体中大量的宣传也加大了体验式休闲的流行。广义的体验是指神经系统较高级的动物由于好奇心的驱使，出于满足好奇心、学习、积累经验和娱乐等目的，在确信安全的前提下尝试性地接触和感受某种新事物。那么所谓的体验式休闲，则是让大学生们能够尝试性地接触和亲身去感受休闲的乐趣，而不要一味地沉浸在网络里做"宅男"、"宅女"。

当代大学生应该多进行社会实践活动。利用休闲时间深入实际，了解社会，

---

① 冯瑛、李庆峰：《闲暇本不应无聊——试析大学生闲暇生活的意义》，载《理论研究》，2005 年第 4 期。

认识国情，即可动脑，又可动手，能使学生开阔视野、增长才干、提高觉悟、转变思想。如参加支农劳动、支教活动、社会公益活动等，通过这些社会实践活动，学生能在良好的社会评价舆论中看到自身的价值，让学生在帮助他人的过程中感受到快乐，对培养他们的积极向上的人生观有很大的作用。[①] 这些活动都可以丰富大学生们的休闲生活，并能够提高大学生们的休闲生活质量。

而要实现大学生们的体验式休闲，必须要加大对体验式休闲的宣传。对此，我们需要充分利用媒体资源，多角度、多层次地转变大学生的思想，大力宣传体验式休闲的积极意义，让大学生们走出家门、迈出校门投入到社会中、生活中、自然中去感受休闲的魅力，真正体会休闲的真谛。

随着新媒体的不断发展，休闲生活也成了一个时尚话题。然而新媒体的诸多特性，确实也给大学生的休闲生活带了一些影响。我们只有正视这些影响，反思其弊端，才能实现大学生休闲生活的真正意义。

[①] 孙英：《加强休闲教育 促进大学生心理教育》，载《中南民族大学学报（人文社会科学版）》，2007 年第 6 期。

浅析现代家居服中的道家哲学思想

王芙蓉

（湖北理工学院艺术学院）

内容提要： 本文从现代家居服的定义出发，通过分析中国传统道家哲学思想对现代家居服的服款式、面料的舒适性、色彩和图案的单纯性和穿着方式的便利性的阐释，为现代家居服的设计提供了很好的理论依据。

关键词： 现代家居服　舒适性　道家思想

引　言

随着时代的进步和社会经济的发展，中国个人人均收入和国民生产总值不断提高和增长，中国也逐渐地步入休闲时代，家居服作为休闲服中的一个重要部分，越来越受到人们的重视，人们在工作之余，尽情享受着家居服带来的轻松和舒适。在 2008 年 3 月 22 日，中国纺织品商业协会家居服专业委员会理事会还把每年的 9 月 15 日定为"家居服节"。[①]

一、家居服的概述

在《世界服饰词典》中对家居服的定义是指在日常家庭生活中穿着的服装之总和。[②] 2007 年 3 月 16 日，中国纺织品商业协会家居服专业委员会在南京正式成立，初步提出了家居服的定义：与家有关，能体现家文化的一切服饰产品。包括了在家里和其周边范围内起居、劳作、休闲、运动，包括卧房休息、厅堂会客、庭院劳作、会所运动、社区活动等的家居服。

在中国，很多人认为家居服是来自欧洲的舶来品，其实这个观念是错误的。家居服在中国的历史至少可以追溯到春秋战国时期，不过那个时候不叫家居服，

作者简介：王芙蓉，女，湖北理工学院艺术学院教师。

① 28 商机网 http://www.28.com/fz/zt/n-491295.html。

② 陈冠华主编：《世界服饰词典》，上海：上海远东出版社,1996 年，第 521 页。

称为"燕居服"。"燕"古同"宴"，有安闲、安乐的意思，所以"燕居"也可以写作"宴居"，意为安闲而居，通常指古代贵族或文士阶层，在非公共事务场所的一种自然轻松、洒脱愉快的生活或生存状态。如《礼记注疏》卷五十有"仲尼燕居，子张、子贡、言游侍"[①]句。后来"燕居"又引申为"闲居之所"的意思，想象一下"燕子归巢"视觉意象，与现代人们对渴望归家的殷切情感相契合。[②]

二、家居服中体现出的道家哲学思想

现代家居服中最能体现中国哲学中的道家思想。道家思想主旨是自然和谐、道法自然，是一种出世思想。具体说有"清静无为"、"返璞归真"和"顺应自然"等哲学思想，这些思想分别表现在家居服款式面料上的舒适性、色彩和图案的单纯性和穿着方式上的便利性。

1.款式、面料上的舒适性

家居服是非正式场合，闲居在家的不修威仪的服装。其根本目的是要让人们在工作之余放松身心和休养生息后，再以最饱满的状态迎接第二天的忙碌工作。所以家居服一定不是职业装的严肃挺括，不是晚礼服的优雅华美，而是款式、面料上的绝对的自然舒适，这也是家居服设计的首要要求。它体现了道家思想里的自然和无为，是一种最真实的内心呼唤。

在《服装的舒适性》一书中对服装舒适性的定义是：无痛、无不舒适感觉的一种中性状态。具体可以包括热舒适性、接触性舒适性、压力舒适性等，其中人体的舒适性主要取决于热舒适性、接触性舒适性、压力舒适性。热舒适性和接触性舒适性是与面料相关的，热舒适性指服装的热湿传递性能和空气透气性，接触性舒适性指面料与皮肤接触时所引发的各种神经感觉。而压力舒适性是指允许人体自由运动，减少束缚，根据需要保持身体形状，这与服装的款式密切相关。[③]

为了满足家居服的压力舒适性，款式上一般较为宽松（使用弹性面料的家居服除外），宽松的地方不是局部，而是整体，从胸围、臀围、腰围、臀围、大腿围等都要加大放松量。举例来说，如果职业装的胸围放松量是4厘米的，臀围放松量为2厘米的话，家居服的胸围和臀围放松量一般为10厘米。因为家居服如果太紧身合体的话，便会对身体带来不同程度的压力和束缚，身体在束缚下处于紧张和收敛状态，活动的幅度和角度受到制约，会影响静止状态的睡眠呼吸和运动状

---

① （汉）郑玄：《礼记注疏》，长春：吉林出版社，2005年，第530页。
② 马冬：《中国古代燕居服文化研究》，载《西安工程大学学报》，2012年第12期。
③ 黄建华编著：《服装的舒适性》，北京：科学出版社，2008年，第1页。

态的行走。

在道家哲学思想著作《庄子》中，反复强调了这种压力舒适性。《庄子·天地》："且夫趣舍声色以柴其内，皮弁鹬冠搢笏绅修以约其外。内支盈于柴栅，外重缲缴皖皖然在缲缴之中而自以为得，则是罪人交臂历指而虎豹在于囊槛，亦可以为得矣！""皮弁鹬冠搢笏绅修以约其外"就是说冠冕服饰拘束体外（冠冕服饰是古代的帝王或诸侯的礼服），这种束缚就和罪犯被捆绑、猛兽被囚一样。

并且服饰的舒适还是达到心灵的逍遥自在的前提，《庄子·大宗师》中说道："堕肢体，黜聪明，离形去知，同于大通，此谓坐忘。"意思是说忘却自己的形体，抛弃自己的聪明，摆脱形体和智能的束缚，与大道融通为一，这就叫作忘。但是"堕肢体"的前提条件是没有服饰对于身体的强烈的束缚感，身体和服装之间有比较大的空间，身体处于极其自由的状态，那就可以自然而然的忘却自己的形体。《庄子·达生》还强调："忘足，履之适也；忘腰，带之适也；知忘是非，心之适也。"这句话也表明庄子认为："忘了脚的存在，是鞋子造成的舒适；忘了腰的存在，是衣带造成的舒适；理智上忘了是非，是心造成的舒适。"

运用于家居服的面料应该符合以下要求：符合卫生标准、亲肤性良好、手感舒适柔软、夏季面料凉爽透气、冬季面料保暖性好。家居服一般首选主要成分是棉、麻、丝等天然纤维的面料，这些面料更加亲肤，质地柔软，吸湿透气，不易产生静电，最能满足服装舒适性的热舒适性、接触性舒适性。按照从薄到厚的顺序，依次有细纺平纹织物、府绸、泡泡纱、棉缎、针织平纹、平绒、拉绒布、羊毛织物、摇粒绒以及珊瑚绒等。[①] 这些面料虽然有很多是化纤成分的，但特征是特别柔软，老子的《道德经》里说过："强大处下，柔弱处上。""天下莫柔于水，而攻坚强者莫之能胜，以其无以易之。弱之胜强，柔之胜刚；天下莫不知，莫能行。"这两句虽然是说人物性格柔弱胜于刚强，但是如果映射在家居服上，柔软的面料对身体没有攻击性，不会刻意地去雕刻身体和拉扯身体，而是时时刻刻顺应人体运动时的变化，像水一样纳百川，包容我们的身体，"无为而无不为"。

2. 色彩和图案的单纯性

在现代家居服面料的色彩和图案设计上，尤其是简约风格的家居服设计上，同一套家居服上一般使用较少的颜色和图案来保持面料的单纯干净，风格以素雅为宜，统一和谐。（如图1）这也体现了《庄子·天道》："朴素而天下莫能与之争美。"《道德经》第二十三章："希言自然。故飘风不终朝，骤雨不终日。""从辩证法的角度讲，物壮则老，盛装美饰过度就会走向自身的对立面，反倒不如无饰；从人法自然的角度讲，像狂风暴雨那样的威势与绚烂之美只能宣泄一时，只有天

---

① 兰奕：《家居服创新设计研究》，北京服装学院硕士研究学位论文，2009年。

地日月那样淡远才能恒久。"①《道德经》中提出："五色令人目盲，五音令人耳聋，五味令人口爽，驰骋田猎令人心发狂，难得之货令人行妨。"《庄子·天地》也说道："五色乱目，使目不明。"五色是指青、黄、赤、白、黑五种颜色，泛指色彩缤纷，这里是说色彩纷繁，令人眼花缭乱。如果家居服面料的色彩和图案尽量朴素单纯，就可以在休闲的时候"不让人追求表现的铺排与华丽，而在朴素自然中给心理意志留下更大的活动余地，更大的想象空间，更多的回味之处。"也就不会妨碍人心灵的安宁。

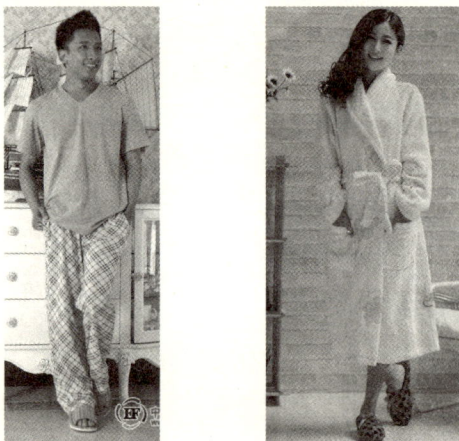

图1　现代家居服

3. 穿着方式上的便利性

现代家居服的穿着方式主要目的是便利，方便穿脱。上装的穿着方式大概有套头的、披挂的、系腰带的、对襟开和扣扣子，裤子都是橡皮筋束腰的，而鞋子一般都是拖鞋，直接趿着，非常方便随意。这和道家思想发展到最高阶段魏晋玄学影响下的文人士族的穿着方式有很多相似之处。

以睡袍为例来分析，睡袍与魏晋南北朝时期男子主要流行的大袖衫在款式和穿法上非常的相似，大袖衫在魏晋绵延几个世纪，与秦汉时期的袍服有着明显的区别。汉代习惯在袍的袖端装有一个收敛的袖口，名为"祛"，魏晋南北朝时期的宽衫则不用这种袖口，袖端宽敞。由于不受"祛"的约束，衫子袖口越趋宽大。上至王公名士，下及黎庶百姓，皆宽衫大袖。大袖衫有单夹两式，一般的做成对襟，中间用襟带相连，有的人也不用襟带，两襟敞开。大袖衫的穿法也多种多样，有的人穿着在身，有的人披搭在肩，有的人敞开领襟，有的人袒胸露臂。如南京

---

① 张志春：《中国服饰文化》，北京：中国纺织出版社，2001年，第229页。

西善桥墓出土的砖刻壁画《竹林七贤与荣启期图》中人物的衣着就是这种装束的重要记载（如图 2）。这些文人儒士都穿着宽敞的衫子，衫领敞开，袒胸露怀，或赤足，或散发，放任不羁，轻蔑礼法、逍遥自在。[①]

图 2　南京西善桥墓出土的砖刻壁画《竹林七贤与荣启期图》

三、小结

家居服在中国从最早的"燕居服"演变到现代的家居服，涉及的范围日益广泛，已经成为休闲服中的重要分支，随着家居服市场的日益规范化以及快速发展，会引起越来越多的服装设计师和服装企业的关注，如何设计具有中国特色和审美情趣的家居服是一个需要不断研究和实践的问题，我们应该立足本土，到我们的传统文化中寻求理论依据。中国传统的道家哲学思想中用理论和实践诠释了现代家居服的本质特征和设计方向，未来的家居服会在以"家文化"为背景的家居生活中，更加舒适和便利。与儒家哲学思想中的"出门如见大宾"[②]的正装和礼服并驾齐驱，交相辉映。

---

① 王芙蓉：《魏晋南北朝时期玄学对当时服饰的影响》，载《兰台世界》，2007 年第 241 期。

② 李里：《论语讲义》，桂林：广西师范大学出版社，2007 年，第 199 页。

论女红在现代女性休闲生活中的回归

殷海霞

（湖北理工学院艺术学院）

内容提要： 女红，旧时指女子所从事的如纺织、编织、缝纫、刺绣、拼布、剪花等工作的统称，既是中国女性必须掌握的女事，也曾经是她们重要的休闲方式之一。随着工业时代的到来女红一度被荒疏冷落，如今女红文化又悄然回归，现代女红不仅焕然一新，更在原有的门类上增添了许多新的时尚项目，拥有了更丰富的文化内涵，她已不再是过去的"妇功"，是深受女性喜爱的一种时尚娱乐休闲方式，它可以缓解压力、调适心情、修养身心、重织人情之美。本文关注的是作为"文化物种"的传统女红在现代女性社会生活和文化情境中的发展与存活，女红文化回归女性休闲生活空间，成为现代女性充实自我、实现自我、表达个性的一种手段和方式的意义，进一步发展新型现代女红。

关键词： 女红　女性休闲　回归

女红，是一个古老的名词，指古代女子所从事的如纺织、编织、缝纫、刺绣、拼布、剪花等工作的统称。几千年来，女子们在方寸之间淋漓尽致地展现她们的蕙质兰心。女红既是旧时女子必须学习的必修课，也曾经是她们重要的休闲方式之一。随着工业文明的到来女红一度被荒疏冷落，如今女红文化又悄然回归，焕然一新，拥有了更丰富的文化内涵，在现代女性生活中扮演着新的角色，成为深受女性喜爱的一种时尚娱乐休闲方式，它可以缓解压力、调适心情、修养身心、重织人情之美。本文将探讨作为"文化物种"的传统女红在现代女性社会生活和文化情境中的发展与存活，女红文化回归女性休闲生活空间、作为现代女性充实自我、实现自我、表达个性方式的意义。

作者简介：殷海霞（1978—　），女，湖北黄石人，硕士，湖北理工学院艺术学院讲师，主要从事民艺研究。

基金项目：1. 湖北省艺术学理论省级重点学科建设阶段性成果，项目编号2013XKJS；2. 2012年度黄石市社会科学研究课题《手工艺非物质文化遗产生产性保护研究——以阳新布贴为例》阶段性成果，项目编号：2012SSk13。3. 2012年度湖北理工学院校级人才引进项目《黄石古村落的保护与开发研究——基于休闲旅游理论视角》阶段性成果，项目编号：12xjr43R。

一、女红在中国古代女性生活中的意义和作用

女红又名"女工"、"妇工"，在中国古代女性生活中概括来主要有三种作用。

（1）为生计谋。一些平民女子通过制作女红来维持生活、贴补家用、养家糊口。

（2）作为"妇德"的表征。女红作为"妇工"在古代具有伦理道德的表征，是女性"四德"之一（四德即德、言、容、工），缝补浆洗、针线绣花、纺纱织布等女红是女性成长过程中必须熟习的功课，"女红——妇德"凝结成主流文化的规范法则，一些富贵官宦之家让女子修习女红的目的在于让他们养成一种符合"淑女"标准的道德规范，女红甚至成为评判女性善恶的标准。因此女红被认为有助于塑造传统女性的性格和人格特质，是女性性格完善的重要方式。

（3）女子休闲的一种的方式。古时女子操作女红，切磋乞巧总是伴随着结交女友、习唱女书等休闲活动进行的。农闲世界，姑娘媳妇三五成群、走家串户、互相观摩，切磋女红技艺，一些绣花样子、鞋样等成为女性之间交流的语言载体。在深闺中，狭窄的生活范围使许多女性的光阴无处打发，太多的情感与心智无法宣泄，女红成为他们情感宣泄的重要载体，在烦琐、细致的针线间，女性的身心得以舒展解放，并委以寄托，在简单而平静的生活中得到快慰与满足。女子通过女红来释放情感、表达爱意、消遣时光，甚至是幽会的因由。如明戏曲《鸣凤记》三十五出《秋夜女工》中邹、林二妇在中秋夜相伴制衣：

> （旦）今夜月色溶溶，深闺寂寂，我欲对此寒檠，做些针指。不知婶婶意下何如。（占）奴家之意，正欲如此，一则少尽女职，二则可遣闷怀。……

明戏曲《彩舟记》第六出《目成》中吴女感叹自身年龄已长，却未逢佳偶，以女红来解忧。

> （旦）"唉，只是我时将破瓜，缘悭十凤，教人怎生放心得下，我看今夜江声称静，月色甚佳，且推开窗儿刺绣片时，有何不可。"

江水、明月、兰舟、窗儿、窗内之佳人构成了一幅优美、静谧的画面，画面中佳人手中的女红成为点睛之笔，制作女红之动增添了景之"静"。美景、佳人恰被对面船上的才俊江情看见，二人眉目传情，引发一段情事。由此可见女红的制作可以令她暂时忘却现实的烦恼，进入身心放松的虚静状态，获得一种精神享受。

在一些重要节日习俗中，旧时女子通常通过制作女红进行祈福、敬神、乞巧、求姻缘等活动。女红与女性形影相随，日日夜夜。女性将个体生命的智慧、灵性、

激情、虔诚透注其中，创造出充满艺术感的物品，可以说女红是这些女性对于自我的生命的一种完善。

二、现代女红的兴起

随着现代化的进程，传统手工艺逐渐遭到淘汰。"女红"仿佛成了原始、落后的象征。工业生产模式创造了大众消费的奇迹，现代设计的兴起和广泛运用，促成了时尚流行的发展。大工业时代的到来注定要消除所有的"文化差异"，但我们也应看到工业生产在摧毁手工艺的同时，也给手工艺带来了新的希望。

随着我国都市化进程的迅猛发展，都市民俗在快速整合发展，都市文化呈现出多样性和国际性，人们的需求也呈现出多元化、多层次化。笔者身处都市敏感地发现现代都市人已在自觉不自觉地以各种艺术活动的方式来调节自己的生活状态，寻求身心的和谐和生活意义的充实。其中各种手工艺术活动成为人们自发地进行业余艺术创作或寻求一种艺术化生活的主要途径。

在我国大众的休闲文化生活中，现代女红悄然兴起。人们在千篇一律的机械工业制品面前开始怀念失去的手工艺，这也许就是人类文化上的"反刍"现象，或者叫"复归"，它不是简单的周而复始，而是在文化层次上的进一步提高，我姑且称之为"现代女红"。

在很多都市，各种拼布教室和缝吧等休闲业应运而生。制作女红的各种材料工具在文化寻根和环保潮流的推动下销售兴旺，这种自发的业余手工艺术创作热情和风俗的形成，有力地改善和丰富了人民的文化生活。现代女红正是迎合人们对个性化的需要而产生，它是传统女红不断发展延续的形态，拓展了传统女红的范围和形式，增加了新的品类、形式和风格材料。现代女红审美更加多元化，以往传统女红的审美多呈现出一种实用和朴素的气质，现代女红在保留传统审美的同时，国际化审美趋向也已形成潮流，不断有人标新立异，创造新的女红样式。

同时网络成为现代女性进行女红艺术交流展示、研究和开发的空间和平台，各种女红网站迅速蓬勃发展，女红类工艺论坛应运而生，各种女红艺术展陆续开展，如上海已连续举办了五届亚洲拼布艺术展。

三、女红在现代女性休闲生活中的发展状态

1. 作为一种文化的传承

传统的女红艺术讲求的是天时、地利、巧手、材美的综合艺术，大多由母女、婆媳世代传袭，因此称之为"母亲的艺术"。女红是中华民族的半个基层文化，是中国的本元文化，这个名词在中国使用了两千多年，她作为一种文化，包含着人的相

互关系、人的适物活动和人的艺术成果。中国妇女的贤惠、善良、温厚、慈爱、娴美、聪敏、巧能，都在这里得到充分的发挥和集中表现。女子们带着人间真情、穿针引线，为情人绣荷包、织布浆染，为家人缝补衣被，为孩子做鞋帽，剪花铰样，美化环境。女子们在闲操针线中借万物漫寄所思，托亲情、爱情、友情于丝缕之上，充满了女性对美的理解与追求，是女性灿烂的文化体系的重要组成部分，包含着丰富细腻的女儿情致。同时女红中蕴含着天人合一的自然观、原生态的文化意识和吉祥意象的艺术观，在众多的女红作品中寓意寄情，造型语言充满感性、表象和情感化，工艺奇巧细致，因此女红具有独特的文化意义和艺术价值。

纵观现代女性大多满足快餐式的泡沫文化享受，不太习惯于文化内涵的认真思考。女红文化具有自身醇厚的艺术语言，绚丽多彩的表现方式，给现代女性以心灵的抚慰，使人们能享受手工劳动的平宁心情，从中陶冶情操，正是现代社会所缺乏的，因此传承女红文化非常必要。近十年来，拼布艺术在中国迅速发展，在大都市"拼布教室"陆续建立，这种新型女红传授场所成为都市女性学习女红、传承女红的又一方式。台湾的陈曹倩女士在1996年就成立了"中国女红坊"，面对社会开设女红课程，吸引众多女性学习，在研习的过程中始终努力寻找传统的文化特色。目前有一些高校在女生中开始尝试开设女红选修课程或开展女红艺术社团。近年来笔者一直在高校中进行女红的推广教育，将传统女红与现代生活、现代设计相结合，提倡慢艺生活，在心手对话的慢生活中体会传统女红的魅力，女生们对这些女红课程十分热衷，穿针引线迅速成为大量女生的业余爱好。她们在接受这种休闲方式的同时，其实也在传承着女红的文化。

2. 作为一种女性艺术的表现形式

几乎所有的女红最初是以实用为目的的，女红看似为用所拘，但实际上饱含着生活的情感和自由的精神，不仅在技巧上巧夺天工，在精神上也达到了"自喻适志"的物化境地，也是一种静观性，"所谓静观性就是心斋坐忘，物我两忘的'游'与'乐'的精神境界"，因此女红具有艺术的创作特征。有首家喻户晓的古诗，"慈母手中线，游子身上衣。临行密密缝，意恐迟迟归。谁言寸草心，报得三春晖"（孟郊的《游子吟》），慈母把"盼归"的感情，密密地缝进游子的衣衫中。此外，民间以绣荷包、缝衣衫、做鞋等针线传情，也有很深厚的传统，但这只是一种半被动的"习惯"创作，与主动的、个性的"艺术表达"有本质不同。

虽然历史上也有一些刺绣精英们创作出传世绣品，如沈寿创造的"仿真绣"，以摄影和油画为稿，达到逼真的效果。这些"绣品"，虽然逼近绘画，工艺成就也非常高，但从根本上还是绘画的"附属品"，也不能成为独立的"艺术表达"。

当代西方女性艺术家曾经把传统女性的缝、绣编织等"女性手工"因素，作为女性主义"策略"，引入艺术表达，以此打破西方艺术所谓"高级（精神、男性）"、"低级（手工、女性）"的传统艺术界定，开拓当代艺术语言的可能性和生命力，其中不乏优秀作品，在艺术史上也很有影响。同是借用传统的女红方式，今天的中国女性艺术家们面对的是广阔的社会文化空间，她们借用女红这种艺术语言，直接以"针线"与心手对应，类似传统水墨与心手相应，持续不断，在繁复的手工过程中，把情感即时地释放和凝结到"作品"中。很多女性都有一种非常熟悉的经验，心里的感觉往往千头万绪，难描难状，难理难解，而手中一旦触摸到类似女红的手工劳作，心就平静下来。女性心理与手工劳作之间的对应关系，女红方式对这种情绪"状态"表达的意义，是女性艺术家迷恋的，"女红"对于女性艺术表达具有重要的意义。

现代拼布已经成为一门独立的手工艺术，在制作拼布过程中，拼布者展开无尽的想象力，发挥创意，运用娴熟的手工技巧，把不同材质的布料结合紧密，颜色搭配协调，制作出浑然天成的拼布作品，这已经超出了实用的日常生活用品的内涵，使其成了一种极具观赏和审美价值的"生活艺术品"。此外，还有专门的艺术拼布，需要具有比较专业的艺术涵养和设计能力，能结合其他工艺创作出不同于一般的拼布作品，拥有自己的独特风格。现代拼布不仅展现了现代女性对艺术、审美的追求，也展示女性对生活的热情。

女红在现代女性艺术上的表达可以说是女性对自己的感觉、判断、认知、思考的独立性，以及对自我的肯定和坚持。女红这种带有鲜明女性气质的艺术创作随时代的变化而产生新的生机。

3. 作为一种情感的表达方式

2006 年 9 月 15 日，"母亲的艺术——中华女红文化展"在上海图书馆展出，吸引了近万人参观。女红展中并没有什么稀世珍宝，但仍让人感受到一次心灵的震动，如展览的主题"在疏离的人群中，重织人情之美，在温馨的舒放中关怀我们的社会"。

现代女红的兴起给生活在模式化的现代工业环境中的人们送来了一份人文关怀，在健全人格、促进身心和谐发展上发挥着积极的作用。即使是在现代高度信息化、机械化、超市化的生活环境中，亲手编制一件衣服、亲手缝制一件礼物仍是表达亲密友谊的最佳方式，手工中表达的心灵性、亲情性是不可取代的、不可泯灭的。手工这种诉诸心性、贴近心灵最本质的劳动方式、特性构成了人类创造力的根本方式，它将劳动的乐趣、性情的修炼、心智的培养结合起来实现自我审美价值，也正是我们在休闲生活中所一直追求的目标。

4. 作为一种个性的休闲方式

当前，我国女性的休闲文化主要还是消费文化，各种大众媒介引导女性进入消费欲望的深渊，女子们不断追逐媒体所制造的一个个休闲时尚，女性完全自我掌控、做自己喜爱的事，全面而自由地发展自我的休闲方式非常稀少。休闲讲究体静心闲、宁静致远。丝竹之音以养耳，青山绿水以怡目，观书绎理以静心，操琴习字以养脑，逍遥杖履以健足。

相较以前的女红更多注重实用的特点，现代女红的门类更丰富了也更娱乐化。在众多的拼布网站、DIY俱乐部等女红交流论坛上，从钩针、编织、剪裁、刺绣、串珠到布艺、纸艺、玩偶、结艺不一而足，女红技巧也推陈出新，大到家居用品、家饰摆设、衣物，小到桌垫、包袋等都可以亲手尝试制作。许多的大都市相继出现拼布教室和缝吧这种专业学习女红的场所，城市中的"女红热"悄然回归。重拾女红让越来越多的年轻女孩热衷于创造属于自己的时尚，拥有属于自己个性化的物品。中国质量报通过对众多女红爱好者的采访了解到，她们之所以热衷此道都源于发现女红有缓解压力、调适心情的作用。中国中医研究培训中心刘力教授认为当代社会女性在工作和生活上承受着越来越大的压力，在高压的快节奏生活中，给自己一个休息的时间，专注于手下的一针一线，是对压力的一种缓解，对情绪的一种调节，同时达到修养身心的目的。今时今日女红已变得愈加娱乐化和情趣化，成为都市白领和家庭主妇消遣时光的最优雅的途径。现代女红不仅成为一种时尚的娱乐方式，更是表达个性的一种手段，同时也是闲暇时的一份心境；可以缓解压力、平和心态，同练瑜伽有着异曲同工之妙。

总之，女红文化回归女性休闲生活空间，势必成为现代女性充实自我、实现自我、表达个性的一种手段和方式。好的休闲方式可以提升女性休闲者的人文素质，以欣然之态做心爱之事，培养自身审美情趣、增进亲情友谊，磨炼意志品质，提升精神境界，唤起生命活力。女红的回归作用正在于此，我们期望不同阶层、信仰、情感、思想的女子都能以自己的方式借由女红这种媒介表达自己真实的内心世界，直观其本质，以通向自然之心。

参考文献

[1] 蒋小平：《别有穿针处："女红"背景下的晚明传奇女性形象》，载《戏曲研究》，2010年第2期。

[2] 胡平：《遮蔽的美丽——中国女红文化》，南京大学出版社，2006年。

[3] 黄俊英：《女红游走在传统与现代之间》，载《观察与思考》，2007年第1期。

[4] 吴珊珊：《传统女红迎新春天》，载《中国质量报》，2010年3月11日。

[5] 蔡运彬：《女红归来》，载《中华手工》，2007年第4期。

[6] 张道一：《母亲的艺术》，载《中华手工》，2007年第4期。

汪曾祺美文的"闲"与"雅"

陈新瑶

（湖北理工学院）

内容提要：汪曾祺的文笔大多闲淡而雅致，"闲"与"雅"是其美文的两只"文眼"。他的散文与小说作品大多以闲散之心体悟自然生命之妙趣，以雅致之文书写人世生活之美与真。其文字呈现出了汪曾祺回归自然的人生态度与创作态度，及其对文学美感教育功能的重视。在这样一个注重"轻阅读"和快节奏生活的时代，阅读汪曾祺的美文，将使读者的心灵得到极大的愉悦与抚慰。

关键词：汪曾祺　闲情　雅致　回归自然　美感教育

汪曾祺的文章写得很美，特别是他的散文作品，简洁、干净，读起来美感十足，韵味无穷。他的一些小说作品，如《受戒》、《看水》、《天鹅之死》、《昙花·鹤和鬼火》等，也是写得生趣盎然，别具一格。虽说在周作人先生那里，"美文"指的是那些"记述"的、"艺术性"的散文文字，但在汪曾祺先生这儿，不仅他的散文可归于周先生所言的"美文"名下，而且他的众多小说因其鲜明的"散文化"、"诗化"特色，将它们归于更广范围上的"美文"范畴也未尝不可；更何况汪曾祺先生的某些小说作品，写的是那般纯净与优美，让读者一时都难以分清其文体究竟是小说还是散文。汪曾祺先生的文学创作呈现出一种独有的美，这种美既是自然的，又是生命的；既是闲适的，又是雅致的。闲情与雅致、求真与求美的生命追寻，一一呈现于汪曾祺的笔端，"闲"与"雅"成了汪曾祺美文的两只"文眼"。

一、以闲散之心体悟自然生命之妙趣

"闲"是"无所事事，无拘无束"的意思，也是一种放松、自由的生命状态；这种生命状态的出现会受到一定的时间与空间的限定，并非任何人在任何生活阶段、任何地点都能享受到这种无拘无束、回归自然的生命状态；当然，也并非任何人在一种休闲的状态下，能拥有一颗体悟自然之趣的"童心"。汪曾祺的文字最吸引人的地方，是他能用一颗闲适、天真的"童心"来看待与记述自然界与人世间的一切生命，而绝非仅仅是以叙写市井百姓的闲适生活方式来取悦读者。他笔下的自然与人一样，是自由的，是适意的，也是平等的。

童年的生活经验对一个人的生命记忆及其认知事物的态度有着深远的影响。汪曾祺出身于一个书香门第，其祖父、父亲均算得上当时的文化名人。少年时，其祖父亲自教他学《论语》、习书法，后又让他随一位韦先生学习桐城派古文，并学习练字。他的父亲是一位画家，会刻图章，擅长画写意花卉，会摆弄各种乐器，平时养花，也养小虫；最爱与孩子们一起玩耍，是有名的"孩子头"。无论是祖父还是父亲，他们对年少时期的汪曾祺少有束缚，多半时间是任其自由发展；除了读书、练字之外，他大多数的时间就是在"玩"。平日闲暇时，他在家中的小花园爬树、摘花、捉小虫子；小学放学后，他和小伙伴们一起踢毽子，或是在小学操场东边玩爬城墙、"跳河"的游戏。春天，他和小伙伴们跟着父亲在郊外放风筝；秋天，他和小朋友们去捡梧桐叶、用叶柄来磨墨……宽松、自由的成长环境，为汪曾祺日后形成崇尚自然、追求情趣的生命观与平等待物的人生观埋下了伏笔。花木虫鱼鸟兽、草木春秋，四时的变化，这些均被纳入汪曾祺的写作范围，其描写文字具体生动，生趣盎然，自然之美与生命之妙无不着墨于笔端，真可谓是"一花一世界，三藐三菩提"，让人感动，也让人难忘。

汪曾祺爱养花，爱画花，也爱在文学作品中写各类花草。在他的散文《花》中，他用优美、别致的文字描绘了荷花的生命历程，从早春观赏类荷花的培育，到小荷叶的长出、荷叶的长大、荷花的开放，再到秋天荷叶的枯萎，冬天荷叶的凋零，作者用极简洁、干净而又优美的文字将荷花内在生命的美呈现出来，文章虽短，但别有情趣。特别是，

> 荷花开了，露出嫩黄的小莲蓬，很多很多花蕊。清香清香的。荷花好像说："我开了。""下雨了。雨打在荷叶上啪啪地响。雨停了，荷叶上面的雨水水银似的摇晃。一阵大风，荷叶倾侧，雨水流泻下来。"
> "荷叶的叶面为什么不沾水呢？"
> "荷叶粥和荷叶粉蒸肉都很好吃。"①

这些语句简直是将荷花、荷叶写活了。特别是后两句："荷叶的叶面为什么不沾水呢？""荷叶粥和荷叶粉蒸肉都很好吃。"一个问句，一个陈述句，不仅在文章写作上形成一种思维的跳跃感，而且作者还通过这两个句子将荷叶的独特性以及荷叶、荷花的实用价值传神地展示出来，令人玩味。除此之外，汪先生还专门写过腊梅花、晚饭花、紫薇、木香花、腊梅花、栀子花、珠兰等花草，其描写文

---

① 汪曾祺：《中华散文珍藏卷·汪曾祺卷》，北京：人民文学出版社，1998年，第167–168页。

字同样让人赞叹。在《草木鱼虫鸟兽》为题的这组散文中，作者分别写到了大雁、琥珀、瓢虫、螃蟹、豆芽、落叶与啄木鸟。汪先生爱写昆虫，如《紫薇》中的大黑蜂、《夏天》里头的蝈蝈与金铃子、《花园》里头颇有绅士风范的天牛与蠢头蠢脑的土蜂，《昆虫备忘录》里头复眼蜻蜓、尖头绿眼蚂蚱、"土蚂蚱"、"花大姐"瓢虫以及甲壳虫、磕头虫、蝇虎、狗蝇等，天上飞的，水里游的，土里生的，树上爬的……大自然众多生命的奇妙之处被汪老先生展示于读者面前。

对于自然界的一切，汪先生均能用一颗真诚与纯净的童心去呈现其生命的真实和妙趣，其文字不夸饰，也不故意隐恶。他写荷花，就是在写荷花真实的生命历程；他写树，就是要写树的本色。如写梧桐树，"一叶落而知天下秋，梧桐是秋的信使。梧桐叶大，易受风。叶柄甚长，叶柄与树枝连接不很结实，好像是粘上去的。风一吹，树叶极易脱落"，"梧桐籽炒食极香，极酥脆，只是太小了"。[1] 不去评判其优与劣、好与坏，梧桐的种种特点被他一并呈现给读者。再看他写大雨下的花、鸟与昆虫，"雨打得荷花缸里的荷叶东倒西歪。……紫薇花湿透了，然而并不被雨打得七零八落。麻雀躲在檐下，歪着小脑袋。蜻蜓倒吊在树叶的背面"[2]。湿透了的紫薇花、躲在檐下的小麻雀，倒吊在树叶背面的蜻蜓，这一切是如此的真实，而又让人倍觉可爱。汪先生从不用说教的方式，给大自然的各类生命强行附上人文的标志，虽说他的写景文字也常常提到人，例如在《花·绣球》一文中，他写绣球花，也随笔写到一个同样爱绣球花的小姑妈，然而，花是花，人是人，一般人所惯用的象征、暗示等手法被汪曾祺毫不留情的抛弃，花之美并非因人的存在而增色或减退。

也许，在某些人看来，这类完全回归自然、自足而适意的写作方式，略显小家子气，缺乏一种大情怀与大气魄。殊不知，汪先生这种无拘无束的写作在某种程度上却大大彰显了生命的情趣。"中国文学走到今天，有一个明显的困境，就是作家的写作普遍都太紧张了，叙事没有耐心，文气毫无从容，作者没有了闲心，文中也就没有了闲笔，以致很多人将散文也写得像小说一样紧张和急迫。这是一个巨大的误区。"[3] 谢有顺认为：写作是"生命的学问"，特别是散文的写作必须调动写作者的所有感官去和笔触去表现人、事、物留给人们的真实感受。汪曾祺对大自然生命的生动描绘，体现了他对自然生命的尊崇和对回归自然的生命观的重视。

---

① 汪曾祺：《汪曾祺全集》（四），北京：北京师范大学出版社，1998年，第153页。
② 汪曾祺：《汪曾祺全集》（六），第433页。
③ 谢有顺：《文学的常道》，北京：作家出版社，2009年，第80页。

二、以雅致之文书写人世生活之美与真

在《现代汉语字典》里，"雅致"是指不落俗套、别具一格的意思。这里的"雅致之文"有两层意思：一是指汪曾祺先生的语言文字非常的清新、别致，对人事的描写与评价别具一格，不落俗套；二是指汪曾祺先生的创作方式很别致，他将散文和诗歌的创作方式引入小说，又将小说写人的方式融入散文写作，这种文学创作上的革新很有新意。特别是第二层意思，已有众多评论家对其进行过评论，笔者在此不再赘述。汪曾祺是一个性格随和的人，豁达、开朗，无论是为人，还是为文，他总是那般洒脱与从容。"人不管走到哪一步，总得找点乐子，想一点办法，老是愁眉苦脸的，干嘛呢！"① 正因为如此，对于世俗生活，他看到的和写出的多是人生美好与欢乐的一面；即使是写人世的悲苦，他也不忘写出人性的美好与崇高，给读者以无限美好的遐想。

"民以食为天"，汪曾祺爱做菜，也爱写各地的吃食。在他的散文《故乡的食物》、《五味》、《干丝》、《萝卜》、《豆汁儿》、《手把羊肉》、《菌小谱》以及《食道饮水斋闲笔》等作品中，写到了各地的吃食，他写那些带有地域特色的食物的味道与做法、形状和颜色。汪曾祺是美食家，对于各地的吃食，他均能以宽容的态度对待。只要好吃，只要有特点的吃食，都能进入他关注的范围。他写吃食，亦如他在做菜，讲求色、香、味一应俱全，其文字具体而生动，简洁而明了，每每读起，让人有一种想吃的冲动。如他写由青菜腌制成的咸菜，"腌了四五天的新咸菜很好吃，不咸，细、嫩、脆、甜，难可比拟"②。简短的文字，却从五个方面将平常腌菜的味道写得极为具体，生动呈现了普通百姓在日常饮食生活中所得到的那份美好的生命感受。如他写蒙古人吃"羊贝子"，整只羊只在水里煮四十五分钟就拿上来，端上餐桌。"有的地方一刀切下去，会沁出血来。……好吃么？好吃极了！鲜嫩无比，人间至味。蒙古人认为羊肉煮老了不好吃！也不好消化，带一点生，没有关系。"③ 寥寥几笔，既写出蒙古人的豪气与血性，又写出了作者汪曾祺对食物独特味道的赞誉。对于一个汉人而言，初次吃那种没有完全煮熟的羊肉，肯定会有些不适应；可在汪先生那儿，却是"鲜嫩无比，人间至味"。从此可见，汪先生口味的宽与杂。除了吃食，他还写各地的风俗人情与名胜古迹，同样，这些文字也是别致、清新，充满情趣。如他写岳阳楼，"楼的结构精巧，但是看起来端庄浑厚，落落大方，没有搔首弄姿的小家气，在烟波浩渺的洞庭湖上很压得

---

① 汪曾祺：《汪曾祺全集》（六），第256页。
② 汪曾祺：《中华散文珍藏卷·汪曾祺卷》，第137页。
③ 汪曾祺：《汪曾祺全集》（六），第465页。

住，很有气魄"①。用写人的方法来写楼，想象奇特，引人遐想；特别是"端庄浑厚，落落大方，没有搔首弄姿的小家气"，这段语言的运用既生动而恰当，让人赞叹。又如，他写美国爱荷华市每天都要升旗，但"爱荷华市有一个人死了，那天就要下半旗，不论死了什么人，一视同仁，不像中国要死了大人物才下半旗。……别的州市有没有这样的风俗，就不知道了"②。简短的几笔，既写出了爱荷华市人对生命的平等对待与尊崇。

汪曾祺的笔端写得最多的还是人的美好品性，他写人与人之间种种美好的关系，如亲情、友情、爱情、师生之情等。他写金岳霖先生，不去写金先生高深的学问，而是着力写金先生的天真与可爱，写金先生在逻辑课上有趣而独特的授课方式。他在《星斗其文，赤子其人》一文中写他的恩师沈从文先生，他写沈先生在为文上的"耐烦"，在帮助他人上的"耐烦"，在搜集各种各样的历史文物方面的"耐烦"，以及他在个人生活上的随意与"不耐烦"。在这些"耐烦"的背后，读者看到了一个实实在在的、有着一颗赤子之心的沈从文。"他总是用一种善意的、含情的微笑，来看这个世界的一切。到了晚年，喜欢放声大笑，笑得合不拢嘴，且摆动双手作势，真像一个孩子。只有看破一切人事乘除，得失荣辱，全置度外，心地明净无渣滓的人，才能这样畅快地大笑。"③汪曾祺对沈先生的评价可谓精到。同样，在《受戒》、《大淖记事》、《岁寒三友》、《故里三陈》、《鉴赏家》、《老鲁》、《徙》等作品中，他写到众多有特点、对生活、对人生充满美好期待与向往的市井百姓。《大淖记事》中的巧云姑娘，为了残废的老爹，为了受伤的情人十一子，17岁的她，勇敢地挑起了生活的重担。"巧云没有经过太多考虑，把爹用过的箩筐找出来，磕磕尘土，就去挣'活钱'去了。……她从一个姑娘变成了一个很能干的小媳妇。"巧云对爱情的坚贞、对人生的执着，让人感动；同样，让人感动的还有那群乡亲们。

> 东头的几家大娘、大婶杀了下蛋的老母鸡，给巧云送来了。……锡匠们凑了钱，买了人参，熬了参汤。……挑夫，锡匠，姑娘，媳妇，川流不息地来看望十一子。他们把平时在辛苦而单调的生活中不常表现的热情和好心都拿出来了。他们觉得十一子和巧云做的事都很应该，很对。大淖出了这样一对年轻人，使他们觉得骄傲。大家心里喜洋洋，热乎乎的，好像在过年。

这段文字写得别致而美丽，散文化的笔触、将普通百姓在困苦生活中求真、

---

① 汪曾祺：《中华散文珍藏卷·汪曾祺卷》，第193页。
② 同上书，第215页。
③ 同上书，第74页。

求善、求美、积极向上的精神状态展露无遗。特别是后面的三句话，更是让人对这群可爱的乡亲们有了不一样的认识。对于巧云和十一子，他们的支持和赞美多于哀叹和指责，他们的朴实、厚道和宽广的心胸让人看到了市井百姓强大的生存力量与积极向上的生存智慧。汪先生对这些正面能量的着力呈现，让人们看到了生活的美好。《岁寒三友》中的三位老友，在苦难生活中结下的深厚情谊；《鉴赏家》中果贩叶三与大画家季匋民间跨越世俗界限的相知之情；《徙》中高北溟、高雪父女两代人想飞往人生高处的美好理想……这些人世生活中种种美好的东西均被汪先生尽情呈现于笔端，给读者带来无限美好的遐想。

就像他的老师沈从文一样，汪曾祺先生也是在用一双发现美与诗意化的眼光来看待人世生活；即使是那些人世的悲苦，在老年汪曾祺的笔端依然是那般美丽。如在小说《珠子灯》中的后半部分，作者用简洁、生动、具有流动感的文字，写到失去丈夫之后的孙小姐内心的落寞和孤寂。在她死前的十年时间里，她绝大部分就在床上躺着：

> 她就这么躺着，也不看书，也很少说话，屋子里一点声音都没有。她躺着，听天上的风筝响，斑鸠在远远的树上叫着双声，"鹁鸪鸪——咕，鹁鸪鸪——咕"，听着麻雀在檐前打闹，听着一个大蜻蜓振动着透明的翅膀，听着老鼠咬啮着木器，还不时听到一串滴滴答答的声音，那是珠子灯的某一处流苏散了线，珠子落在地上了。[①]

出身于书香门第的孙小姐，因为不愿违背"为夫守节"的古训，也因为对丈夫那份深沉的爱，她为夫守节了十年，直到她死去，尽管丈夫死前曾留下"不要守节"的遗言。孙小姐的死是那么凄美，汪先生将孙小姐生命的沉寂与出现在屋里屋外各种自然生命的律动相互比照，更是增加了读者对这一生命消亡的悲叹。

从整体上而言，汪曾祺先生美文的"闲"与"雅"，既与20世纪八九十年代中国宽松、自由的文学创作环境有关，与作家本人良好的文学素养及其回归自然的生命状态有关，更与其童年热爱大自然、青年时期深受沈从文书写"健康、优美人性"的创作影响有关。作为沈从文的得意弟子，他在文学创作中秉承了沈先生对"人性美"的赞美和张扬以及在文体上的创新精神，同时他又将文学的美感教育功能放大，使其创作的教育功能和审美功能有机地融为一体。"我以为一个作家的作品是引起读者对生活的关心，对人的关心，对生活、对人持欣赏的态度，这样读者的心胸就会比较宽厚，比较多情，从而使自己变得较有文化修养，远离鄙

---

① 汪曾祺：《汪曾祺文集·小说卷·下》，南京：江苏文艺出版，1993年，第323—324页。

俗，变得高尚一点，雅一点，自觉地提高自己的人品。"① 类似的话语在汪曾祺的创作谈中随处可见，使越来越多的人变得"宽厚、多情、高尚、优雅"，这是汪曾祺先生文学创作的情感诉求之一，也是他的文字写得如此优美的缘由所在，这份美好而崇高的文学观着实让人敬佩和感动。

"汪曾祺是一位'现代玩家与写家'，他的精神气质与文字里，有着浓浓的生活情趣与生命意识。作为'玩家'，汪曾祺珍惜万物生命，将花鸟虫鱼和人生百态、童年生活都审美化了；作为'写家'，汪曾祺的语言，也把现代汉语纯净化了，在俗白中追求精致的美。"② 钱理群先生的这段评价文字可谓精辟之至。正是源于对生活、生命与文学的浓浓爱意，他的作品才会如此打动人心。回归自然，回归生命本体，呈现汉语素朴与雅致的美，汪先生为中国读者奉献出了一篇篇优美的文学作品，也为中国文学界提供了将生命、生活的美与文学创作的自由自在合而为一的创作典范。他的文学写作是回归自然的写作，是满带着深情的写作。在这样一个注重"轻阅读"与快节奏生活的时代，阅读汪曾祺的美文，会让读者的心灵感受极大的愉悦与抚慰。

---

① 汪曾祺：《汪曾祺全集》（六），第 181 页。
② 钱理群：《小学生汪曾祺读本·后记》，杭州：浙江少年儿童出版社，2011 年。

编后记

时间过得好快，转眼间，离去年首届中国休闲哲学论坛的召开已经快半年了，而华中休闲文化研究中心也已过了半岁。这本论文集的出版，算是给上次论坛画上了一个完美的句号。值此之际，我们有必要向读者们介绍一下华中休闲文化研究中心的成立以及首届中国休闲哲学论坛的召开的情况。

2013年暑假过后，在湖北理工学院校院两级领导的关心与支持下，我联合学校其他专业的几名老师（主要是文学与环境设计等专业）于9月6日一起申请成立了湖北理工学院华中休闲文化研究中心（CCCLS）。中心下设学术研究部、产业发展部、国际交流部以及休闲教育部。中心通过平台建设凝聚科研力量，服务于黄石地区休闲文化经济的现实需要，辐射华中地区，面向全国，研究与推动中国本土化休闲学理论的构建，探索休闲学理论与实践相结合的有效机制，为促进休闲研究的高效融通与休闲文化实践的健康合理发展，以及普及休闲教育作出我们应有的贡献。

在中国经济水平不断跃进，居民生活水平日益提高的背景下，国民休闲文化生活也得到如火如荼的发展。休闲愈益与居民的幸福生活指数，与地区的生活品质联系起来。对休闲进行学术的探究，显得日益重要而迫切。可喜的是，休闲学在体育学术界、旅游学术界、经济社会学术界已然结出累累硕果，并为休闲理念在诸上领域中的普及作出巨大的贡献；然而堪忧的是，休闲学科并未正式建立起来，休闲学的理论研究也严重滞后。这一方面反映了当今休闲学界研究的现状，同时也意味着休闲哲学与文化的研究令人期待。CCCLS自成立不久，便于2013年10月25—27日在美丽的华中小城黄石市召开了首届中国休闲哲学论坛。会议邀请到包括美国、德国以及国内学者50余名参加，并收到参会论文30余篇。杰弗瑞·戈比先生、马惠娣女士、潘立勇教授代表国内外休闲研究机构发表了热情洋溢的贺词。

潘立勇教授在此次会议中，曾形象地指出休闲学的研究既要"顶天"，又要"立地"。以我的理解，"顶天"即意味着休闲学研究要重视休闲的形而上研究，加强对休闲的哲学理论的本体建构，探索提升休闲的人本价值所在；而"立地"，则意味着休闲学的研究，最终要回归人类的日常生活实践中来，从旅游、体育、教育、生活方式等现实层面的多种角度开展休闲的实践研究。"顶天"与"立地"的研究，必须同步开展，相映生辉，任何一方面研究的薄弱，都会影响到整个休闲学研究的健康推进。中国休闲哲学论坛的召开，以论坛促交流，以论坛促研究，通过专门性的学术会议，激发国内学者对休闲这一人类普遍文化现象的哲学理论探讨。在当今生态文明建设的背景下，会议围绕"中西哲学中的休闲智慧"这一主题，为人类的休闲生活寻求本体的哲学基础，并以此来关照日常生活中的休闲实践活动，提升人们对休闲生活方式的深度认知，从而加快休闲学科的理论建设。这也正是此次论坛的价值与意义所在。

CCCLS的成立和本届论坛的成功举办，得到了母校浙江大学亚太休闲教育研究中心及我的博士生导师潘立勇教授的悉心指导和帮助，业师潘立勇教授还专门为本专辑作序，特致谢忱！

本辑《休闲评论》由我负责编辑，章辉博士参与了论文的遴选与校对工作，特此感谢！

陆庆祥

2014年5月

于黄石